Als wir 2009 auf dem Keltenwall von Essing nach Weltenburg wanderten, wurden wir von zwei hochkonzentrierten, stolzen High-End-Mountainbikern zu Seite gerufen (Warum spart man bei diesen Rädern immer an der Klingel?). Ehrfürchtig, mit gesenktem Haupt, traten wir zu Seite. Einige Minuten später kam eine junge Dame und klingelte höflich. Gut gelaunt strampelte sie problemlos auf ihrem pinken, klappernden Retro-Damenfahrrad auf demselben Keltenwall an uns vorbei.

Seitdem wissen wir, dass man auch Waldwege mit einer unterschiedlichen Bandbreite an Fahrrädern befahren kann. Die E-Mobilität hat seitdem das Spektrum an Fahrrädern noch einmal erheblich erweitert – und damit auch den Kreis der Nutzer.

Wir beiden Autoren – Silver-Ager oder kurz davor – sind sämtliche Touren in diesem Buch selbst (mehrfach) geradelt. Auf einer Art Rad, das vom Aussterben bedroht ist: dem Trekkingrad. Es hat normale Reifen, keine Federung und keinen E-Antrieb. Dafür aber Straßenzulassung inklusive Klingel. Ein ganz normales Fahrrad eben.

Für diese Art von Rad sind die Touren geeignet. So haben wir auf allzu wilde Abfahrten und Anstiege ebenso verzichtet wie auf lange Strecken auf vielbefahrenen Straßen. Natürlich ist uns bewusst, dass es die MTB-Fraktion gerne etwas wilder hätte. (Falls möglich, bieten wir an diversen Stellen auch Alternativen in diese Richtung an.) Andererseits können wir uns vorstellen, dass es auch Genussradler auf unsere Strecken lockt. Sie werden auf den Schotterwegen oder gar Wurzelpfaden nicht immer frohlocken. Aber wie wusste schon der Römer lange vor Erfindung des Velozipeds: Variatio delectat.

Der Untertitel „Entdecker-Touren" wurde vom Verlag gewählt. Besser kann man unser Anliegen nicht in Worte fassen: Auf Straßen und Pfaden abseits des Mainstreams die vielen Schmankerl unserer wunderbaren Heimat um Regensburg entdecken. Selbst wir haben im Rahmen der Recherche für dieses Buch noch viel sehen und lernen dürfen. Nun freut es uns, dass wir dieses Wissen an Sie weitergeben können.

Die Erfahrung zeigt, dass Outdoorbücher am Tag eins nach Redaktionsschluss zu veralten beginnen, weil Wege neu angelegt, verlegt oder gesperrt werden. Oder von Harvestern befahren werden. Oder von Wildschweinen umgegraben. Gasthäuser werden geschlossen (und selten neu eröffnet). Erkundigen Sie sich also bitte im Voraus, ob und wo die von Ihnen aktuell gewählte Tour so ein Schicksal erlitten hat. Und tragen Sie's im Fall der Fälle mit Fassung. Geben Sie uns gerne Rückmeldung (über den Verlag). Lieber positiv als negativ. Gerne freundlich. Wir antworten dann auch gerne. Auf diese Weise sind übrigens schon wunderbare Kontakte entstanden. In diesem Sinne Danke an Andrea und Uli fürs Testradeln so mancher Strecken!

Hals- und Beinbruch!
Helmut Baumgartner & Georg Luft

Radeln im Raum Regensburg

Kinder und Jugendliche, die in und um Regensburg in die Schule gehen, lernen im Geographieunterricht – so die optimistische Annahme –, dass bei Regensburg mehrere landschaftliche Großräume aufeinandertreffen. Schüler mit richtig viel Glück erhalten Freigang in Form eines Wandertags oder einer Exkursion und reisen zur Tegernheimer Schlucht, wo ihnen die Umstände der geologischen Kollisionen an mehreren Schautafeln entlang eines Geopfads näher gebracht werden.

In unserem Buch entführen wir Sie ebenfalls in die Großlandschaften um Regensburg, allerdings viel weiter hinaus. Abgesehen von den tektonischen Umständen und Hintergründen sind die unterschiedlichen Landschaften auch für uns Radler von unmittelbarer Relevanz, weil sie ganz unterschiedliche Arten von Relief bieten.

Fangen wir also im Norden und Nordwesten von Regensburg an: Hier stößt die Fränkische Alb mit ihrem kalkig-weißen Untergrund bis Regensburg vor. Zunächst radeln Sie noch im flachen Doppeltal von Regen und Naab und entdecken allerlei Überreste der dort herrschenden Flussregime, wie Tonablagerungen. Sobald Sie aber die sanften Anhöhen nach Nordwesten erklommen haben, sind Sie in einer weiten, flachen Landschaft unterwegs. Schon hier werden Sie sich wundern, wie verlassen man um Regensburg unterwegs sein kann und wie viele wenig befahrene Kleinststraßen es gibt.

Im Westen der Donaumetropole trennt die mystisch dunkel gurgelnde Schwarze Laber die Mittlere von der Südlichen Frankenalb ab. Der Fluss erlaubt an seinen Ufern wunderbare Radlstrecken. Das Wegenetz ist inzwischen auch sehr gut ausgebaut. Verlässt man den Fluss nach Süden, ist man wieder einsam unterwegs. Im Paintener Forst erfahren Sie diese Abgeschiedenheit hautnah. Umso tiefer ist der „Absturz", wenn Sie bei den Burgen Prunn und Randeck angelangt sind. Das Altmühltal – von Menschenhand stark überprägt – bringt Sie, die Radler, dann wieder flott weiter. Es sei denn, Sie lassen sich auch hier von den Überresten menschlicher Aktivitäten entlang der Routen aufhalten, wie beispielsweise dem Keltentor bei Kelheim.

Unser Anliegen war es, möglichst viele interessante Punkte wie an Ketten aufzufädeln, die von Ihnen entdeckt werden können.

Südlich der Donau liegt dann das „Unterbayerische Hügelland" mit dem „Donau-Isar-Hügelland". Die Große Laber ist der Hauptfluss dieser wellig-gefälligen Landschaft. Die Touren, die wir hier angelegt haben, sind entsprechend semilocker zu bewältigen. Nie geht es zu steil oder lang bergauf. Das Auge erfreut sich weiterer Blicke und erfasst dabei eine typisch bayerische Landschaft mit Dörfern und ihren Kirchen im Mittelpunkt. Auch Gasthäuser für die notwendigen Pausenschwünge gibt es noch. (Kehren Sie fleißig ein! Es ist Ihr aktiver Beitrag, dem Wirtshaussterben energisch entgegenzuwirken, und somit eine echte Win-Win-Situation.)

Zwischen Regensburg und Straubing dann liegt der Dungau. Eine Reihe von flachen Touren kön-

nen Sie hier radeln und dabei erstens die Weite des Landes (wir vergleichen das mit Bayern, nicht Australien!) und zweitens die Güte des Bodens erfahren. Optisch, haptisch, akustisch. Sie werden die Zuckerrüben und Kartoffeln sehen (sofern sie gerade wachsen oder abgeerntet der Abholung harren). Sie werden den Lößboden an Ihren Fahrradreifen spüren und Teile davon mit nach Hause bringen. Sie werden hören, wie er – der Boden – sich vorher um Ihre Reifen und Speichen gelegt hat. Radeln unter dem Motto „Alles allen Sinnen". Das wusste schon ein gewisser Comenius.

Prägendes Element sind in diesem Bereich des Landes die vielen unterschiedlichen Laberflüsse. Ganz bewusst stellen wir sie in einigen Touren vor, zeigen auch auf, wie der Mensch sie verändert hat, vor allem wenn sie sich dem Großen Strom, der Donau, nähern. Dann radelt man auf gepflegten Landwirtschaftswegen oder Donaudeichen, ist aber das eine oder andere Mal doch geknickt, wenn man sich der Vergewaltigungen bewusst wird, die der Mensch den Flüssen zugefügt hat und es immer noch tut. Schönes Wetter in Kombination mit einer gemütlichen Einkehr entschädigt auch hier. Ein Sprung ins kühle Nass bringt die Temperaturen auf jeden Fall runter. (Wenn Sie die richtige Tour radeln, können Sie auf Badebekleidung verzichten! – Das können Sie eigentlich immer, aber Sie dürfen sich dann halt nicht erwischen lassen …)

Heftig wird das Radeln, wenn es in den Falkensteiner Vorwald des Oberpfälzer/Bayerischen Waldes geht. Hier wird Radeln zur Herausforderung – vor allem für die Fraktion, die unter dem Motto „Waden statt Laden" strampelt. Immerhin ist die Gegend auch als „Buckelbayern" bekannt. Dann kann es schon mal passieren, dass Sie Ihr geliebtes Stahlross ein Stück schieben. Vor den Erfolg hat Gott den Schweiß gesetzt. Umso mehr werden Sie sich freuen, wenn Sie in den Wäldern des Vorwalds angekommen sind und Sie die Stille und Abgeschiedenheit genießen können. Vielleicht auch den Ausblick auf die Donauebene? Bei der Abfahrt zurück ins Tal wird der Fahrtwind Ihren Schweiß wieder trocknen.

Ein bisschen von beidem – flach und hügelig – bieten auch die Touren im Oberpfälzischen Hügelland, das nördlich von Maxhütte-Haidhof beginnt. Bei der „Städtedreieck-Tour" (Tour 19) durchradeln Sie die nördlichen Großlandschaften. Und wenn Sie sich dann gar an die 100-Kilometertour heranwagen, dann erleben Sie die große Unterschiedlichkeit der beteiligten Großräume in unvergleichlich intensiver Weise en bloc. (Es sei denn, sie dreiteilen die Tour, was wir Ihnen im Buch gerne anbieten.)

Egal, wo und mit welchem Antrieb Sie radeln: Immer wünschen wir Ihnen viel Spaß beim Entdecken der Bonmots entlang der Routen! Und wenn Sie die Strecken einfach nur um des Radelns willen radeln, ist das auch perfekt. Immerhin haben Sie sich für eine der schönsten und abwechslungsreichsten Gegenden der Welt entschieden! Wie wusste schon Ernest Hemingway (1899–1961): „Beim Radfahren lernt man ein Land am besten kennen, weil man dessen Hügel empor schwitzt und sie dann wieder hinuntersaust."

Hinweis zu den Öffnungszeiten von Gaststätten

Es kann immer zu spontanen Änderungen von Öffnungszeiten oder auch zu generellen Schließungen kommen. Wir bitten Sie, dies bei Ihrer Tourplanung zu berücksichtigen und sich vorab selbst über die tagesaktuellen Öffnungszeiten der jeweiligen Gaststätte zu informieren – telefonisch oder auf der Website (falls vorhanden).

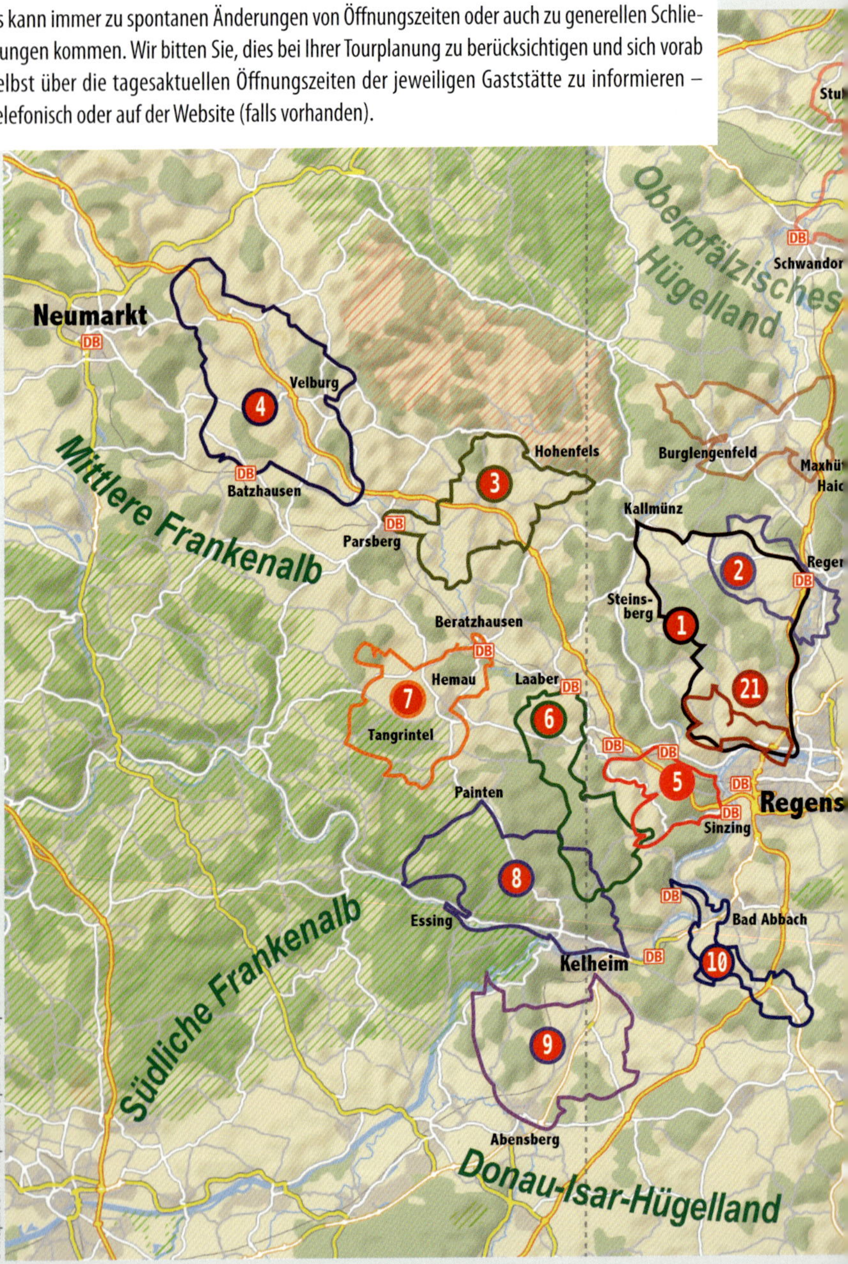

Anmerkungen zu diversen im Buch verwendeten Kartensymbolen:
sinnvoller Start- und Zielpunkt, weil mit ...
Parkmöglichkeit, meist kostenlos.
DB Oft auch mit Bahnhaltepunkt (ÖPNV). (Hier wurden schon Züge gesichtet.)
Kalorienaufnahmestelle in diesem Ort! Art und exakte Lage der Restauration vor Expeditionsantritt erkunden!
Golfplatz. Vorsicht vor fliegenden Bällen!
R-L-2144 Rettungstreffpunkt. Lage in der Karte ist nur grob angedeutet. Nummer durchgeben und Sie werden geholfen oder sogar gerettet!
Oberpfälzisches Hügelland
Falkensteiner Vorwald
Dungau
Donau-Isar-Hügelland
Stulln
Schwandorf
Burglengenfeld
Maxhütte-Haidhof
Regenstauf
Kürn
Wenzenbach
Regensburg
Brennberg
Frauenzell
Wiesenfelden
Wörth
Hofdorf
Falkenfels
Pfatter
Alteglofsheim
Rain
Sünching
Straubing
Geiselhöring
Mallersdorf-Pfaffenberg
20
19
22
18
17
16
12
15
14
13
11

INHALT

INHALT

Radln mit GPS

Dieses Buch ist so aufgebaut, dass Sie die Wege mithilfe der Tourbeschreibungen und der abgebildeten Karten auch ohne moderne Technik finden können. Es kann aber sicher nicht schaden, wenn man im Zweifelsfall auf technische Hilfsmittel zurückgreifen kann; besonders nützlich ist die elektronische Unterstützung auf unmarkierten Streckenabschnitten. Deshalb bieten wir unseren Lesern auf der Webseite des Verlags die GPS-Daten zu diesem Radelführer kostenlos zum Download an. Die Adresse der Webseite lautet: **https://gps.battenberg-gietl.de/**

Geben Sie zuerst das Passwort **JM1djQC5** in das entsprechende Feld ein und klicken Sie dann bei der Tour Ihrer Wahl auf den Download-Button.

Die GPS-Daten wurden sorgfältig von den Autoren erstellt. Es kann aber vorkommen, dass Ihre Position aus technischen Gründen nicht exakt angezeigt werden kann. Mithilfe der Wegbeschreibungen und einer Radwanderkarte sollten Sie sich aber stets orientieren können.

Die Touren sind im gängigen GPX-Format gespeichert. Sie können einzelne Touren direkt herunterladen oder gleich alle auf einmal; in dem Fall erhalten Sie eine ZIP-Datei, die Sie erst einmal „entpacken" müssen.

Um die GPS-Daten benutzen zu können, benötigen Sie ein Smartphone (iPhone oder Android) mit GPS-Empfänger und eine App, die GPX-Dateien darstellen kann (z. B. *Komoot, Bergfex, Outdooractive* o. ä.). Sie sollten nach Möglichkeit die Dateien so speichern, dass Sie sie offline nutzen können, da häufig Wälder und Berge beim Netzausbau nicht vorrangig behandelt werden und es im Online-Betrieb bei schlechtem Netz zu lästigen Verzögerungen kommen kann.

Navigationsaufgaben verursachen meist einen höheren Energieverbrauch auf dem Smartphone. Achten Sie daher besonders bei längeren Touren darauf, dass der Akku ausreichend aufgeladen ist.

Panorama Adlersberg

STRECKENDETAILS

PIKTOGRAMME

Distanz

Ausgangs-/Endpunkt

Charakteristik der Tour

Höhenmeter

Ortschaften

E-Bike-Ladestation

Fahrzeit

Bodenbeschaffenheit

Gasthäuser / Cafés

Wissenswertes

SCHWIERIGKEITSBEWERTUNG

Leicht

Touren mit wenig Höhenmetern bei leichten Steigungen, aber auch Kurztouren mit mehr als 200 Höhenmetern.

Mittel

Touren mit mehr als 200 Höhenmeter, längere Steigungen für die eine gute Grundkondition erforderlich ist. Touren mit losem Untergrund und schwer befahrbaren Stellen.

Schwer

Touren mit längeren starken Steigungen, auch kurze Touren mit sehr steilen Steigungen. Es kann nötig sein, das Rad an einigen Stellen zu schieben.
Bei den E-Bikes sollte der Akku vollgeladen sein, und es kann ratsam sein, das Ladegerät mitzunehmen.

E-Bike:
Mit dem E-Bike verlieren die Höhenmeter aber deutlich ihre Bedeutung für die Einteilung der Schwierigkeitsbewertung. Dann sind mittelschwere Touren relativ leicht zu befahren.

Dreiflüssetour
Regen – Naab – Donau

„Panta rhei – alles fließt, auch wenn man radelt“

TOUR 01

Start/Ziel

Parkmöglichkeiten im Bereich der Schleuse Regensburg
– **Parkplatz am Protzenweiher:** 93047 Regensburg, Am Protzenweiher 16
– **Parkplatz Neuer Dultplatz** (außer zur Dultzeit): 93047 Regensburg, Neuer Dultplatz
– **Europakanal:** 93047 Regensburg, Am Europakanal 1 bzw. 31

Diesenbach – Kallmünz – Wolfsegg

Asphalt: A: 55,7 km, B: 49,9 km, C: 46 km
Schotter: B: 3,5 km, C: 11 km
Feldweg: B: 0,4 km

Die Tour bleibt auf Asphaltstraßen und -wegen, optimal also, wenn nach längeren Regenfällen eine Runde mit einigen Aufs und Abs unternommen werden sollte und dabei keine Forststraßen, Feld- und Wiesenwege erwünscht sind. Mit 56 Kilometern eine Tour vom Regen zur Naab und wieder zurück zur Donau.

–

Prösslbräu Adlersberg
www.brauerei-adlersberg.com

Trattoria Trinacria
Vilsgasse 1, 93183 Kallmünz,
Tel. 09473 9509900

Postbräu Kallmünz
Vilsgasse 19a, 93183 Kallmünz,
Tel. 0176 86168641, @postbraeukallmuenz

Zum Bürstenbinder
www.zum-buerstenbinder.com

Bergwirtschaft Kumpfmüller
www.gasthof-kumpfmueller.de

Foto: Ein erster Stopp für eine Aufnahme mit Blick auf den gestauten Regen bei Zeitlarn.

DREIFLÜSSETOUR REGEN – NAAB – DONAU – TOUR 01

mittel | 55,7 km | 352 Hm | 3:55 h

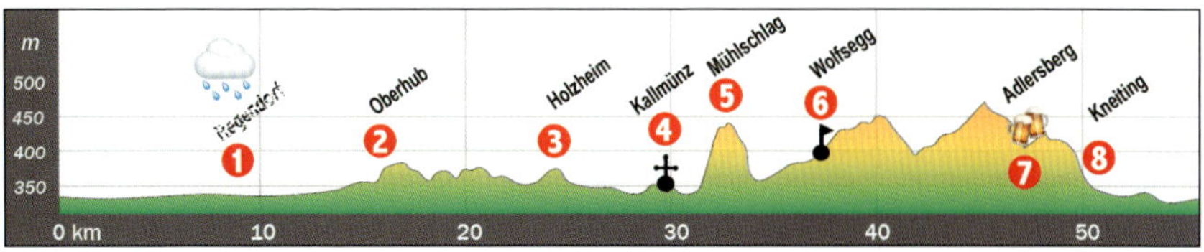

Regendorf

Wir benutzen viele Akronyme. ZDF, CD-ROM, UFO, RMD-Kanal. Heute sei hier die RND-Tour eingeführt. Die Regen-Naab-Donau-Radrundtour. Wenn Sie nun denken, das sei wegen der Flüsse eine flache Sache … ja, denken Sie ruhig. Der Ritt nach Mühlschlag hinauf wird Sie auf den Boden der Tatsachen holen, die Abfahrt danach auch. Vorher hatten Sie schon einen metaphorischen Höhepunkt erlebt, nämlich die Perle des Naabtals, Kallmünz. Wenn Sie diese Tagestour günstig planen, erreichen Sie zum Ausklang die Brauerei auf dem Adlersberg, wo man Ihnen gerne ein Elektrolytgetränk verkauft.

Wegbeschreibung:

Die Beschreibung startet östlich der Schleuse, dort wo der Regen auf Donauwasser trifft. Sie orientieren sich an der Beschilderung des Regentalradwegs und radeln auf Rad-/Gehwegen entlang des Regens nach Diesenbach, passieren dabei **Regendorf** ❶ und durchfahren **Edlhausen**. In **Diesenbach** fahren Sie auf der Regendorfer Straße zur Diesenbacher Straße, überqueren sie und setzen geradeaus auf dem Fronauer Weg Ihre Fahrt fort. Fast am Ortsende biegen Sie rechts in die Mühlstraße ein, um kurz danach in die Buchenloher Straße nach links einzubiegen. Etwa 13 Kilometer haben Sie bereits geschafft.

Mit der Unterfahrung der Autobahn erreichen Sie leicht welliges Gelände. Sie treten auf der St 2149 dem Weiler Unterhub entgegen. Danach passieren Sie den plateauartig angelegten Flugplatz. Gleich nach diesem biegen Sie nach rechts auf eine kleine Fahrstraße ab. Es folgen **Oberhub** ❷ und **Irlbründl**. Schließlich erreichen Sie **Kürnberg**. Hier biegen Sie nach links in die R 22 ein. Auf der neuen breiten Straße kommen Sie nach **Schönleiten**. Die Gegend zwischen Regenstauf und Holzheim führt ein stiefmütterliches Dasein, wenn es um Rad- und Fußwanderwege geht. Zu Unrecht. Links und rechts lassen sich auf unmarkierten Wegen wunderbare, abwechslungsreiche Strecken gehen und auch radeln. Sie bleiben heute aber auf Asphalt und radeln von Schönleiten weiter westwärts.

Kurz nach Schönleiten ist am Horizont bereits die **Burgruine oberhalb Kallmünz** zu erkennen. Bei **Traidenloh** biegen Sie rechts auf die kleine Straße ab. Geradeaus fahren Sie zur R 38 und biegen links ein. So erreichen Sie **Holzheim am Forst** ❸ nach 23 Kilometern. Kurz vor Holzheim erblickt man rechts den Blümelberg mit seiner **Pestkapelle.** Ein netter Platz für eine Panoramapause mit einem guten Blick nach Kallmünz. In **Holzheim** biegen Sie rechts nach Kallmünz ab, am Ortsausgang wechseln Sie auf den 2023 neu gebauten Radweg entlang der Straße. In **Kallmünz** ❹ angekommen, radeln Sie auf der **Langen**

links: Blick zur Burgruine Kallmünz
rechts: Pestkapelle in Holzheim am Forst

Gasse Richtung Naab. Zu einem „Lieblingsplatz" biegt man rechts **„Am Graben"** ab, gleich darauf links zum Inselweg. Bei der liegenden steinernen Dame kann man für einige Momente verweilen und dabei einen schönen Blick auf die gegenüberliegende Seite genießen.

Auf dem Inselweg fahren Sie zur **Steinernen Brücke** und überqueren selbige. Sind Sie am Marktplatz angekommen, können Sie sich überlegen, wo und wie Sie nach 27 Kilometern einkehren wollen. Wer zuerst hinauf zur Burgruine will, dem empfehlen wir den direkten Weg mit Treppen zu nehmen und den Rückweg über den Keltenwall hinaus und anschließend auf dem Eselweg zurückzugehen. Wer Kallmünz noch nicht kennt, sollte die kleinen Gassen sowohl auf der Burgseite als auch auf der östlichen Seite abgehen. Es lohnt sich. In Kallmünz lassen sich viele schöne Stellen finden und damit wunderbare Ausblicke auf Burg, Brücke und Naab entdecken. Für Kallmünz muss man sich einfach Zeit nehmen. Am besten plant man für diesen wunderbaren Ort einen eigenen Besuch ein.

Die Weiterfahrt führt Sie wieder über die Naab. Den Radwegschildern folgend, biegen Sie rechts ab (Am Planl) und nehmen die **Alte Regensburger Straße.** Sie orientieren sich an der Beschilde-

Ein Lieblingsplatz in Kallmünz

Mühlschlag

rung für den **5-Flüsse-Radweg/Naabtal-Radweg** und fahren entlang der Naab nach **Krachenhausen**.

(Sollten Sie eine Steigungsallergie haben, können Sie die Fahrt auf dem Naabtalradweg via Pielenhofen, Etterzhausen und Mariaort fortsetzen. In Kneiting stoßen Sie wieder auf den weitaus anspruchsvolleren Plan A.)

Plan A: Hier in Krachenhausen bei der Kapelle in der Kurve verlassen Sie die Naab und die ausgeschilderten Radwege nach links. Jetzt geht es konstant bergauf. So erhöhen Sie bis **Mühlschlag** 5 Ihre kinetische Energie um 90 Höhenmeter. Große Teile davon werden bei der schönen Abfahrt mit 12 % Gefälle wieder frei. (Vor Erreichen der Hauptstraße rechtzeitig den Bremsvorgang einleiten!) Unten angekommen, schwenken Sie nach rechts in die R 22 ein und gleich darauf nach links ab Richtung Wolfsegg. Dort angekommen, biegen Sie zunächst rechts ab (am Rathaus vorbei), und gleich anschließend links in den Burgring. Nach etwa 35 Kilometern erreichen Sie den Parkplatz unterhalb der Burg. Hier besteht die beste Möglichkeit, sein Fahrrad mit Burg Wolfsegg 6 abzulichten. Vielleicht zeigt sich ja auch die Weiße Frau für ein Portrait?

Die Weiterfahrt um die Burg herum besteht nach rechts, anschließend erneut rechts auf die Regensburger Straße. (Die Bäckerei Seidl samt Postfiliale (Leonhard-von-Eck-Straße 1) verkauft Kaffee. Leider nur to-go.) Am Ortsende biegen Sie rechts in die **Stettener Straße** und gleich darauf links auf einen asphaltierten Waldweg ab. (Wenn Sie zur Abwechslung doch etwas „Gravel" unter die Reifen kriegen wollen, springen Sie im Text ganz nach unten. Beim nächsten Absatz in Rohrdorfs abknickender Vorfahrtstraße geht's dann wieder weiter mit Plan A.)

Zum Wald-Parkplatz muss etwas stärker getreten werden. Die Weiterfahrt nach **Kaulhausen** geschieht in leichtem Auf und Ab auf neuem Rad-/Gehweg. Diesen verlassen Sie, sobald Sie nach rechts nach **Rohrdorf** abbiegen. Nach erfolgter Abfahrt biegen Sie links in die *abknickende* Vorfahrtstraße ein und passieren dann Rohrdorf. Bei **Seebreiten** folgen Sie nach rechts den Schildern nach **Neudorf**. Es geht geradeaus, dem Straßenverlauf folgend durch den Ort, und anschließend nach **Pettendorf** hinauf. Von der Hauptstraße biegen Sie rechts in die **Schlossstraße** (am Schlossanwesen vorbei) ein. Die Kirche links liegen lassend, treten Sie auf der Marienstraße ortsauswärts. Die Abfahrt nach Adlersberg übernimmt die Schwerkraft weitgehend für Sie. Auf der Dominikanerinnenstraße geht es flott abwärts, aber Achtung: Hier gilt Tempo 30. Wer bis jetzt noch keine Pause eingelegt hat: Hier in **Adlersberg** 7 besteht nach 45 Kilometern eine gute Gelegenheit.

Vom Adlersberger Toreingang führt eine Schotterstraße steil bergab Richtung Kneiting. Aber es wäre schade, den Schlenker auf einer kleinen Straße über **Hummelberg** und **Günzenried** auszulassen. Man kommt auch so auf die **Pettendorfer Straße**, die man gegenüber dem Tierheim erreicht. Hier biegen Sie rechts auf den Rad-/

Kapelle Neudorf mit Fresken von Ivana Koubek

Gehweg ein. Beim Ortsanfang **Kneiting** überqueren Sie nach links die Straße und erreichen **Oberwinzer**. Sie fahren durch den Ort, vor der Feuerwehr biegen Sie rechts auf eine kleine Straße ab. An Gemüsefeldern vorbei und unter der St 2660 (ehem. B 8) kommen Sie zur Donau. Von hier sind es noch exakt 2383 Flusskilometer bis zur Mündung ins Schwarze Meer. Sie biegen nach links ein. Auf dem Rad-/Gehweg begleiten Sie nun die Donau – oder sie Sie. Dann endlich Regensburg. Zunächst entlang der Frankenstraße, nach Unterquerung der A 93 weiter auf **Am Europakanal** erreichen Sie schließlich die Stelle an der Regenmündung, wo Sie 55 Kilometer früher gestartet sind.

Gravel-Alternative (B) hinter Wolfsegg: Nach Abbiegen in die Stettener Straße biegen Sie nicht gleich wieder nach links auf den Radweg ab, sondern fahren knapp 200 Meter weiter. Nach halblinks zweigt eine Forststraße ab, der Sie folgen. Nach leichtem Anstieg und Feldwegpassage erreichen Sie die Häuser von Hohenwarth. Hier einfach die Straße überqueren und auf der anderen Seite die Fahrt fortsetzen! Im Wald wird der Weg wieder breiter. Geschotterter Anstieg nach Aignhof. Hier führt der Weg über das Lagergelände des Weilers. Auf der anderen Seite abwärts. Unten angekommen nach links in die Regensburger Straße und dann der *abknickenden Vorfahrtstraße* (s. o.) folgen.

Was man als Radler nicht alles ertragen muss …

Wissenswertes:

7 Adlersberg: Wer denkt, der Adlersberg sei die Heimat des majestätischen Greifvogels, irrt. Georg Brunner führt aus, dass der Adlersberg bis ins 19. Jahrhundert Arlesberg hieß, womit man die im Volksmund „Arln" genannten Erlenbäumen bezeichnete. Erst ab 1838 taucht „Adlersberg" auf. *(Georg Brunner: „Adlersberg und seine Geschichte", Historischer Verein für Oberpfalz und Regensburg.)* Nach längeren Ausführungen über das Dunkel der Geschichte legt Brunner dar, dass Herzog Ludwig II. um 1262 in Arlesberg ein Dominikanerinnen-Frauenkloster stiftete. 1341 wurde dann die Kirche geweiht. Danach erlangte das Kloster einigen Besitz. Mit einem Edikt im Rahmen der Glaubensspaltung setzte der schleichende Niedergang des Klosters ein. Die letzte Priorin verließ das Kloster klammheimlich. 1542 erfolgte der Todesstoß, als

links: Zoigl-Stern beim „Bürstenbinder"

oben: Davidstern

der protestantische Glaube eingeführt wurde. Weitere Versuche, das Kloster zu halten, scheiterten kläglich. Schließlich übernahm am 22. Januar 1842 Braumeister Johann Michael Prößl das Gut mit Brauerei Adlersberg.

Donau-Flusskilometer: Wussten Sie, dass die Donau einer der wenigen Flüsse der Welt ist, deren Flusskilometer „rückwärts" gezählt werden? Der Rhein beispielweise startet bei Kilometer 0 in Konstanz und geht bei Kilometer 1032,8 bei Hoek van Holland in die Nordsee auf. Aber weil wir wissen: „Brigach und Breg bringen die Donau zu Weg", konnte man sich auf keinen Nullpunkt einigen und zählt jetzt eben von Sulina am Schwarzen Meer her rückwärts. Zählt man bis Donaueschingen, endet die Reise nach 2811 Kilometern. Nimmt man die Breg dazu (die Brigach ist zu unbedeutend), sind es 2857 Kilometer. Alleinstellungsmerkmal der Donau: der Fluss, der die meisten Länder durchfließt, nämlich 10.

❷ **Flugplatz Oberhub:** Der Platz führt den ICAO-Code EDNR. Die Landebahn ist 650 Meter lang! Flugbetrieb ist an den Wochenenden und Feiertagen von 9.00 bis 19.00 Uhr oder spätestens bis Sonnenuntergang.

❹ Auch in **Kallmünz** gibt es den Zoigl. Der gleichnamige Stern (auch „Braustern" genannt)

zeigt es an – daher das Wort *Zoigl*. Als wieder einmal Besuch aus den USA vor Ort war (ein Cousin 3. Grades, Jahrgang 1946) traute er erst seinen Augen und dann unseren Ausführungen nicht, wonach Zoigl- und Judenstern nicht dasselbe sind. Vielmehr witterte er die Fortführung einer internationalen Verschwörung.
Der in Kallmünz hängende Zoiglstern zeigt dabei einen interessanten Unterschied: Beim Zoigl liegen zwei gleichschenklige Dreiecke aufeinander. Man könnte also das obere Dreieck vom unteren ungehindert abheben. Sie symbolisieren auf der einen Ebene die drei Elemente Feuer, Wasser und Luft. Auf der anderen sind es Wasser, Malz und Hopfen als Bierzutaten. Beim Davidstern sind die zwei Dreiecke ineinander verflochten und lassen sich nicht ohne Weiteres trennen. Eine Interpretation besagt, dass das nach unten weisende Dreieck das von Gott erhaltene Leben zeigt, das nach oben zeigende Dreieck besagt, dass der Mensch zu Gott zurückkehren wird.
Als Silhouette sehen beide Sterne identisch aus.

Heilica-Apotheke: Fährt man in Pettendorf auf der Hauptstraße ein, so passiert man nach der Feuerwehr eine Apotheke mit dem Namen Heilica. Heilica von Lengenfeld (um 1103–14.9.1170) war eine von zwei Töchtern des Edelfreien Friedrich III. von Pettendorf-Lengenfeld-Hopfenohe. Sie wurde verheiratet mit dem Pfalzgrafen Otto V. von Scheyern. Dieser verlegte die pfalzgräfliche Residenz von Scheyern nach Wittelsbach auf die dortige Burg. Heilica gilt also als die Stammmutter der Wittelsbacher. Der Grabstein des Ehepaares steht in der Klosterkirche in Ensdorf.

❻ Wolfsegg (Burg) in Kurzform, weil hinlänglich bekannt: besterhaltene Burganlage der Oberpfalz, modernes Museum, Heimat der Weißen Frau. Zur Sage der Weißen Frau gibt es mehrere Varianten. In der Basisversion bittet die Gattin einen benachbarten Herrscher, ihr bei der Verwaltung der Burg zu helfen. Der Gatte wittert Ehebruch und lässt sie ermorden. Seitdem „weizt" die Frau. Erweiterte Version: Der Burgherr stiftet seine Gattin an, beim Nachbarn Hilfe zu suchen und das Ganze läuft aus dem Ruder. Version 3 ist zu lange für dieses Buch und am besten bei einem Ortstermin in Wolfsegg zu eruieren! (www.burg-wolfsegg.de)

Herbstlich leuchtet Wolfsegg im Herbstlicht.

Rund um Regenstauf – eine kurze Tour in reizvoller Abgeschiedenheit

„Eine SADistische Grenzerfahrradelung"

TOUR
02

Navi: Parkplatz Masurenweg 12, 93128 Regenstauf

Regenstauf – Pirkensee – Eitlbrunn

Asphalt: 24,3 km
Schotter: 6,9 km
Naturweg: 4,3 km

Abwechslungsreiche Tour in abgeschiedene Gegenden, ohne weit entfernt von der Zivilisation mit all ihren Erscheinungen zu sein.

Regenstauf:
Regensburger Straße 10

Regenstauf:
Jahnhalle Regenstauf, Jahnstraße, 93128 Regenstauf

Info zur Ponholzhöhle unter www.lochstein.de/hoehlen/D/fralb/sfralb/G-Burglengenfeld/ponholz/ponholz.htm

 Foto: Regenromantik in Regenstauf

mittel | 35,5 km | 265 Hm | 2:35 h

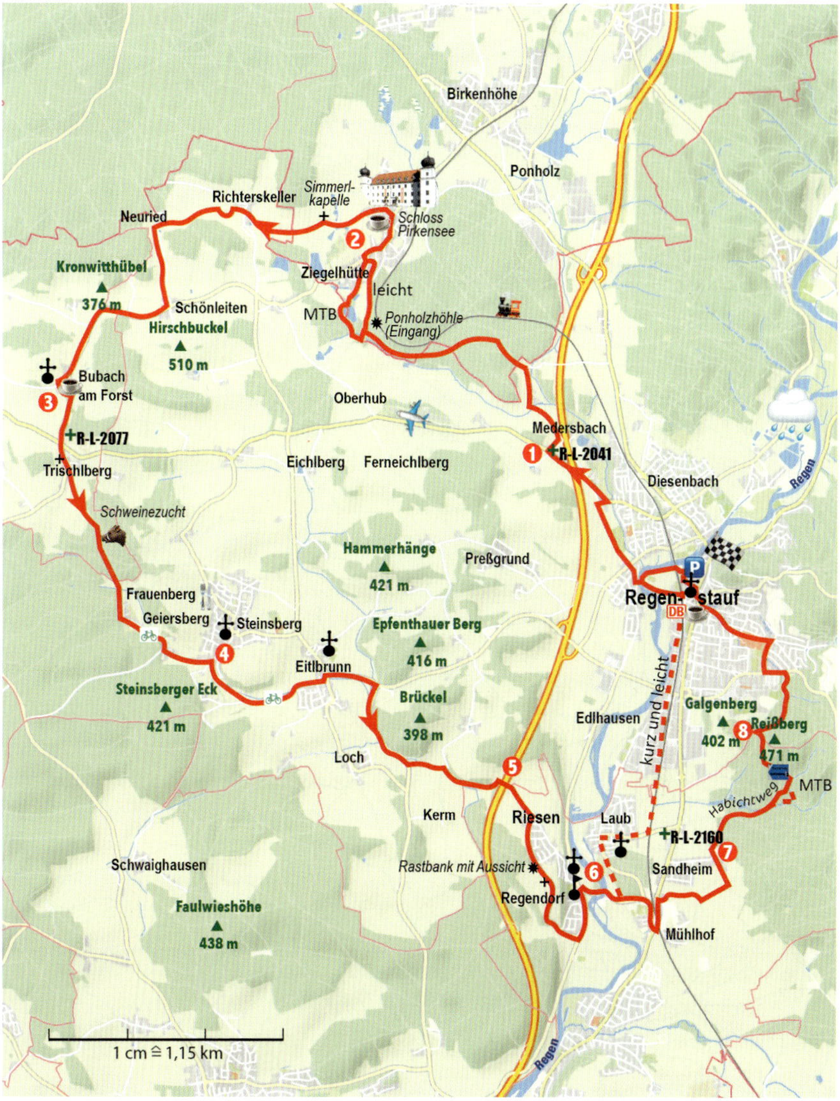

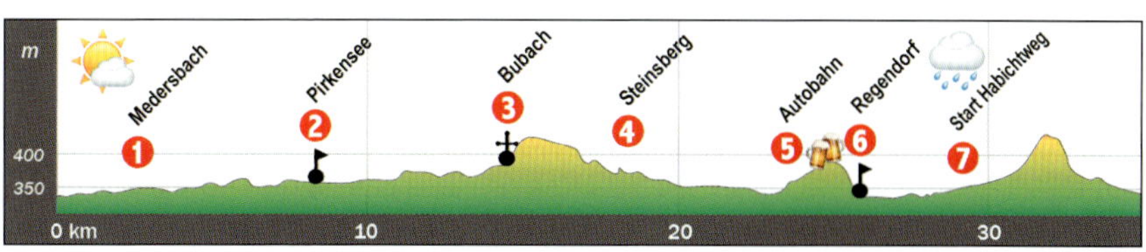

Herbstidylle an der Tongrube

Sie werden sich wundern, wenn Sie lesen, dass diese Tour die Einzige ist, die wir beiden Autoren gemeinsam radelten. Sonst waren wir immer getrennt unterwegs. Einer recherchierend vorneweg, der andere – ein paar Tage später – kontrollierend und mit weiteren Anregungen hinterher. Bei dieser Tour – etwa in Höhe der Simmerlkapelle – stellten wir gemeinsam fest, dass sich diese Gegend zu Unrecht in einem regelrechten Dornröschenschlaf befindet. Sie radeln hier auf kleinen Straßen durch eine gefällige Hügellandschaft, völlig abseits vom Schuss. Viel Spaß dabei!

Wegbeschreibung:

Vom Parkplatz starten Sie entweder direkt zwischen den Holzgebäuden hindurch und erreichen via Spielplatz nach Unterquerung der Bahnlinie den Regental-Radweg, der zum Regen-Fußgängersteg führt. Oder Sie radeln auf dem Masurenweg zum Bahnhof und unterqueren dort die Bahn. (An der Unterführung finden Sie ein Hinweisschild zum Bahnunglück 1906.) Via Jahnstraße – zwischen Fußballplatz und Gastwirtschaft hindurch – erreichen Sie den Fußgängersteg über den Regen.

Am anderen Ufer angekommen biegen Sie rechts in die Regendorfer Straße ein und folgen ihr bis zur Diesenbacher Straße. Nach Überquerung selbiger setzen Sie Ihre Fahrt auf dem Fronauer Weg fort, biegen dann rechts in die Mühlstraße ein und kurz darauf links in die Buchenloher Straße. Nach Unterquerung der A 93 schwenken Sie rechts nach **Medersbach** 1 ab. Trotz Autobahnnähe spürt man bei der Fahrt durch den kleinen Ort bereits ein Gefühl der Abgeschiedenheit. Am Ortsende biegen Sie links zum Wald ab. Wer dort parkt, ist entweder Spaziergänger, Hundebesitzer beim Gassigehen oder Schwammerlsucher.

Nun pendeln Sie die nächsten Kilometer zwischen den Landkreisen Regensburg und Schwandorf: Nach gut 300 Metern auf dem Forstweg biegen Sie nach links ab und bleiben auf diesem Weg, bis nach gut 1,5 Kilometern von rechts eine Forststraße dazustößt. Falls Sie wissen wollen, wo sich der Eingang zur riesigen Ponholzhöhle befindet, biegen Sie rechts in diese Forststraße ein. Nach der Auffahrt zur Brücke blicken Sie nach rechts hinunter. Dort sehen Sie einen kleinen schmalen Bau mit einer verschlossenen Tür. Dies ist/war der Eingang.

Weiterfahrt „leicht" (08/15): Sie folgen der Forststraße parallel zur Bahnlinie und erreichen Ziegelhütte. Von der Irlbründlstraße biegen Sie

Schloss Pirkensee

rechts in die Hauptstraße ein und befinden sich anschließend in **Pirkensee** ❷. Fahren Sie bis zum viertürmigen Schloss. Falls Sie eine Event-Location zum Heiraten, Geburtstagfeiern oder Ritteressen suchen, hier werden Sie fündig.

Weiterfahrt „MTB" (romantisch): Biegen Sie von der Forststraße links ab. Sie erreichen kurz darauf eine kleine Brücke. Die Gräben unter Ihnen erzeugen ein stimmungsvolles Bild, wenn am Vormittag die Sonne durch die Laubbäume bricht. Gleich nach Überquerung der Brücke gabelt sich der Weg. Sie nehmen den rechten und kommen kurz darauf zu einem pittoresken Weiher. Dieser ist durch Tonabbau entstanden. Ein wunderbarer Pfad umrundet dieses Gewässer. Es ist von Vorteil, nicht in den Weiher zu stürzen!

Im Nordwesten des Sees treffen die Landkreise SAD und Regensburg aufeinander. Sie bewegen sich also zunächst im Schwandorfer, dann für ca. 160 Meter im Regensburger und dann weiter wieder im Schwandorfer Landkreis. Nachdem Sie am Nordufer des Weihers angekommen sind, radeln Sie auf einem Wiesenweg auf Ziegelhütte zu. Von der Hochrainstraße links in die Bannholzstraße kommen Sie rechts via Kürnberger- auch zur Hauptstraße und weiter zum Schloss.

Vom Schloss aus fahren Sie auf der Hauptstraße wieder zurück und biegen rechts Richtung **Richterskeller** ab. Kurz nach der Simmerlkapelle befinden Sie sich wieder im Landkreis Regensburg. In Richterskeller fahren Sie bei der Kreuzung geradeaus. Ohne Asphalt erreichen Sie beim Weiler Neuried die kleine Straße nach Schönleiten. Hier biegen Sie rechts in die R22 ein. Nach der Ausfahrt aus dem Ort können Sie in der Ferne Burg Kallmünz erblicken. Die Kreisstraße biegt bei Traidenloh nach links. Ein leichter Anstieg bringt Sie nach **Bubach am Forst** ❸. Hier biegen Sie rechts in den Ort ab. Nach der Durchfahrt und ggf. Besichtigung der Kirche (sonntags) biegen Sie wieder rechts in die R22 ein. Weiter ansteigend radelnd erreichen Sie die St 2149.

Interessante Kirche St. Peter und Paul in Bubach

Sie setzen die Tour geradeaus fort, fahren durch **Trischlberg** und biegen beim Transformatorturm links ab. Auf einem Feldweg radeln Sie auf den Wald zu. Entlang eines eingezäunten Wildschweingeheges fahren Sie auf einem schönen Waldweg zwischen Schachtelholz und Jakobiholz. Nach etwas über einem Kilometer sind Sie wieder „im Freien". Sie bleiben geradeaus und erreichen Frauenberg. Hier biegen Sie links ab (Radweg-Markierung), passieren im Anschluss Geiers-

Eitlbrunn

Kurz und leicht: Sie biegen bei der Ankunft am Lauber Hölzl links in den Weg am Waldrand ab. Bei der folgenden Zeitlarner Straße biegen Sie links nach **Laub** ein. Im Ort biegen Sie rechts in die Sandheimer Straße ein und verlassen Laub. Nach Überquerung

berg und Reiterberg. Auf der Pfalzgrafenstraße erreichen Sie **Steinsberg** 4. Hier biegen Sie rechts in den Steinbruchweg ab. Er bringt Sie zu einem Rad-/Gehweg nach **Eitlbrunn**. In Eitlbrunn biegen Sie links und gleich darauf rechts in die R21 ein. Nach dem Ortsende haben Sie kurz noch mal einen Rad-/Gehweg.

Sie verlassen die R21 nach rechts. Auf der R18 fahren Sie Richtung Regensburg bis zur Abzweigung nach **Grub**. Am Ende, bei der T-Kreuzung, verlassen Sie die kleine Straße nach rechts. In einem Linksbogen radeln Sie zur Autobahn hoch. Nach Unterquerung 5 kommen Sie leicht bergauf tretend nach **Riesen**. Am Ortsbeginn folgen Sie Weiher- und Holzgartenweg aufwärts zur Riesenerstraße. Hier oben, am Bräuberg, haben Sie einen schönen (Sitzbank-)Ausblick auf das Regental und die Hügel auf der anderen Seite des Flusses. Danach folgt eine flotte Abfahrt nach Regendorf. Unten angekommen biegen Sie links auf den Rad-/Gehweg ein und fahren weiter zur Brücke über den Regen 6. Nach der Flussüberquerung können Sie entscheiden, welche Strecke Sie zurück zum Ausgangsort nehmen wollen.

der Bahnlinie nehmen Sie den Rad-/Gehweg nach **Regenstauf**. Vor einer Tankstelle biegen Sie links in die Bahnhofstraße ein. Am Bahnhof vorbei und weiter auf dem Masurenweg erreichen Sie den Parkplatz nach ca. 32 Kilometern.

MTB mit Höhenmetern: Entlang des Lauber Hölzl biegen Sie bei den Sportplätzen rechts ein und überqueren mit Hilfe der Ampel die St 2397. Nach Unterquerung der Bahnlinie biegen Sie vor Neuhof rechts ab und gleich links auf einen Feldweg. Dieser Feldweg biegt rechts ab. Sie können geradeaus auf dem grasigen Weg bleiben. Bequemer ist es aber, dem Feld rechts-links zu folgen. Bei der Wegkreuzung kommen Sie zur Beschilderung „Habichtweg“. Sie folgen nun dieser Beschilderung nach links. Nach dem Pferdehof nehmen Sie rechts den Weg in den Wald 7. Der schöne Weg wird auch von berittenen Leuten sowie von Spaziergängern mit Vierbeinern benutzt. Nach der Abzweigung zum Gilgenweiher folgen weitere kleine Weiher. Folgen Sie der Habichtbeschilderung, bekommen Sie es kurze Zeit später auf etwa 200 Metern mit einem naturbelassenen, verwurzelten Weg zu tun.

Laub mit Herbstlaub

Etwas weniger holprig und ein bisschen kürzer radeln Sie, wenn Sie bei einem Weiher links abbiegen und dann in leichtem Anstieg zu einem weiteren Forstweg kommen. Sie biegen rechts ein und erreichen kurz darauf wieder die Habichtmarkierung. Aufwärts erreichen Sie einen querenden Forstweg, in den Sie links einbiegen. Zum Abschluss dürfen Sie noch mal fester in die Pedale treten. Dann haben Sie die Ausschnaufstelle bei einer Forststraße erreicht. Sie biegen links ein und nach 70 Metern scharf rechts ab auf einen abwärts führenden Weg 8. Vorsichtig lassen Sie Ihr Rad abwärts rollen. Sie passieren dabei die Gebäude der Fach- und Berufsfachschulen Eckert. Bei einem Parkplatz kehren Sie wieder auf eine Asphaltstraße zurück. Von der Dr.-Robert-Eckert-Straße biegen Sie rechts in die Pestalozzistraße ab, von dieser wiederum links in die Hauzensteiner Straße ein. Bei der **St.-Jakob-Kirche** biegen Sie rechts zum Kirchplatz ein. Beim anschließenden Marktplatz links in den Suttenweg, der Sie zum Parkplatz am Masurenweg bringt.

Regenstauf

Es ist immer wieder interessant, wie Ereignisse Reaktionen auslösen können, die nach über 100 Jahren gut aufbereitet nachzulesen sind. Am 1. Mai 1906 existierte Regenstauf offiziell bereits 936 Jahre, als eine defekte Weiche ein Unglück auslöste. Dabei fuhr ein D-Zug in der Nacht um 09:30 Uhr wegen einer defekten Weiche auf einen stehenden Güterzug auf. Zum Glück waren keine Todesopfer zu beklagen. Lokführer und Heizer sprangen im letzten Moment von der Lok, so laut Zeitungsartikel der *Augsburger Abendzeitung* vom 3. Mai. Einen Tag später berichtete die *Augsburger Neue Nachrichten*, dass die beiden in eine Ecke der Lokomotive geschleudert wurden, und dort zum Liegen kamen. Wären sie abgesprungen, wären sie von herumfliegenden Eisenteilen mutmaßlich erschlagen worden.

Über das Zugunglück sollte aber nicht nur durch Zeitungsmeldungen berichtet werden, es fand auch Eingang in die Literatur. Im Zug saß unter anderem Thomas Mann. Er war im Erste-Klasse-Waggon Fahrgast von München nach Dresden. Anfang 1908 erschien die Novelle *Das Eisenbahnunglück*, in der er das Ereignis von Regenstauf beschrieb. Würden wir noch nachlesen können, was vor über einhundert Jahren „unweit von Regensburg" passierte, wenn Thomas Mann bereits einen Tag früher gereist wäre?

Unprätentiös liegt der Ort vor uns: Eitlbrunn

TOUR 03

Eine Altlandkreis PAR-Tour: **Parsberg – Lupburg – Hohenfels**

„Kann mir bitte mal jemand das Wasser reichen?"

Start/Ziel: Bahnhof Parsberg; Parken entlang der Bahnhofstraße Richtung Lupburger Straße
Navi: Bahnhofstraße 1, 92331 Parsberg
Alternativ:
92331 Lupburg/Haid, Haid 6, Parkplatz Friedhof;
92331 Lupburg/Degerndorf, Degerndorf E;
93176 Beratzhausen/Oberpfraundorf, St.-Martin-Straße 3
ÖPNV: Bahnhof Parsberg

Parsberg – Lupburg – See – Pexmühle – Königsmühle – Schwarzenthonhausen – Hardt – Schrotzhofen – Oberpfraundorf – Hohenfels – Großbissendorf – Hitzendorf – Rackendorf – Gottesberg – Eggenthal – Parsberg

Asphalt: 43,4 km
Schotter: 4,1 km
Naturweg: 2,1 km

Wunderbare Berg- und Tal-Tour mit zwei schönen Marktflecken einschließlich Burgruinen.

Hohenfels: Kommun-Markt, Turmgasse 5

Parsberg: Möbelhof Parsberg

Lupburg: www.bollywoodlupburg.de

Oberpfraundorf:
www.landgasthof-schnaus.de

Hohenfels:
Restaurant-Pizzeria Goldener Adler,
Marktplatz 5, 92366 Hohenfels,
Tel. 09472 4139945

 Foto: Malerisch liegen beide da: Burg und Ort Lupburg

mittel | 49,6 km | 500 Hm | 3:50 h

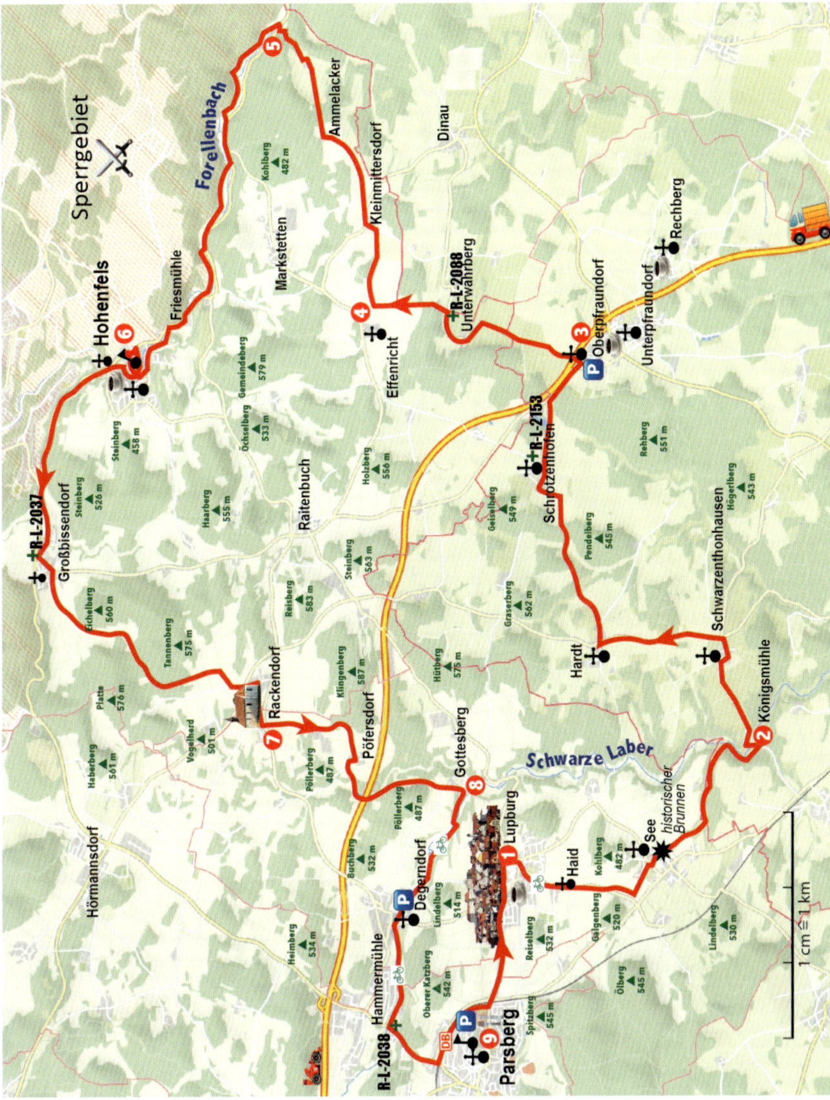

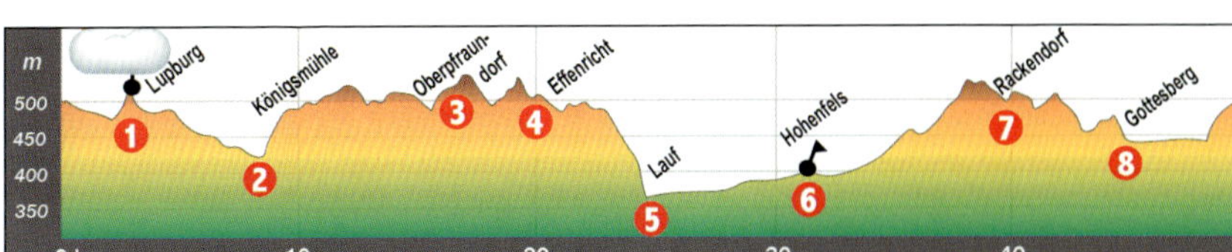

Friedhofskirche Haid

Blickt da jemand grimmig im Sieggartental?

Wasser war im Karstgebiet der Fränkischen Alb schon immer Mangelware. Um das Jahr 1000 hätten Sie in See ein letztes Mal aus einem tiefen Brunnen Wasser fassen können und hätten erst wieder zwei Kilometer später unten an der Schwarzen Laber Flusswasser trinken können. Heute radelt man hier ziemlich flott, aber die wellige Albhöhe bis zum kühlen Forellenbach hinüber sollten Sie sich auch dieser Tage entweder nicht bei 35 Grad oder ohne Wasservorrat vornehmen.

In den beiden Flusstälern haben Sie mit Lupburg und Hohenfels zwei attraktive Märkte und zwei erklimmenswerte Burgen. Dazwischen erleben Sie Ausblicke, Weitblicke, Fernblicke, verbunden durch jede Menge einsame Radlkilometer.

Wegbeschreibung:

Sie starten in Parsbergs Bahnhofstraße, biegen links in die Lupburger Straße ein, unterqueren die Bahnlinie und nehmen beim Kreisel Kurs auf **Lupburg** ❶. Auf dem Rad-/Gehweg erreichen Sie bequem den Markt. Sind Sie jahreszeitlich noch etwas früh unterwegs und noch nicht richtig aufgewärmt, steuern Sie die Burg in Lupburg an. Garantiert wird Ihnen da warm. Haben Sie es zur Burg geschafft, kommen Sie durch den Durchgang in den Innenhof der Burg. Nach den ersten Höhenmetern erst mal verschnaufen, um anschließend die Besteigung des Kalkriff-Aussichtspunkts zu unternehmen, um Ausblicke und eine erste Gipfelhalbe zu genießen.

Wieder abwärts sollte man sich genauso viel Zeit nehmen wie aufwärts, Lupburg ist schön. Auf der Burgstraße wieder hinunter, dann links in die Marktstraße zur Ostengasse. Auf dieser abwärts zur Hohenfelser Straße, in die Sie rechts einbiegen. Bei der zweiten Straße nach links folgen Sie der Beschilderung nach **See**. Auf einem Rad-/Gehweg radeln Sie durch **Haid**. Ein neuer asphaltierter Rad-/Gehweg bringt Sie abwärts nach See. In **See** angekommen halten Sie sich links, passieren einen Spielplatz und steuern die **St.-Martin-Kirche** an. Die Weiterfahrt setzen Sie unterhalb der Kirche, nach Überquerung der St.-Martin-Straße, fort. Bevor der Feldweg beginnt, können Sie rechts den 2020 freigelegten Brunnen aus der Zeit 1000 n. Chr. inspizieren. (Stecken Sie beim Hinunterblicken nicht Ihr Handy in die Brusttasche – wir wissen, wovon wir reden!)

Sie überqueren noch mal Asphalt, dann führt Sie der Weg ins Sieggarten- bzw. Seetal. Sie radeln jetzt im Landkreis Regensburg weiter. Gleich zu Beginn sehen Sie links einen Felsen in der Form eines „G'frießes". Es ist wohl der Wächter am Eingang dieses Trockentals. Sie biegen links ab, auf einen Weg, der nach längeren Regenfällen etwas schlammig sein kann. Im Tal der Schwarzen Laber erreichen Sie die Pexmühle. Weiter geht's zur **Königsmühle** ❷. Hier verlassen Sie das schöne Tal bereits wieder, indem Sie links einbiegen und auf den Hang ansteuern. Die anschließende Steigung braucht Sie nicht zu erschrecken: Nachdem Sie die ersten Höhenmeter erstrampelt haben, radeln Sie auf einer moderaten Ausschnaufsteigung weiter nach **Schwarzenthonhausen**.

Sie fahren durch diesen Ort zunächst in einem Rechts- und dann in einem Linksbogen, nach dem Ort biegen Sie links ein. Weiter leicht ansteigend erreichen Sie **Hardt**, hier biegen Sie rechts nach Schrotzhofen-Oberpfraundorf ab. Eine zunächst leichte Abfahrt führt über einen kurzen Anstieg zu einer weiteren Abfahrt ins Geißeltal. Der anschließende Anstieg aus dem Tal heraus ist aber auch kein Problem. Es folgt **Schrotzhofen**. In der Ortsmitte steht die romanische **Kapelle St. Helena** einer „abgegangenen" Burg. Sie ist leider meistens verschlossen. Die Weiterfahrt nach Oberpfraundorf bringt Sie der Autobahn immer näher. Nach der Abfahrt ins Gingeltal erreichen Sie die R34, in die Sie rechts einbiegen. Nach einem weiteren Anstieg erreichen Sie **Oberpfraundorf** 3.

Noch vor dem Ort biegen Sie links auf die Dorfstraße ab, verlassen diese aber gleich wieder nach links Richtung **Ober- und Unterwahrberg**. Kurz nach Überquerung der A3 verleitet eine Informationstafel zum Obsterlebnisweg bzw. Biblischen Obstwanderweg zum Anhalten. Nach gründlichem Durchlesen und einer weiteren kleinen Steigung haben Sie nun einen guten Rundblick über die hügelige Landschaft. Mit der Abfahrt nach Unterwahrberg sind Sie in den Landkreis Neumarkt zurückgekehrt. Auf- und Abfahrten werden aber nicht weniger. Nach Unterwahrberg biegen Sie links ab Richtung **Effenricht** 4.

An der T-Kreuzung beim Solarpark biegen Sie rechts ab. Ab jetzt radelt es sich meistens gemächlich weiter. Zunächst folgt Kleinmittersdorf. Hier biegen Sie links ein, haben noch mal eine kurze Steigung und biegen rechts ein. Sie folgen aber nicht der breiteren nach rechts führenden Straße, sondern bleiben geradeaus nach **Ammelacker**. Hinter Ammelacker rollt das Rad flott abwärts. Nach Ammelhof folgt eine steile Abfahrt,

Kapelle St. Helena, Schrotzhofen

Vor Kurzem wieder ausgegraben: Der historische Brunnen in See.

Mühle im Forellenbachtal

mühle wird, nachdem Sie die St 2234 unterquert haben, der Ortsteil Ziegelhütte erreicht, kurz darauf **Hohenfels** ⑥. Sie können sich auf die gute Radwegbeschilderung verlassen, sie bringt Sie zuverlässig zum

unten mit einer fast 180-Grad-Kurve endend. Dann haben Sie es geschafft und Sie sind unten im Forellenbachtal. Sie überqueren die St 2234 und den Bach und biegen in **Lauf** ⑤ links ein und folgen den Radwegschildern nach Hohenfels. Nach der Durchfahrt von Lauf führt Sie der asphaltierte Rad-/Gehweg bachaufwärts entlang des Truppenübungsplatzes weiter. Informationstafeln zum Eichenprozessionsspinner begleiten Sie dabei.

Den Mäandern des romantischen Forellenbachs folgend schwingen Sie Hohenfels entgegen. Ab und an verleiten Felsformationen zum Anhalten, dann wieder Blumen. Wer an wärmeren und sonnigen Tagen unterwegs ist, wird vielleicht das eine oder andere Mal absteigen und mit der Kamera einem Schmetterling nachjagen. Nach der Fries-

Marktplatz. Gönnen Sie sich den Abstecher in den Friedhof. Mit seinen Grabnischen ist er ein absolutes Unikat. Knapp 40 km zeigt der Tageskilometerzähler bei Ankunft am Marktplatz.

Ohne „Burgruine“ sollten Sie nicht weiterfahren. Fahren Sie deshalb vom Marktplatz nach rechts zur Turmgasse, in die Sie links einbiegen. Bevor diese Straße in einem Linksbogen ortsauswärts führt, biegen Sie rechts in den Tillyweg ab, nach kurzem Anstieg biegen Sie rechts nach „Am Schloßberg“ ab. Noch ein bisschen aufwärts, und dann lassen Sie das Rad bei einer Bank stehen. Auch wenn das Betreten der Burganlage verboten ist, kann „auf eigene Gefahr“ offensichtlich auf dem Gelände herumspaziert werden. Oben haben Sie auf alle Fälle einen guten Überblick über den Markt. Nach Abstieg fahren Sie wieder kurz zurück, biegen jetzt aber rechts „Am Hals“ ein und unten wieder rechts in den „Sterzenbach“. Unterhalb des Schlossbergs fahren Sie wieder zurück zum Marktplatz, in den Sie links abbiegen.

Sie verlassen Hohenfels, indem Sie der Beschilderung nach Großbissendorf folgen. (Sie fahren am Südrand des Truppenübungsplatzes Hohenfels!)

Unikum in Hohenfels: Die Friedhofsnischen

Die Laber bei Gottesberg

Ein asphaltierter Rad-/Gehweg bringt Sie neben der St 2234 durch das „Kleine Tal" hinauf. In **Großbissendorf** biegen Sie links in die Hauptstraße ein, kurz vor dem Ortsende rechts in den Hitzendorfer Weg. Wieder leicht ansteigend führt der Weg nach **Effersdorf**. Sie fahren daran vorbei und müssen nun mit einem Waldweg auskommen. Die Anstiege bleiben aber moderat, und so radeln Sie zwischen Eichelberg, Ehgarten und Platte Richtung Hitzendorf. Nach Verlassen des Waldes hat Ihr Fahrrad wieder Asphalt unter den Rädern.

In Hitzendorf biegen Sie rechts nach **Rackendorf** ⑦ mit seiner halb verfallenen Kirche ab. Dort biegen Sie links ab, überqueren die NM33 und folgen den Radwegschildern wellig-kurvig hinab bis **Gottesberg** ⑧ im Tal der Schwarzen Laber. Es folgt Eggenthal, und Sie haben die Wahl, rechts oder links flussaufwärts zu fahren. Wollen Sie den Hang auf der rechten Seite aus der Entfernung sehen, überqueren Sie die Schwarze Laber auf der historischen Brücke und biegen anschließend nach rechts auf einen nicht asphaltierten Weg ab.

Wer nahe am Hang bleiben will (z. B. wegen Blumen wie Osterglocken/Küchenschellen oder Schmetterlingen), bleibt in Eggenthal rechts der Schwarzen Laber auf dem Asphaltweg und biegt bei der Gabelung links ab. Der nächste Ort fluss-

Historische Brücke bei Eggenthal

aufwärts ist **Degerndorf**. Beide Wege führen dorthin. Wer den Weg rechts des Flusses genommen hat, überquert nun die Schwarze Laber und biegt rechts auf die Straße nach Parsberg ab. Nach der Kläranlage unterqueren Sie die St 2234 und nehmen links den Rad-/Gehweg hinauf nach Parsberg. Es ist der letzte Anstieg dieser Tour. Nach dem ersten Kreisel wird die Bahnlinie unterquert. Es folgt der nächste Kreisel, den Sie an der zweiten Ausfahrt in die Bahnhofstraße verlassen. Nach 49,6 Kilometern sind Sie am Bahnhof oder dort, wo Sie Ihr Fahrzeug geparkt haben.

Sehenswertes:

Im Bereich der Laber gibt es zahlreiche Mühlen, z. B. die Mausermühle. Dieses Gebäude stammt aus dem 17. Jahrhundert. Andere Mühlen (z. B. Königsmühle) reichen sogar weiter zurück.

Haid, Bauernhaus und Friedhofskapelle St. Salvator: Gegenüber dem mächtigen Bänderhaus mit Halbwalmdach, das aus der ersten Hälfte des 19. Jahrhunderts stammt, steht die kleine Friedhofskapelle. *Salvator mundi* ist ein Ehrentitel Christi, der ihn als „Erlöser der Welt" auszeichnet. So ist es sicherlich sinnvoll, eine Friedhofskapelle dem Hl. Salvator zu weihen. Dieser lebte im 16. Jh. in Spanien.

Hardt, Filialkirche St. Katharina: Diese Saalkirche stammt aus dem 14. Jahrhundert, wobei man schon damals den romanischen Turm übernahm. Im Barock wurde die Kirche umgestaltet. Aus dieser Zeit (um 1700) stammt der Hochaltar, den man auch als „Retabel" (lat. „retabulum") bezeichnet. Er zeigt die 14 Nothelfer. (Achatius, Ägidius, Barbara, Blasius, Christophorus, Cyriacus, Dionysius, Erasmus, Eustachius, Georg, Katharina, Margareta, Pantaleon, Vitus (Veit).) Auf der Homepage der Pfarrei Beratzhausen ist allerdings zu lesen, dass das Altarbild 17 Nothelfer zeigt. (www.seelsorge-beratzhausen-pfraundorf.de)

6 Hohenfels, Burg: Die topographische Situation der Burg Hohenfels ist spektakulär, wie sie auf diesem langgezogenen, aber schmalen Kalksporn liegt. Goethe hätte gesagt, dass dieser Ort eine Burg hervorbringen musste. Man vermutet, dass die Herren von Hohenfels Anfang des 12. Jahrhunderts die Idee dazu hatten. Als Konrad von Hohenfels am 28. Dezember 1250 versuchte,

Rackendorf Panorama

seinen Namensvetter – König Konrad IV. – zu ermorden, und es beim Versuch blieb, floh Konrad von Hohenfels von Hohenfels, und Konrad IV. zerstörte die Burg. Danach Wiederaufbau, danach Zerstörung durch die Hussiten. Im 19. Jahrhundert willkommener Steinbruch für die Bewohner des Ortes. Ursprünglich hatte die Burg gleich zwei Bergfriede, also Türme. Einer davon steht noch.

Oberpfraundorf, Kirche St. Peter und Paul. Das Ergebnis jahrhundertelanger Bau- und Erweiterungsvorhaben: romanischer Kern, aber im Spätbarock (1762–1764) umgestaltet und v. a. nach Westen verlängert. 1925 Erweiterung nach Osten. Taufstein aus dem 16. Jh., Ausgestaltung im 20. Jahrhundert. (www.seelsorge-beratzhausen-Pfraundorf.de/kirchen)

7 Rackendorf, Nebenkirche St. Michael: Die mit Sicherheit traurigste Kirche auf dieser Rundtour. Auch ihre Anfänge reichen in die Romanik zurück, aber auch sie wurde im 17. Jh. umgestaltet. Vielleicht kümmert sich ja mal jemand um diese Kirche …

Schwarzenthonhausen, Kirche St. Andreas: Diese Chorturmkirche (heißt, der Turm steht über dem Chor, also Altarraum) mit dem verschindelten Spitzdach stammt aus dem 13. Jahrhundert, wurde aber ebenfalls im Barock umgebaut und eingerichtet.

Schrotzhofen, Dorfkirche St. Helena: Flavia Julia Helena Augusta, „die Leuchtende", Schlüsselfigur bei der Vertreibung des Christentums, Mutter Konstantins des Großen. Die ihr geweihte, völlig versteckte und 363 Tage lang vergessene Kirche stammt aus der Romanik, also aus der Zeit um 1200. Den kleinen Abstecher ist sie sicher wert. Einmal im Jahr wird die Kirche aus ihrem Dornröschenschlaf geweckt: Zum Kirchweihfest der Heiligen Helena. Immer erstes Wochenende nach dem 18. August.

Rackendorf, Nebenkirche St. Michael

Durch die Kuppige Alb – Velburg – Laaber – Batzhausen

„Schon wieder eine Laber-Runde …"

TOUR 04

Velburg Stadtmitte: 92355 Velburg, Hinterer Markt 1 (Rathausrückseite)
Startpunkt Velburg: Erlebniswelt Velburg
Navi: 92355 Velburg, St. Colomann 11
Startpunkt Oberbuchfeld:
Parkplatz am Ortseingang
Navi: 92364 Deining/Oberbuchfeld, Alte Straße 2
ÖPNV: Bahnhof Batzhausen; dort auch Parkplätze

Velburg – Oberwiesenacker – Dietkirchen – Laaber – Pelchenhofen – Ober-/Unterbuchfeld – Mittersthal – Kleinalfalterbach – Batzhausen – Waldhausen – Eichenhofen – Darshofen

Asphalt: 42,5 km
Schotter, Naturweg: 15,4 km

Herrliche Tour durch eine wellige Landschaft mit romantischen Tälern und windigen Höhen.

Velburg: Stadtplatz

Batzhausen, Velburg, Oberwiesenacker, Unterweickenhof, Lengenfeld, Oberweiling

Tourismusbüro der Stadt Velburg, E-Mail: tourismus@velburg.de, Tel. 09182 9302-44

Fahrradgeschäft: Radsport Ferstl, Zum Stadtturm 6, 92355 Velburg

Foto: Traumhaft gelegen: Das Hohlloch bei St. Wolfgang.

mittel | 58 km | 400 Hm | 4:05 h

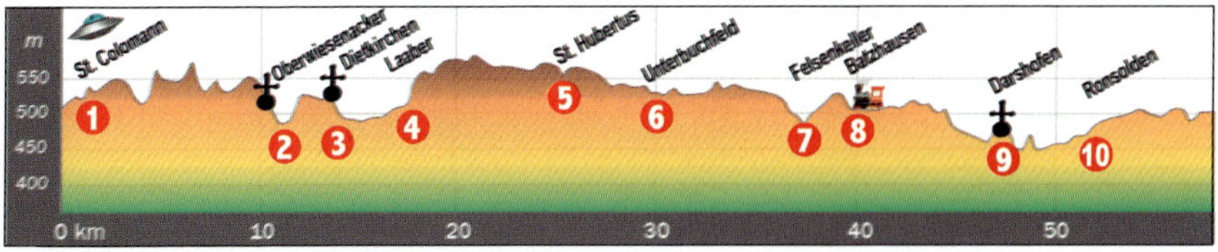

Eine der lieblichsten Landschaften der Welt: Die Kuppenalb

Heute geht es in die von beiden Autoren so geliebte Kuppenalb. Dabei handelt es sich um diese gefällig hügelige Landschaft zwischen Parsberg, Velburg und Laaber. Das Relief ist dem Karst geschuldet, also der meist unterirdischen Verwitterung von Kalk. Oft sind es Trockentäler, die diese Landschaft durchschneiden und den Radler vor zu vielen Höhenmetern bewahren. Mit der Schwarzen Laber durchzieht jedoch ein veritabler Fluss diese herrliche Gegend und wird zum Rückgrat dieser einmaligen Tour.
Schon anhand der Karte können Sie den landschaftlichen und kulturellen Reichtum erkennen! Nehmen Sie sich also auch Zeit für Alternativen Ost und West – wie auch für die vielen Abstecher. Es gibt immer etwas zu entdecken. Und wenn Sie das eine oder andere Highlight bei jeweils anderem Wetter erleben, ist das nie ein Verlust!

Wegbeschreibung:

Vom Stadtplatz am Rathaus vorbei radeln Sie auf der Straße „Hinterer Markt", im Anschluss auf der Wolfganger Straße aus dem Zentrum hinaus. Im Schatten des Burgbergs samt seiner Burgruine fahren Sie auf die Kirche **St. Wolfgang** zu und haben dabei ein großes Loch im Blickfeld. Dieses sogenannte **Hohlloch** ist aber nicht das einzige dieser Art, die versteckte und tief in den Berg führende **Wolfgangshöhle** schließt sich an. Wollen Sie zu beiden hinauf, lassen Sie Ihr Rad bei der **Kirche St. Wolfgang** stehen und folgen dem Single Trail, der direkt vor dem Eingang zur Kirche beginnend nach links hinaufführt. Bei der Weiterfahrt nach Sankt Colomann bleiben Sie bis zur NM36 auf einem Schotterweg, Sie kürzen dabei ein bisschen ab. Nachdem Sie links eingebogen sind, biegen Sie gleich wieder rechts auf einen Schotterweg ab, er bringt Sie nach **Sankt Colomann**. Nordwestlich von Sankt Colomann am

Einsam radeln bei St. Colomann

Panoramablick zum Hohlloch

Waldrand befindet sich der Parkplatz für die **König-Otto-Höhle** und die **Erlebniswelt Velburg** ❶.

Heute wollen Sie die herrliche Gegend erkunden. Deshalb fahren Sie auf der NM36 zunächst leicht abwärts, um dann eine 8-Prozent-Steigung zu meistern. Bei der Abfahrt bekommen Sie diese Prozentzahl wieder zurück. Zwischen **Distlhof** (links) und **Sommertshof** (rechts) auf die NM1 gestoßen, biegen Sie nach rechts auf den Rad-/Gehweg ein, verlassen diesen aber bereits nach einem knappen halben Kilometer nach links. Dieser Schotterweg bringt Sie nach etwas mehr als 1,5 Kilometern zur NM25. Dabei haben Sie zunächst einen leichten Anstieg. Oben, bei einem Feldkreuz, stoßen Sie auf die Markierung der „König-Otto-Schlaufe", ein Schlaufenweg des Jurasteigs. Die Abfahrt können Sie zwar flott fahren, sollten aber immer bremsbereit sein.

Sie überqueren die Straße, um weiter asphaltfrei zu radeln. Bei **Richthof** treffen Sie bei einer Kreuzung wieder auf Asphalt. Sie biegen aber rechts ab und verlassen den König-Otto-Schlaufenweg. Nach einem halben Kilometer fahren Sie wieder auf Asphalt. Bei einer T-Kreuzung biegen Sie links ab. Leicht abwärts radelnd erreichen Sie auf dem Vierbrunnenweg die **Pfarrkirche St. Willibald** in Oberwiesenacker. Unterhalb der Kirche nehmen Sie den Kirchenweg nach rechts. Unten angekommen – nach der Einfahrt zum Landgasthof Feihl – überqueren Sie die St 2240 und fallen, äh, fahren in **Unterwiesenacker** ein.

Rastbank bei Unterwiesenacker

Felsenkeller im Doggerstein bei Niederhofen

Schattige Rast an der Hubertuskapelle

Von der St.-Nepomuk-Straße biegen Sie links in die Hilzhofener Straße ein. Leicht aufwärts radeln Sie aus dem Ort hinaus. Am Ortsende biegen Sie nach links auf die kleine Straße ab. Kurz danach Rastbank samt Kreuz mit Blick auf **Burgstall Lützelburg** auf dem Magerrasenhügel gegenüber. Es geht weiter nach **Habertshofen**, wo Sie nach links nach **Dietkirchen** abbiegen. Bei der Kirche St. Stephanus lohnt unbedingt ein Besuch des Rosenfriedhofs 3. Auch bei der Weiterfahrt nach **Niederhofen** werden Sie ums Absteigen nicht herumkommen, zu schön und zu verführerisch sind die Keller in der Doggerfelswand. Sie sind jetzt wieder an der Schwarzen Laber. Parallel zur NM14 erreichen Sie **Eschertshofen**. Nach der Ortsdurchfahrt durch **Anzenhofen** ist der Quellort der Schwarzen Laber erreicht. Von der Labertalstraße biegen Sie links „An der Laberquelle" ab. Nach etwa 80 Metern ist die Quelle erreicht 4.

Unterhalb der **Kirche St. Johannes** setzen Sie zunächst auf der Steingasse, anschließend kurz rechts auf der Dorfstraße und dann links auf der Rainbergstraße die Fahrt fort. Moderat hinaufradelnd erreichen Sie die Autobahn A3, die Sie gefahrlos unterradeln. Danach treten Sie Richtung Windrad weiter, passieren selbiges und setzen Ihre Fahrt weiter fort. Bei dem folgenden asphaltierten Weg biegen Sie links ein. Er bringt Sie direkt zum Neumarkter Stadtteil **Pelchenhofen**. Hier oben, auf dem Pelchenhofener Berg, wird Ihnen eine schöne Rundumsicht geboten. Auf der „Zur Höh" kommen Sie zur **Kirche St. Ägidius**. Ab hier führt die Schweizerstraße ortsauswärts. Vor dem Ortsende biegen Sie links in die Königerstraße ab. Bei der folgenden NM25 biegen Sie rechts ein.

Nach etwas über einem halben Kilometer überqueren Sie die St 2240 und folgen der Straße Richtung **Günching**. Es folgt ein schönes Stück Wald. Bevor Sie ihn verlassen, biegen Sie rechts nach **Rothenfels** bzw. **Oberbuchfeld** auf den Rad-/Gehweg ab. Bei dem folgenden Windrad weist ein Hinweisschild auf die **Hubertuskapelle** 5 hin. Nach etwa 240 Metern auf einem Naturweg haben Sie ein schönes Fotomotiv vor sich. Zurück wieder derselbe Weg. Noch vor Oberbuchfeld biegen Sie rechts in die Burgstraße ab. Von einer Burg am westlichen Abhang ist nichts mehr zu sehen, das Bodendenkmal wird deshalb als Burgstall bezeichnet. Die Burgstraße führt zur Feuerwehr Oberbuchfeld. Hier überqueren Sie die NM39 und fahren auf der „Alten Straße" direkt auf die **Kirche St. Jakobus** zu. Auch hier werden Sie nicht umhinkönnen, abzusteigen und die schöne Linde genauer zu betrachten. Eine Bank neben der Kirche bietet eine Rastoption. Die Alte Straße führt Sie aus dem Ort hinaus.

Ihr nächstes Ziel ist der Ort **Unterbuchfeld** 6. Hier oben auf dieser Hochfläche kann es viel Wind geben, die Windkraftanlagen stehen hier nicht umsonst herum. Vom Oberbuchfelder Weg biegen Sie bei der **Kirche St. Maria** links in die Lengenfelder Straße ein. Kurz nach dem Ort biegen Sie rechts nach Waltershof ab. Sie bleiben geradeaus und erreichen die ehemalige B8, die Sie überqueren. Hier sind Sie am **Landkreismittelpunkt Neumarkt i. d. Opf.** angekommen. Kurz darauf erreichen Sie **Mittersthal**. Auf dem Hochstockweg kommen Sie zur Sommergasse, in die Sie links einbiegen. Ob Sie es glauben oder nicht, der Sommergasse folgt die Wintergasse (Herbst- und Frühlingsgasse sind Fehlanzeige!), in die Sie ebenfalls links einbiegen. Die schwenkt leicht rechts ab. Sie bleiben auf ihr, auch wenn Sie fast für einen Kilometer auf Asphalt verzichten müssen. Nach einer fast 90-Grad-Kurve nach links erreichen Sie **Kleinalfalterbach**. Mittels Dorfstraße erreichen Sie die NM22.

Vielleicht sind Ihnen bei winterlichen Zugfahrten von und nach Neumarkt gewisse Löcher südlich der Bahnlinie aufgefallen. Jetzt haben Sie die Gelegenheit, diese vor Ort zu erkunden. Vor der Kreisstraße, bei der Feuerwehr, biegt die Dorfstraße rechts ab, unterquert die Bahnlinie und nach ca. 750 Metern können Sie die **Felsenkeller** 7 bewundern. Zurück müssen Sie lediglich leicht bergauf treten, um wieder „oben" zu sein. Von der Dorfstraße biegen Sie rechts auf einen Rad-/Gehweg ab, überqueren die Bahnlinie und nach links die NM22. Auf dem kleinen Asphaltweg radeln Sie nach Batzhausen, welches Sie beim Bahnhof erreichen.

Nach Unterquerung der Bahnlinie und der Straße „Zum Bahnhof" folgend erreichen Sie die Ortsmitte mit der Kirche. Weiter auf der Waldhauser Straße. Kurz nach Unterquerung der St 2660 (ehemalige B8) biegen Sie rechts ab. Es geht an „Frischgrün" vorbei. Sie folgen knapp einen Kilometer der Straße nach **Eichenhofen**. Dann können Sie links zur Waldhauser Kirche **St. Leonhard** abstechen und ihr Inneres genießen – sollte sie – wider Erwarten – geöffnet sein. Danach setzen Sie die Fahrt auf leicht welliger Strecke nach Eichenhofen fort.

Linde bei Batzhausen

Waldhauser Kirche St. Leonhard

Nach kurzem Anstieg haben wir uns ein Päuschen bei Darshofen verdient!

Sie überqueren die St 2251. Auf „Am Wetterkreuz" kommen Sie zur „Kreisstraße", biegen in diese links ein und fahren durch den Ort. Auf der NM32 radeln Sie abwärts im Eisental, nach der Abzweigung nach Gastelshof nehmen Sie eine nennenswerte Steigung. Oben, bei der Abzweigung Katzenfels, rollt Ihr Rad leicht abwärts nach **Darshofen** 9 ins Tal der Schwarzen Laber. Von der Eichenhofener Straße biegen Sie links in die Parsberger Straße ein. Sind Sie ein Sammler (fotografisch) von markanten Felsen, biegen Sie rechts in die Kerschhofener Straße ein. Nach weniger als einem Kilometer können Sie einen markanten Felskopf ablichten. Sie verlassen Darshofen, indem Sie die Parsbergerstraße geradeaus und dann nach links verlassen, um kurz danach die Schwarze Laber zu überqueren. Ab einem Mini-Wanderparkplatz gegenüber bietet Ihnen ein Rad-/Gehweg eine Steigung an. Die Sitzgelegenheit nach der kurzen Steigung schenkt Ihnen einen schönen Blick hinunter ins Tal.

Sie setzen Ihre Tour achtsam abwärts radelnd fort. Unten, bei Steinmühle, angekommen, überqueren Sie die St 2220 und bewegen Ihr Fahrrad Richtung Autobahn. Bevor die Straße wieder nach oben führt, biegen Sie links ab. Freuen Sie sich nach der Autobahnunterquerung auf ein wunderschönes Tal. Dabei biegen Sie links ab und folgen auf einem Schotterweg dem Frauenbach nach Pathal. In dem kleinen Ort biegen Sie links ein – die Radsymbole nach rechts irgnorierend –, fahren bis zur St 2220, in die Sie rechts einbiegen. Ein paar Meter später nehmen Sie links die parallel zur Staatsstraße nach Ronsolden führende Hollerstraße. Ab dem Ortszentrum Ronsolden folgen Sie der St.-Margareta-Straße bis zum beginnenden Rad-/Gehweg, der Sie nach **Velburg** bringt. Haben Sie den Kreisel erreicht, nehmen Sie die zweite Abfahrt und fahren auf der Parsberger Straße ins Zentrum. Diese Straße biegt bei der sehenswerten **Friedhofskirche St. Anna** halbrechts ab und führt direkt zum sehr schönen Stadtplatz, den Sie ja schon von der Anreise her kennen. Jetzt haben Sie ausgiebig Zeit für die schöne Stadt Velburg.

Alternative „Ost":

Diese „Abkürzung" führt über Unterweickenhof (kultige Raststation „Grüne Auszeit") an der Laber entlang nach Deusmauer (sehenswerte Kirche). Von dort

Interessante Barockkapelle in Mantlach

Immer wieder fahren wir an Felsenkellern vorbei.

weiter nach Lengenfeld (besuchenswertes Gasthaus). Über Rammersberg zurück zur Schwarzen Laber. An der T-Kreuzung bei Finsterweiling ist ein kurzer Abstecher nach Oberweiling (Wehrkirche von 1020) möglich. Haben Sie die Tour in Batzhausen (Bahnhof) angetreten, fahren Sie über Finsterweiling und Waldhausen zurück.

Alternative „West":

Start in Batzhausen! Entlang der Bahn zunächst nach Westen, Richtung Kleinalfalterbach, kurz an der NM22 entlang. Beim Bolzplatz nach rechts. Später Querung der St 2260, weiter im Wald gegenüber (viele Windräder). Umfahrung des Lupenbachtals. Auf der Höhe nach Mantlach. Am Ortsausgang bei der einzigartigen Kapelle Richtung Rammersberg und Lengenfeld. Lengenfeld-Deusmauer. Ein Abstecher über die Weiler Bogenhof und Richthof führt auf die Albfläche hinauf. Ab Oberwiesenacker weiter auf der Hauptroute.

Auch die Abkürzungsrouten Ost und West lassen sich zu einer abwechslungsreichen 32-/33-Kilometerrunde in Form einer schlampigen „8" radeln.

Geologische Besonderheiten:

Deusmauer Moor: Einzig nennenswertes Moorgebiet im Bayerischen Jura. Auf einer dem „Schwarzen Jura" aufliegenden Tonschicht staut sich Wasser, was zu Versumpfung und Vermoorung führte. Die Torfablagerungen sind teilweise bis zu 10 Meter dick. Der Bau der A3 durch dieses Naturwunder erwies sich als entsprechend schwierig und stellte einen großen Eingriff dar. https://velburg.de/hp633/Moor.htm

Doggersandstein: Auch „Brauner Jura" genannt und vor dem „Weißen Jura" (Malm) entstanden. Der eisenreiche (daher die Rostfärbung) Sandstein bietet sich an für Höhlen und Nischen und wurde seit frühester Zeit für die Anlage von Kellerräumen genutzt.

Felsenkeller: Diese Felsenkeller im Dogger sind zu sehen

- entlang der Straße zwischen Lengenfeld und Deusmauer,
- bei Oberweickenhof,
- vor Niederhofen,
- in Kleinalfalterbach.

Karst: Diese Tour führt über die Fränkische Alb, auch „Bayerischer Jura" genannt. Bestimmendes Mineral ist der Kalk, der hier großflächig im Jurameer (201–145 Mio. Jahre vor heute) abgelagert wurde. Säure löst den Kalk an und bildet oftmals Hohlformen, wie z. B.

- das Hohlloch bei St. Wolfgang, eine „Horizontalhöhle". Sehenswert ist auch die St.-Wolfgangshöhle, die 100 Meter weiter nördlich versteckt im Wald liegt.
- König-Otto-Tropfstein, jetzt Teil der Erlebniswelt Velburg. www.erlebniswelt-velburg.de
- Kalkabbau bei Unterweickenhof.

4 Laaberquelle: 77,2 Kilometer ist die Schwarze Laber lang, die im Ort Laaber entspringt und bei Sinzing in die Donau mündet. 184 Höhenmeter überwindet sie dabei und sammelt das Wasser von 470 Quadratkilometern ein. Den Namen erhielten die Laber-/Laaber-Flüsse vermutlich durch ihr gurgelndes Geräusch, so als „labere" oder plappere jemand die ganze Zeit. „Schwarz" ist diese Laber, weil sie – durch ihre langsame Fließgeschwindigkeit – oft dunkel erscheint. Seit 2002 werden die Laber-Flüsse nur noch mit einem a geschrieben.

Sinzing-Nittendorf-Runde – Industriegeschichte auf neuen Wegen

„Radreise in eine zug-ige Vergangenheit"

TOUR 05

Parkplatz in Großprüfening beim Sinzinger Weg/Mattinger Straße
Navi: Mattinger Straße 29, 93049 Regensburg
ÖPNV: Bahnhof Prüfening, Bahnhof Sinzing, Bahnhof Etterzhausen

Sinzing – Alling – Viehhausen – Schönhofen – Nittendorf

Asphalt: A: 30,4 km, B: 25,4 km
Schotter: A: 3,5 km, B: 7,4 km
Naturweg: A: 0,6 km, B: 0,8 km

Landschaftlich traumhafte Runde mit viel Industriegeschichte bei der Einfahrt ins Tal der Schwarzen Laber und der Auffahrt auf herrlich neuem Radweg nach Viehhausen. Die Fahrt im Labertal bietet viele Gelegenheiten zum Stehenbleiben und Staunen.

Sinzing:
Heckenweg 1 (Rückseite Rathaus)

Viehhausen:
Gaststätte Schwindl, Jurastraße 19, Tel. 09404 1058

Zeiler: www.gasthof-buchberger.com

Eilsbrunn:
www.gaststaette-roehrl.de

www.gasthof-erber.de

Eichhofen:
www.eichhofener.de

Nittendorf:
Oliven Garten Restaurant, Bernsteinstraße 4C, 93152 Nittendorf, Tel. 09404 963451

Großprüfening:
www.goldener-hirsch-regensburg.de

 Foto: Mündung der Schwarzen Laber

mittel | A: 34,6 km | 280 Hm | 2:30 h

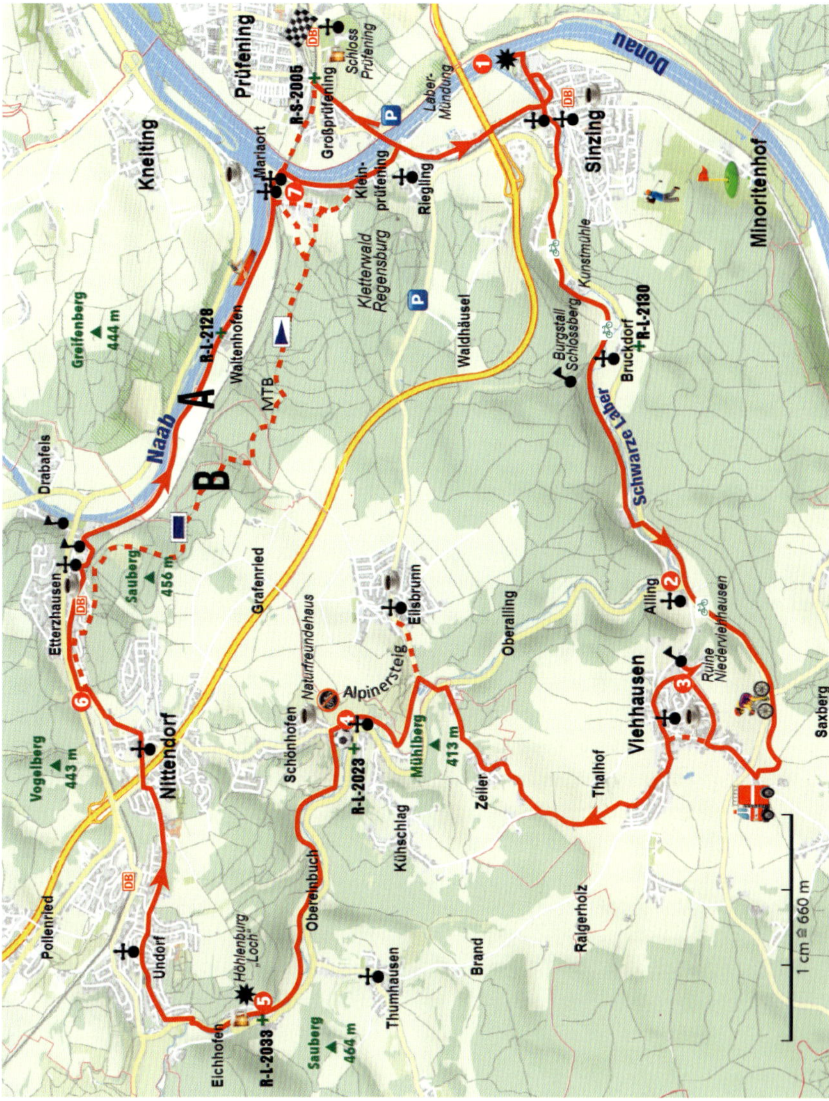

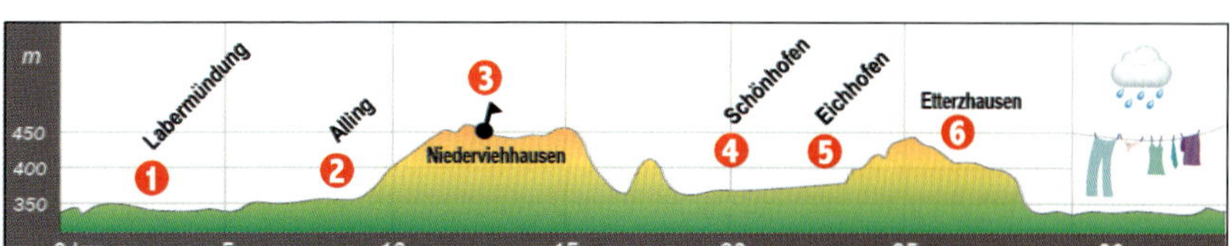

Sinzing. Kurz bevor sich die Laber in die Donau verliert an der „Alten Kirche"

Wie Sie auf dem Rückseitentext lesen können, sammeln wir beiden Autoren seit Jahrzehnten (Rad-)Wanderwege und die dazugehörigen Impressionen im Großraum Regensburg. Schon in den frühen 1980er Jahren radelten wir im Tal der Schwarzen Laber. Man holperte auf Single-Trails dahin, die damals noch Trampelpfade hießen. Das war seinerzeit noch ein echtes, schweißtreibendes Abenteuer, denn Radwege waren eine Utopie. Jetzt, einige Jahrzehnte später, „hovert" man auf High-Tech-Sportgeräten voran. Neuerdings auch über die Donau und bis hinauf nach Viehhausen. Diesen Fortschritt feiern wir mit dieser Rundtour, die zeitgleich eine Reise ins Mittelalter der Region ist, denn Burgen und deren Überreste gibt's hier reichlich. Kirchen und Natur sowieso.

Wegbeschreibung:

Vom Parkplatz radeln Sie hinauf auf den 2023 neu gebauten Rad-/Gehwegsteg parallel zur Bahn über die Donau. Auf breiter Straße geht's nach **Sinzing**. Schauen Sie zuerst bei der **Labermündung** in die Donau vorbei, biegen also nach Überquerung der Laber bei der Gemeinde links in den Fährenweg ein. Via Donaustraße kommen Sie zum Fluss, ein Hinweisschild weist Ihnen den Weg zur 200 Meter entfernten Mündung ❶.

Auf der Donaustraße radeln Sie mit viel Idylle zurück ins Zentrum, biegen nach Unterquerung von Straßen- und Bahnbrücke rechts ab und überqueren wieder die Laber. Vor der Alten **Kirche** Sinzing biegen Sie links in die Laberstraße ein. Diese bringt Sie zur St 2394. Sie können sie vorsichtig auf einem Gehweg unterqueren. Sie folgen der Laberstraße, passieren einen Dirt- und Skatepark sowie Tennis- und Fußballplatz. Auf dem Bahnweg erreichen Sie die Poschenrieder Mühle, ab hier können Sie für nicht ganz zwei Kilometer Bahntrassen radeln. Infotafeln begleiten Sie auf Ihrem Weg.

Kurz danach sehen Sie links die **Obere Mühle in Bruckdorf**. Sie können kurz darauf einen Abstecher nach links zur Kirche Heilig Kreuz (i. d. R. verschlossen) im westlichen Teil von Bruckdorf unternehmen. Zurück auf der Bahntrasse erreichen

Lost Place Pustetfabrik

A very long lost place: Burg Niederviehhausen

Sie nach etwa 350 Metern eine Abzweigung nach rechts. Wollen Sie hier zum Burgstall Schlossberg, können Sie hier „hochklettern" und ein paar Mauerreste bewundern. Kurz darauf sehen Sie linker Hand die ehemalige Papierfabrik in **Unteralling**. Ein paar Meter weiter endet die Bahntrasse, Sie radeln aber bequem weiter. Von den Gleisanlagen bzw. von der Brücke über den Fluss zur ehemaligen Papierfabrik in **Mittelalling** ist nichts mehr zu sehen. Schließlich erreichen Sie **Alling** ❷. Bei der gelben Villa. „Am Röth" biegen Sie links ab, überqueren die Schwarze Laber und entweder schnell oder vorsichtig (oder beides) die St 2394. Ein neuer Rad-/Gehweg bringt Sie abseits der Staats- bzw. Kreisstraße hinauf nach **Viehhausen**. Sie können dabei sinnieren, welche Leistungen die Lokführer der Bergwerksbahn bei der Abfahrt ins Labertal erbringen mussten, wenn Loren voll mit Braunkohle beladen die Lok buchstäblich „nach unten schoben". Sie überqueren die R51. Oben, bei der Feuerwehr, haben Sie es geschafft. Danach überqueren Sie die Staatsstraße und erreichen **Viehhausen** ❸.

Auf der Rosenbuschstraße kommen Sie in der Ortsmitte zum Kirchplatz mit der **Kirche St. Leonhard.** Einkehrmöglichkeit. Falls Sie schon immer mal zur **Burgruine Niederviehhausen** ❸ wollten, biegen Sie zuvor rechts in die Ivostraße ein. Den kleinen Umweg setzen Sie dann nach der Burgruine auf der Turmstraße fort. Von dieser biegen Sie links in die Jurastraße ein und kommen so auch ins Ortszentrum. Auf der Jurastraße fahren Sie ortsauswärts und biegen noch vor dem Ortsende rechts in die Zeilerstraße ab.

Es folgt eine herrliche Fahrt auf der Hochebene mit Blicken in die Täler rechts und links. Kurz vor **Zeiler** fahren Sie abwärts ins Tal der Schwarzen Laber. Sobald Sie unten sind, blicken Sie nach links auf einen der schönsten Magerrasenhänge weit und breit. Kein Wunder, dass am Wochenende viele Ausflügler auf dem Alpinersteig unterwegs sind. Ein lohnender Abstecher – auch wenn ein

Das älteste Wirtshaus der Welt, die Gaststätte Röhrl

Burg Loch

Anstieg bewältigt werden muss – ist **Eilsbrunn**. Gegenüber der Pfarrkirche St. Wolfgang befindet sich das älteste Wirtshaus der Welt, die Gaststätte Röhrl. Daneben kann man mit dem Hotel Röhrl ein ehemaliges Sudhaus, ein wunderbar restauriertes Gebäude, bewundern. Allein die Schönheit des Hauses ist den Abstecher wert. Weiter oben im Ort isst man im Gasthaus Erber mindestens genauso gut.

Radelt man die nächsten Kilometer im Tal der Schwarzen Laber weiter, könnte man sich fragen, warum man immer so weit verreist, wo es doch hier traumhaft schön ist. Am Fuß des Hangs mit dem Alpinersteig oben ist kurz darauf **Schönhofen** 4 erreicht. (Der Alpinersteig ist für Radfahrer gesperrt, und das ist gut so!) Kurz nach dem Ort passiert man eine weitere wunderbare Felslandschaft mit Klettermöglichkeit. Wer gerne einen Slow Food Betrieb kennen lernen möchte, kehrt im Brauereigasthof von **Eichhofen** ein. **Burgruine Loch** 5 ist nicht mehr direkt zugänglich. (Wer die Burganlage zu Fuß umrunden möchte, legt sich am besten das sagenhafte Buch „Burgen, Ritter, Schlossgespenster" zu.) Am Ortsrand von **Undorf** biegen Sie rechts auf den Werdenfelser Weg ab.

Vom Werdenfelser Weg fahren Sie weiter auf der Josef-Probst-Straße, kurz darauf beginnt die Birkenstraße. Mit Beginn der Bernsteinstraße erreichen Sie den westlichen Teil des Marktes **Nittendorf**. Abwärts kommen Sie zum Kreisverkehr. Im Anschluss biegen Sie rechts ein, überqueren die A3. Beim nächsten Kreisel nehmen Sie die zweite Ausfahrt und lassen Ihr Rad weiter abwärtsrollen. Nach der Kirche St. Katharina folgen Sie dem Wasserfeldweg nach links. Sie biegen rechts in die R31 ein und erreichen **Etterzhausen**. Hier gibt es zwei Möglichkeiten für die Weiterfahrt 6: Entweder über den Bahnhof immer auf

Wohin soll ich mich wenden, wenn ich in Schönhofen bin?

Bei der Sinzinger Brücke

Asphalt (Plan A) oder durch die Glockensiedlung (Plan B) und dann auf einem Waldweg abwärts bis zum Tunnel. Bei der Fahrt via Bahnhof haben Sie nach Überquerung der Bahnlinie einen neuen Rad-/Gehweg. Auf der sich anschließenden Bahnhofstraße passieren Sie den Bahnhof. Die Tunnelstraße bringt Sie in sehr steiler Abfahrt nach unten.

Plan A: Nördlich des Bahntunnels (Etterzhausen-Seite): Abfahrt in den Ort. Sie bleiben rechts der Naab, radeln also über Waltenhofen nach **Mariaort.** (Einkehrmöglichkeit im Ort, nördlich der Naab.) Zurück zu Ihrem Ausgangsort können Sie die Donau auf der Mariaorter Eisenbahnbrücke überqueren (direkter Weg zum Bahnhof Prüfening). Bequemer ist es bestimmt, durch Kleinprüfening zu fahren und den neuen Steg zu nehmen.

Plan B: Der Hang südlich von Waltenhofen ist in der MTB-Gemeinde sehr beliebt. Wer ein bisschen Gravel-Feeling spüren muss, folgt südlich des Bahntunnels (Waldseite) den Wanderwegen W14 und W7. Abfahrt nach Kleinprüfening über „Zur Marienhöhe". Dann zurück nach Kleinprüfening zum „Lassopunkt" und über die Fußgänger-Radbrücke zum Parkplatz.

Wissenswertes:

Sinzinger Donaubrücke

Das Interesse am Bau einer Donautalbahn Regensburg – Ingolstadt bedeutete auch die Planung und den Bau von Brücken über die Donau. Das Interesse an einer Donautalbahn lag dabei weniger bei der Wirtschaft, vielmehr hatte das Militär den Wunsch einer direkten Bahnverbindung. Per Gesetz wurde der Bahnbau im April 1869 beschlossen, die offizielle Streckeneröffnung erfolgte im Juni 1874. Innerhalb von fünf Jahren wurde also die Staatsbahn erstellt. Wenn man bedenkt, wie lange die Wiederinbetriebnahme eines stillgelegten Bahnhofs – Beispiel der Bahnhof Wallhallastraße in Regensburg – dauern kann (Planung ab 2012, Überlegung für die Eröffnung 2017, im Jahr 2023 für die Eröffnung für 2027 gehofft), kann man nur den Kopf schütteln. Seien wir dankbar für den Bau des Rad-/Gehwegstegs auf der Sinzinger Donaubrücke.

Sinzing

Der Ort ist ideal als Start für Radtouren und Wanderungen entlang der Donau und ins Tal der Schwarzen Laber. Nutzen Sie aber unbedingt zuerst den Umweg über die Schwarze Labermündung. Aufgestellt von der Agenda 21 Sinzing bieten Tafeln Informationen über den Ort am Fluss. Sehenswert ist auch die Alte Kirche Mariä Himmelfahrt.

Bahntrasse Sinzing – Alling (Allinger Bockerl)

Radelt man heute auf den Resten der ehemaligen Vizinalbahn, kann man sich gar nicht vorstellen, welchen Sinn dies ergab, eine 4,14 Kilometer lange Strecke nach Alling zu planen und zu bauen. Doch in diesem Tal gab es Papierfabriken, Ölmühlen, eine Farb- und eine Tabakmühle. Das Projekt einer Bahnlinie trieben die Firmen Pustet, Dehling & Hartmann voran. Im September 1874 begann der Bau. Im Dezember 1875 konnte der Betrieb „ohne alle Formalitäten" in Betrieb gehen. Heute können Sie die Strecke nach Alling abseits vom Verkehr genießen. Früher taten dies auch die Städter, wenn sie am Sonntag zahlreich mit dem Bockerl zum Wandern fuhren.

Untere Mühle in Bruckdorf

Gleich zu Beginn des Friedrich-Pustet-Rad- und Gehwegs erfahren Sie Informationen zur Geschichte der ehemaligen Öl- und Kunstmühle der Fa. Dehling & Hartmann (heute Poschenrieder Mühle).

Obere Mühle in Bruckdorf

Die Obere Mühle entstand 1733 als Getreidemühle. Ab 1931 wurde nur noch Roggen verarbeitet, 1972 erfolgte die Stilllegung.

Unteralling

Friedrich Pustet baute 1852 eine weitere Papierfabrik auf diesem Nebenstandort. Das auffällige Gebäude erblickt man wie die weiteren Gebäude von der Staatsstraße aus. Das Gebäude ist heute bewohnt.

Mittelalling

1836 errichtete Friedrich Pustet die Papierfabrik. Die Dampfmaschinen zum Antrieb der Papiermühlen wurden mit Braunkohle aus Viehhausen befeuert. Friedrich Pustet zog sich 1915 aus Alling zurück, die Produktion wurde von anderen Firmen weitergeführt. 1972 wurde die Produktion eingestellt.

Bergwerksbahn Viehhausen

Wie in der Region um Schwandorf wurde auch in der Umgebung Regensburgs Braunkohle gefördert. Bergwerksschachtanlagen gab es in Viehhausen/Schneckenbach und Reichenstetten. Die geförderte Braunkohle wurde mittels Bergwerksbahn von Viehhausen direkt zum Bahnhof Alling befördert. Abnehmer der Kohle war die Papierfabrik Alling. Ab 1959 wurde die Kohlenförderung eingestellt, die Bergwerksbahn wurde nicht mehr gebraucht. Für kurze Zeit bedeutete der Import von tschechischer Braunkohle einen – vorübergehenden – Anstieg von Güterverkehr auf der Allinger Bahn.

Sehr gute Informationen über die Bahnlinien geben die Bücher:

- Regensburger Eisenbahnfreunde RSWE e.V. **Eisenbahnknoten Regensburg,** Motorbuch Verlag, 2000.
- Maria Baumann. **Das große Heimatbuch der südlichen Oberpfalz,** Buchverlag der Mittelbayerischen Zeitung, 1994.

Informationen zur Geschichte des Bergbaus bei Viehhausen auf agenda21-sinzing.de:
Die Bergwerksschachtanlagen in Viehhausen und Reichenstetten.

Vikinger bei Mariaort gesichtet!

Tangrintelrunde kurz: Laaber – Viehhausen – Deuerling

„Hinauf auf den Tangrintel und kurz mal rüber nach Niederbayern“

TOUR 06

Parkplatz in Laaber westlich des Marktplatzes
Navi: 93164 Laaber, Beratzhausener Straße 7

Laaber – Hohenschambach – Frauenhäusl – Dürnstetten – Viehhausen – Thumhausen – Haugenried – Deuerling – Laaber

Asphalt: 30,2 km
Schotter: 14,1 km
Naturweg: 2,7 km

Berg- und Taltour durch Wald und Kulturlandschaft. Am Ende wird man mit der wunderbaren Landschaft des Labertals belohnt.

Laaber:
Marktplatz 2, bei Brauereigaststätte Plank, (Ladesäule mit 3 einfachen Steckdosen, kostenfrei)

Frauenhäusl: www.frauenhaeusl.de

Viehhausen:
Gaststätte Johann Schwindl, Jurastraße 19, 93161 Sinzing, Tel. 09404 1058

Deuerling: www.brauerei-goss.de

Laaber:
www.muenchsmuehle-laaber.de
www.hartlmuehle.de
www.engins-grill.de
www.restaurant-delphi-laaber.eatbu.com

Foto: Bei Frost an der Laber geht dem Fotografen das Herz auf.

TANGRINTELRUNDE KURZ – TOUR 06

mittel | 47 km | 470 Hm | 3:20 h

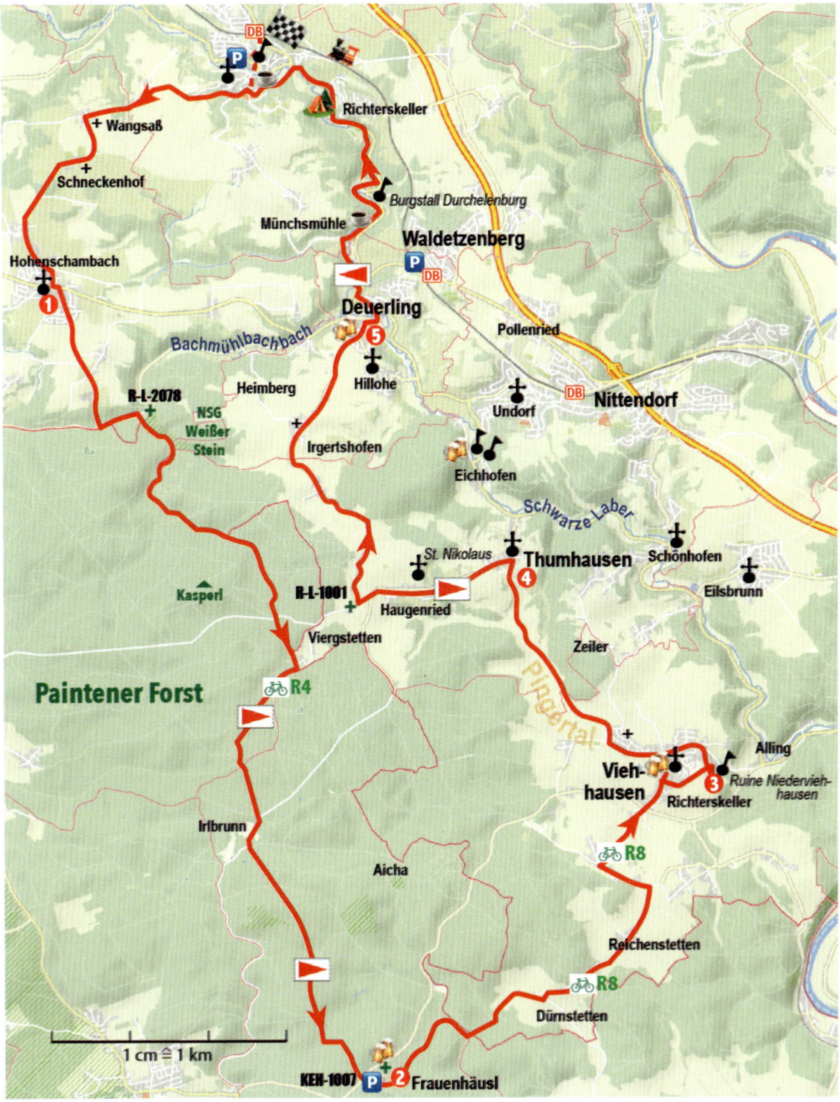

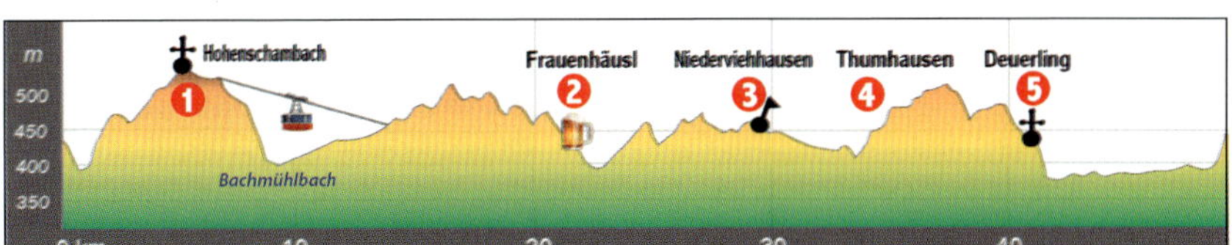

Marktplatz Laaber mit Burg im Weitwinkelblick

Gnadenbild in Hohenschambach

Die Gegend zwischen Viehhausen und Hohenschambach wirkt relativ flach, z. B. wenn man in einem Kleinflugzeug sitzt. Wer hingegen nur ein Fahrrad sein Eigen nennt, wird schon beim Anstieg nach Hohenschambach den Trugschluss dieser Landschaft erkennen: Es geht gefühlt ständig bergauf und nur selten und dann aber sehr schnell bergab.

Gleich hinter dem Ort Laaber verlässt die Tour das schöne Tal der Schwarzen Laber, führt stringent nach Hohenschambach hinauf und sofort wieder hinunter ins Bachmühlbachtal. Danach kommt ein herrlicher Anstieg durch Paintner-, sowie durch Frauenforst mit verdienter Pause im „Frauenhäusl“. Im Anschluss folgen Auf- und Abfahrten durch eine von Landwirtschaft geprägte Hochfläche. Das „Sahnestück“ folgt zum Schluss in Form des windungsreichen Tals von Deuerling zurück nach Laaber.

Wegbeschreibung:

Wenn Sie – ökologisch vorbildlich – mit der Bahn anreisen, starten Sie am Bahnhof Laaber. Folgen Sie den Wanderschildern ▶ via Bahnhofstraße in den Ort hinunter. Wenn Sie dann noch „Am Hofbau“ nach links abbiegen, gelangen Sie zur **Burg Laaber**. Danach bremsen Sie vorsichtig in den Ort hinunter, wo auch der Start- und Zielpunkt für die Autofahrerfraktion liegt.

Bei Anreise mit dem Auto startet die Tour vom Parkplatz westlich des Marktplatzes. Sie fahren durch den Torbogen und biegen rechts ab, überqueren die Schwarze Laber und erreichen auf dem Kirchplatz den Aufgang zur **Kirche St. Jakobus**. Vom Kirchplatz biegen Sie rechts in die Schernrieder Straße ab. Nach einem Kilometer haben Sie die ersten Höhenmeter geschafft. Beim Passieren von Schernried können Sie bei leichter Abfahrt erst mal ausschnaufen, der nächste Anstieg nach Wangsaß ist moderat. Bei der vergessenen Kapelle **Zur heiligen Mutter Gottes** biegen Sie links nach Seebauer bzw. Schneckenhof ab. Weiter leicht ansteigend radeln Sie über Thonhausen nach **Hohenschambach** ❶. Die Thonhauser Straße bringt Sie ins Zentrum zur Hochstraße (5,7 km).

Hohenschambach thront auf der Albfläche

Naturdenkmal Weißer Stein. Ein schlafender Weißer Riese?

Nach möglichem Kirchenbesuch bei **Mariä Heimsuchung**, biegen Sie östlich der Kirche rechts ab in die Kochenthaler Straße. Sie haben sich diese schöne Abfahrt bereits verdient. Lassen Sie es aber auf der Fahrt durch Kochenthal zur Kreisstraße R13 nicht zu schnell werden. Unten angekommen biegen Sie links ein. Nach einem halben Kilometer biegen Sie rechts auf eine kleine asphaltierte Forststraße ab. Diese wunderbar gewundene Waldstraße führt stetig ansteigend direkt entlang der Landkreis- und Bezirksgrenze Richtung **Viergstetten**. Dabei passieren Sie zunächst das **Naturschutzgebiet Weißer Stein**, kurz danach das des **Wuzenfelsens**. Bei der sogenannten Herbstwiese radeln Sie in Niederbayern weiter. Kurz vor Viergstetten erreichen Sie die kleine Asphaltstraße von Haugenried nach Painten.

Sie überqueren die Straße, nach 800 Metern ohne Asphalt erreichen Sie westlich von Viergstetten den Radweg R4 bzw. den Wanderweg W 41 ►. Letzterer führt Sie an **Irlbrunn** vorbei. Nachdem Sie die KEH 25 überquert haben, erreichen Sie nach nicht ganz 20,5 Kilometern das **Frauenhäusl** ②, eine wunderbare Ausflugsgaststätte. Hier treffen Sie Wanderer, Radfahrer und im Sommer Schwammerlsucher.

Nach einer schattig-kühlen Einkehr mit Elektrolytzufuhr setzen Sie Ihre Tour oberhalb der Gaststätte

Mitfahrgelegenheit in Haugenried gesucht. Wir konnten leider nicht früher kommen …

nach links abwärts auf der Forststraße, der sogenannten Leutnantsbogenstraße fort. Nach kurzer Abfahrt folgt ein Rechtsbogen. Bei der Abteilung „Hochried" kommt von rechts oben ein Wanderweg mit der Markierung „grünes Dreieck, E8 und Jakobsweg" herab. Die Wanderwegbeschilderungen, denen Sie folgen, weisen nun nach links. Hier verabschieden Sie sich von dem kurzen Gastspiel in Niederbayern. Nach 400 Metern verlassen auch die Beschilderungen den Forstweg nach links. Sie bleiben geradeaus.

Gemächlich ansteigend radelnd lassen Sie nun die Forstwälder hinter sich und erreichen geradewegs **Dürnstetten**. Ihr Drahtesel rollt wieder auf Asphalt. Nach einer leichten Steigung folgt eine schöne Abfahrt. Sie erreichen Orte, in denen früher Braunkohle abgebaut wurde, z. B. **Reichenstetten**. Wieder leicht ansteigend erreichen Sie bei **Saxberg** eine Kreuzung. Hier biegen Sie links nach **Schneckenbach** ab. Bei der Kapelle geht's nach rechts nach **Viehhausen**. Ihre Räder rollen abwärts der Kreisstraße R37 entgegen, die Sie überqueren. Nun sind Sie – tataaa – in **Viehhausen**. Zum Ruinen-Turm in **Niederviehhausen** 3 biegen Sie rechts in die Ivostraße ein. Diese bringt Sie direkt zur Turmstraße. Sie biegen rechts ein, kurz darauf links abwärts erreichen Sie den Bergfried der **Burgruine Niederviehhausen** (28,8 km). Auf der Turmstraße fahren Sie nach Viehhausen und kommen auf der Jurastraße sicher ins Zentrum. Biegen Sie auf einen Schlenker zum Kirchplatz mit der **Kirche und ehem. Kloster St. Leonhard** ab. (Einkehrmöglichkeit neben der Kirche!) Vom Kirchplatz über die Rosenbuschstraße kommen Sie zur Jurastraße zurück, in die Sie links einbiegen. Auf ihr radeln Sie aus dem Ort hinaus. Am Ortsende biegen Sie rechts nach **Thumhausen** ab. Zunächst leicht abwärts im Pingertal gerollt, müssen Sie später wieder fester in die Pedale treten. In **Thumhausen** 4 biegen Sie bei der Kirche Mariä Schmerzen links ein. Auf der Haugenrieder Straße setzen Sie das heutige Beinmuskeltraining fort. Falls Sie sich kurzzeitig die Beine vertreten wollen, biegen Sie rechts zur **St.-Nikolaus-Kapelle** ab. Unterhalb der Kapelle befindet sich die Felsenstube, ein Geotop, welches Sie auf einem Feld-/Waldweg erreichen.

Haugenried durchqueren Sie auf der Kelheimer Straße. Nach dem Ort bleiben Sie rechts Richtung

Wellig radelt man in der Gegend um Thumhausen.

Viergstetten – Painten. Bei der nächsten Abbiegemöglichkeit biegen Sie rechts nach Bärnthal – Irgertshofen ab. Diese Straße bringt Sie durch Irgertshofen und an Heimberg vorbei nach **Deuerling** 5. Hier sind zwei Abstecher möglich: Oben zur Kirche **St. Martin**, unten in die **Brauerei Goss**.

In Deuerling überqueren Sie erst die Schwarze Laber (mit dem Schmied-Denkmal auf der Brücke) und am Ortsende die St 2660 (ehem. B8). Bevor Sie die St 2660 (ehemalige B8) überqueren, verweilen Sie kurz beim Denkmal für Martin von Tours, besser bekannt als St. Martin.

Danach folgen Sie dem  sowie den Orten **Stegenhof**, **Münchsmühle** (Einkehrmöglichkeit!), Eisenhammer zurück nach Laaber am Fluss entlang. Auf dem Gelände des Campingplatzes Hartlmühle wechseln Sie auf die Asphaltstraße, auf welcher Sie bequem den Ort erreichen.

Kurz vor dem Markt, unterhalb des Martinbergs, überqueren Sie schon wieder die Laber (nicht zum letzten Mal). Auf dem Weg erreichen Sie den asphaltierten Talweg. Beim Kindergarten biegen Sie rechts auf einen Rad-/Gehweg ab, der Sie auf einer Brücke über den Fluss bringt. Weil hier Laaber so schön idyllisch ist, biegen Sie nach der Überquerung links ab, nach ein paar Metern überqueren Sie nach links wieder den Fluss. Es ist die schönste Art, sich dem Zentrum des Marktes zu nähern. Sie erreichen anschließend den Kirchplatz, überqueren wieder das gurgelnde Nass und schauen – bevor Sie links zum Parkplatz abbiegen – noch beim Marktplatz vorbei, was sich dort so tut. Donnerstags ist Wochenmarkt. Und zum Abschluss noch mal einkehren … warum nicht.

Sind Sie mit dem Zug nach Laaber angereist, verzweifeln Sie nicht bzgl. des Aufstiegs zum Bahnhof. Fahren Sie vom Marktplatz zunächst 300 Meter auf der Beratzhausener Straße, dann biegen Sie rechts in die Bahnhofstraße ab. Sie starten dabei am Marktplatz auf einer Höhe von 390 Metern, oben am Bahnhof sind Sie bei 436 Höhenmetern. Diese Höhenmeter nach etwas über einem Kilometer schaffen Sie mit links.

Die Rastakapelle bei Münchsmühle. Kurz dahinter kann auch der Radler bei einem Radler ausrasten.

Deuerling, St. Martin

❺ Deuerling, St. Martin: Um 1717 wollte man den Turm der Kirche renovieren. Dann stürzte er ein. Also baute man ihn neu. Sechs Jahre später verlängerte man den im Kern romanischen Saalbau nach Westen. Danach stattete man die Kirche dem Zeitgeschmack folgend barock aus. Der Chor stammt aus der Gotik.

Durchelenburg: Diese Location ist an sich sensationell, denn unter dem Felssporn, auf dem die Burg einst stand, klafft ein großes Loch im karstigen Kalk und bildet eine natürliche Brücke (daher auch der Name „Durch…". Dieses Highlight wurde von Helmut Baumgartner für das Buch von Georg Luft „Burgen, Ritter, Schlossgespenster" entdeckt (ISBN 978-3-86646-396-7). In diesem Buch ist auch die „Seelengerätstiftung" erwähnt. Diese Burg entstand schon sehr früh, nämlich im 11. Jahrhundert. Aufgabe der Burg war es gewesen, die Altstraße entlang der Laber zu kontrol-

Wissenswertes:

Bachmühlbach: Im Naturschutzgebiet „Weißer Stein" steht der „Weiße Stein". Unglaublich und vom Radweg aus kurz zu sehen. Es handelt sich um ein versteinertes Korallenriff aus der Zeit des Jurameeres. Wir sind im Bereich des Jurakalks, deutlich sichtbar z. B. bei Burg Durchelenburg. Das Bachmühlbachtal ist ein Trockental, hier fließt kein Wasser, es sei denn, es gibt Starkregenereignisse. Der namensgebende Bach entspringt erst weiter östlich vor Bachmühle.

Durchelenburg. Genau da oben

lieren. Aber spätestens mit dem Bau der A3 wurde diese Funktion überflüssig. Vielleicht auch schon früher, z. B. im 12. Jahrhundert.

❶ Hohenschambach, Pfarrkirche Mariä Heimsuchung: Im Altar befindet sich das Gnadenbild „Maria vom Guten Rat". Es konnte beim Brand der alten Kirche 1758 gerettet werden. Die Kirche baute man 1759–1764 neu. (www.pfarreiengemeinschaft-hohenschambach-aichkirchen.de)

Haugenried, St. Nikolaus und Burgstall: Letzter Zeuge der einstigen Burg Haugenried ist die Kirche, von der man annimmt, dass sie die Burgkapelle war. Der Rest der Burg gehört in den Bereich Archäologie. Kirchen dieser Art sind in diesem Buch mehrfach vertreten (Zinzendorf, Obertrübenbach). Alle diese Kirchen haben ein 2. Stockwerk. Betrachtet man die Veränderung an der Front dieser um das Jahr 1150 erbauten Chorturmkirche, kann man auch hier ein zweites Stockwerk vermuten. Beispielsweise gibt es in vier Metern Höhe eine romanische Eingangsöffnung.

❷ Frauenhäusl: Das heutige Wirtshaus war Jagdsitz und später eine Niederlassung des Klosters Niedermünster. Im Gebäude findet man die Jahreszahl 1795.

❸ Niederviehhausen, Burg: Erste Erwähnung eines Brouno de Vienhusen im Jahr 1181. Diese Linie starb 1390 aus. Danach kam die Burg an die Wittelsbacher. In den nächsten 300 Jahren wurde die Burg ständig weitergereicht, bis sie im Dreißigjährigen Krieg zerstört wurde. Heute ist nur noch der Bergfried mit seinen fast zwei Meter dicken Mauern erhalten. Der Versuch, den Turm als Aussichtsturm herzurichten, stockt wohl. Das Gelände ist frei zugänglich, aber ein richtig guter Blick auf den Turm schwierig.

Paintner Forst: Dieses weitgehend unbewohnte und bewaldete Gebiet umfasst 2611 Hektar, also gut 26 Quadratkilometer. Bis zum Jahr 2013 war das Kerngebiet gemeindefrei. Bis 2013 wurden kleinere Teile an angrenzende Gemeinden abgegeben (z. B. Riedenburg). 2013 dann kam der größte Teil (23 km^2) zum Markt Painten, das seine Gemeindefläche schlagartig verdoppelte.

❹ Thumhausen, Kirche St. Maria Dolorosa (Mariä Schmerzen): Wer das Medikament Dolormin kennt, kann erkennen, dass der lateinische Wortstamm „dolor" Schmerz bedeutet. Diese Darstellung zeigt Maria in ihrer Sorge und ihrem Schmerz um ihren Sohn Jesus Christus. Ist Ihnen schon einmal aufgefallen, dass Maria in Pietàs (Maria mit dem vom Kreuz abgenommenen Christus) genauso alt dargestellt wird, wie sie mutmaßlich bei seiner Geburt war? Beim Altarbild dieser 1715 erbauten Kirche wird diese Beobachtung bestätigt. (www.eilsbrunn.de/kirchen)

Thumhausen, Kirche St. Maria Dolorosa

Tangrintelrunde
Beratzhausen – Eichelberg – Hemau

„Die Rundtour auf dem Tellerrand"

TOUR 07

Beratzhausen, Parkplatz Mühlenstraße alternativ auf dem Großparkplatz neben der Laaberer Straße

Beratzhausen – Rufenried – Neukirchen – Eichelberg – Altmannshof – Thonlohe – Aichkirchen – Klingen – Hemau – Laufenthal – Beratzhausen

Asphalt: 34,4 km
Schotter: 10,5 km
Naturweg: 1,6 km

Die Tour vereint lange Waldpassagen mit einer offenen Feld- und Wiesenlandschaft. Landschaftlich ein Genuss ist der Abstecher zur Goldenen Haube, lohnend die Auffahrt nach Eichelberg und empfehlenswert ein Aufenthalt in Hemau. Abgerundet wird die Fahrt am Ende im Tal der Schwarzen Laber.

Hemau: Stadtplatz 4 (Altes Rathaus)
Beratzhausen: Marktstraße 12

Tiefenhüll:
www.tangrintlerhof.9gg.de

Hemau:
www.gasthof-schlossbraeu.de

Taverna Kalimera, Unterer Stadtplatz 4, 93155 Hemau, Tel. 09491 9532020

www.dasalvo-hemau.de

Beilstein:
Hammermühle, Beilstein 4,
93176 Beratzhausen, Tel. 09493 710

Friesenmühle:
www.friesenmühle.de

 Foto: Goldene Haube

TANGRINTELRUNDE – TOUR 07

mittel 46,5 km 400 Hm 3:15 h

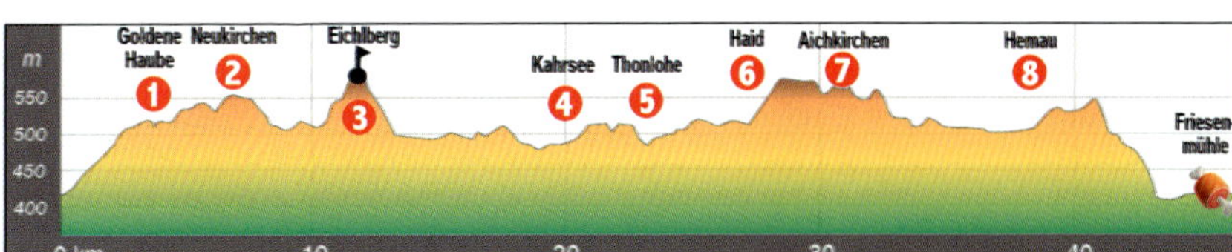

Eichelberg

Haben Sie schon mal Soufflé zu backen versucht? Als Sie das Gebäck aus dem Ofen holten, sackte alles in sich zusammen. Das Ergebnis war eine Einsturzebene, die von einem Rand umgeben war. Dasselbe Phänomen gibt es im Karst, bevorzugt in Slowenien und Kroatien, wo man dafür auch ein Wort gefunden hat: Polje. So etwas gibt es auch in unserer Heimat, nämlich in Form des Tangrintels bei Hemau. Auch das ist eine Einsturzebene, die von Rändern eingefasst wird. Wenn Sie diese Tour geradelt sind, werden Sie diese Behauptung gerne bestätigen, denn Sie werden einige Teile der Randeinfassung erklommen und in die gefasste Ebene hinabgeblickt haben.
Die Tour bietet eine weite, recht dünn besiedelte Kulturlandschaft, wobei hier die Landschaft in den Vordergrund rückt.

Wegbeschreibung:

Sie starten in Beratzhausen vom **Parkplatz an der Mühlenstraße** und biegen links in die Pfraundorfer Straße ein. Diese biegt in einer 90-Grad-Kurve rechts zur Marktstraße ab. Folgen Sie dieser Straße – später Staufferstraße – im großen Linksbogen hinauf bis zur Bahnunterfühung. Nach selbiger biegen Sie nach links Richtung Bahnhof ab. (Alternativer Startpunkt für ÖPNV-Freunde.)

Vor dem Bahnhof biegen Sie rechts in die Lindenstaße ein. Dem zunächst kräftigen Anstieg geht nach einer Weile die Luft aus. Ihnen hoffentlich nicht. Die Lindenstraße biegt schließlich nach rechts weg (Sie auf ihr) und so erreichen Sie beide die Hemauer Straße, in die Sie links einbiegen. Sie dürfen weiter fest in die Pedale treten auf der St 2394 nach **Rufenried**. Falls Sie es bisher noch nicht geschafft haben, sich das Geotop **„Goldene Haube“** ❶ anzuschauen, dann investieren Sie einen Abstecher von etwa 1,1 Kilometern (hin und retour): Kurz vor Rufenried biegen Sie auf einen Feldweg rechts ab, er bringt Sie zum Waldrand. Leicht abwärts auf dem Waldweg erreichen Sie besagtes Geotop, ein wunderbarer „Miniatur-Canyon“.
Nachdem Sie auf demselben Weg zurück zur Straße sind, biegen Sie rechts ein und radeln durch Rufenried. Nur noch leicht ansteigend erreichen Sie die St 2660 (früher B8), nach der Überquerung folgt **Neukirchen** ❷. Im Ortszentrum biegen Sie rechts nach **Tiefenhüll-Eichelberg** ab. Während der gefälligen Abfahrt kommt die Wallfahrtskirche schnell näher. In Tiefenhüll biegen Sie links ab, kurz danach vor der Gaststätte nach rechts. (11,5 km). (Alternativ können Sie in Tiefenhüll die Straße geradeaus überqueren und dem Feld- bzw. Waldweg Richtung Eichelberg folgen. – Im Wald links halten!)
Eichelberg ❸. Die **Kirche Heilige Dreifaltigkeit** auf einer Höhe von 582 Metern wird nicht nur am

Dreifaltigkeitssonntag (Sonntag nach Pfingsten), sondern bei den regelmäßigen Gottesdiensten gut besucht. Besonderer Anziehungspunkt ist die Gnadenkapelle im hinteren Teil der Kirche. Mit oder ohne Kirche, der Berg ist ein beliebtes Ziel für alle Arten von Fahrradfahrern. Nachdem Sie die Basilika besichtigt haben, steigen Sie nicht gleich auf das Rad, sondern gehen um die Kirche herum. Vielleicht entdecken Sie dabei eine für Sie schöne Stelle zum Verweilen.

Nach einer ausgiebigen Pause fahren Sie auf der Anfahrtsstraße abwärts, biegen dann aber links nach Hamberg ab. Unten angekommen verlassen Sie die kleine Asphaltstraße erneut nach links. Die Forststraße bringt Sie im Herrnrieder Grund durch den Wald. Dabei radeln Sie kurz an der Grenze zum Landkreis Neumarkt entlang. Am Waldrand bleiben Sie geradeaus, die Forststraße führt kurz am Waldrand entlang, ehe sie in einem Linksbogen weiterführt. Kurz darauf haben Sie wieder Asphalt unter den Reifen. Gemütlich fahren Sie unterhalb des Eichelbergs auf **Altmannshof** zu. Hier biegen Sie rechts ein und bei der nächsten Straße – St 2394 – wieder rechts. Auf dieser Straße nach **Einöd** haben Sie noch mal einen schönen Blick auf die Wallfahrtskirche.

Nach Einöd folgt abwärts **Gänsbügl**. Sie ignorieren die Abzweigung nach Breitenbrunn. Bei der dann folgenden Kreuzung fahren Sie geradeaus auf den Wald zu. Kurz im Wald angekommen, biegen Sie links ab, verlassen wieder den Wald und biegen kurz darauf rechts in eine Forststraße ein.

Blick auf Eichelberg

Gemütliche Rast am Kahrsee

Thonlohe, Kirche St. Sebastian

Nach erneuter Waldeinfahrt kommen Sie zu einer Mehrfachkreuzung. Sie nehmen die Straße nach rechts, ignorieren in der Folge alle Abzweigungen und erreichen zwei Tümpel mit der Bezeichnung **Kahrsee** 4. Hier treffen Sie auch auf die Beschilderung des Fuß- und Radwanderwegs Hemau. Die Beschilderung ist allerdings in umgekehrter Richtung angebracht. Sie werden sie an verschiedenen Stellen trotzdem sehen und deshalb beruhigt radeln können.

Schließlich biegt die Forststraße in einem Linksbogen nach Süden. Mögen Sie gerne Schwammerl und sind während der Saison unterwegs, nehmen Sie ein entsprechendes Behältnis mit. Wenn Sie entspannt dahinfahren, werden auch Sie mit dem einen Steinpilz oder der anderen Rotkappe Glück haben, vielleicht sogar mit dem Flockenstieligen Hexenröhrling – ein wunderschöner Pilz, dem Steinpilz ebenbürtig –, die Sie vom Sattel aus am Wegrand sehen. Auf Karten ist die Strecke manchmal so eingezeichnet, als ginge es nur gerade aus dahin, dem ist aber nicht so. Es ist auch einmal eine Doline (Einsturztrichter im Karst) zu durchqueren.

Nachdem Sie den Wald verlassen haben, fahren Sie direkt auf **Thonlohe** 5 zu. Im Ort, bei der **Kirche St. Sebastian,** biegen Sie links ein. Am Ortsende folgen Sie dem Schild geschottert nach Haid. Dort angekommen biegen Sie nach leicht links ein und kommen kurz darauf nach Altenlohe. Vor der putzigen **Kapelle St. Joseph** 6 biegen Sie rechts ab. Sie erreichen die R16, biegen rechts ein und radeln etwa einen Dreiviertelkilometer aufwärts, bis Sie links nach Aichkirchen abbiegen. (Es geht jetzt auf besagten Rand der Polje hinauf!) (Wenn Sie die Hauptstraße vermeiden möchten, biegen Sie schon in Haid nach rechts ab und folgen dem blauen Pfeil in den Wald hinauf. Wilde MTB-Sache!)

Vom Rand der Polje sehen Sie einen Kalksteinbruch. Sie sind auf Kalk unterwegs. Nachdem Sie Aicha passiert haben, erreichen sie **Aichkirchen** 7, ein Ort, der in den achtziger Jahren des letzten Jahrhunderts beim Wettbewerb „Unser Dorf soll schöner werden" prämiert wurde. Der Wettbewerb findet nun unter einer anderen Bezeichnung – Unser Dorf hat Zukunft – mit einer anderen Ausrichtung statt. Gut gelungen ist der Kirchplatz mit der **Kirche Mariä Himmelfahrt**. Die Dorfstraße führt nach Nordost hinaus. Leicht wellig radeln Sie Richtung **Bügerlleithen**. (Von hier aus können Sie die gesamte Polje überblicken!) Sie passieren beim Abwärtsfahren **Stadla**, überqueren kurz darauf die St 2233, fahren an

Blick in die Goldene Haube

Kleine Kapelle in Altenlohe

Winkl vorbei, nach einem kurzen Waldstück an Höhhof, und so kommen Sie nach **Klingen**.

Fast am Ortsende biegen Sie links in den Grabenweg ab. Die kleine Asphaltstraße führt an einer langgezogenen Senke und kurz vor der St 2660 an einem stehenden Gewässer (ugs. „Tümpel") vorbei. Nach Überquerung der Umgehungsstraße kommen Sie auf dem Rad-/Gehweg in Hemau zum „Am Gewerbebogen". Ins Zentrum der Stadt biegen Sie links in die Regensburger Straße ein, die Sie direkt zum schön gestalteten Stadtplatz bringt (38 km). An diesem sehr einladenden Stadtplatz haben Sie die Qual der Wahl, ob Sie einkehren oder nur sitzen möchten.

Wenn Sie den Stadtplatz verlassen, dann auf den **Mathias-Mühlbauer-Platz**, vorbei am Alten Rathaus zur **Kirche St. Johannes**. Über die Kirchengasse erreichen Sie den Oberen Stadtplatz, von dem Sie rechts in die Beratzhausener Straße abbiegen. Diese Straße bringt Sie stetig ansteigend aus der Stadt hinaus. Auf dem Rad-/Gehweg begleiten Sie kurz die R11. Der Rad-/Gehweg wechselt auf die andere Seite der R11. Sie nehmen die kleine Straße nach **Haag** bzw. **Laufenthal** 9. Bei Haag fahren Sie vom Stachasweg auf der Vogelholz abwärts nach Laufenthal. Unterhalb der Kirche St. Ottilia biegen Sie links in die Labertalstraße ein. Es folgt eine wunderbare Abfahrt nach Beilnstein ins Labertal.

Friesenmühle

Aichkirchen, Pfarrkirche Mariä Himmelfahrt

Unten angekommen, fällt Ihnen gleich die **Kapelle St. Anna** auf und gegenüber die Hammermühle. Hat die Gaststätte geöffnet, so sollten Sie einkehren. Ob Sie draußen oder drinnen sitzen, es wird Ihnen gefallen. In einem Rechts-/Linksbogen radeln Sie im Labertal weiter, gesäumt von markanten Felsen. Bei R11 erreichen Sie die **Friesenmühle**, eine weitere gute Einkehrmöglichkeit. Die restliche Strecke nach Beratzhausen ist schnell geschafft. Auf der Mühlenstraße erreichen Sie Beratzhausen nach 46,5 Kilometern. Wer mit dem Zug angereist kam, darf noch mal fest in die Pedale treten.

(Wer **Beratzhausen** ⑩ auslassen möchte (was ein Fehler ist!), kann hinterhalb der Friesenmühle nach oben strampeln (oder schieben) und ist so schnell(er) beim Bahnhof.)

Sehens- und Wissenswertes:

⑦ Aichkirchen, Pfarrkirche Mariä Himmelfahrt: Die Kirche wurde 1878/79 notwendig, weil die gotische Vorgängerkirche mehr als ein Mal abgebrannt war. Interessant ist, dass man die neuromanische Innengestaltung von 1884 im Jahr 1960 wieder entfernte. Historisch wertvoll ist eine Mariensäule am Chorbogen aus dem 15. Jahrhundert. Ein interessantes Detail weist der spitze Turmhelm auf: Er hat so genannte „Klangarkaden“, also Dachgauben, die den Glockenklang ins Freie eskortieren.

Altenlohe, Kapelle St. Joseph: „Saalbau mit abgewalmten Satteldach; Fassadenturm mit Zeltdach; von 1702.“

Goldene Haube ①: Gehen Sie mit dem Gesicht nahe genug an die Wände der Goldenen Haube. Sie werden denken, Sie sehen Ihre Knochen unterm Mikroskop. Tatsächlich handelt es sich bei diesen Dolomitsteinen um versteinerte Schwammriffe. Die Hohlformen wurden herausverwittert. In den Klüften (Spalten) zerfällt der massive Stein zu goldgelbem Sand. Wenn Ihre Kinder noch an den Osterhasen glauben, können Sie ihnen erzählen, dass hier einmal ein verwunschenes Schloss stand (so die Sage). Dann können Sie improvisieren und ausführen, dass die Kinder des Königs immer unartiger wurden …

③ Eichelberg, Wallfahrtskirche Heilige Dreifaltigkeit: „Hinter“ Eichelberg endet das Bistum Regensburg. Mit dieser Information ausgestattet versteht man auch den Hinweis, dass man sich einen Baumeister aus dem benachbarten Eichstätter Hochstift auslieh. Der Baumeister selbst stammte aus Graubünden. Er war für den Bau (1697–1711) dieser barocken Kirche verantwortlich. Kern dieser Kirche ist allerdings die kleine Gnadenkapelle, die bereits wenige Jahre zuvor entstanden war. In ihr findet man das Gnadenbild „Die Krönung Mariens". „Fun Fact" ist die Tatsache, dass man die Kirche für Barockverhältnisse relativ nüchtern hielt, weil man kein Geld für Stuck mehr hatte.

8 Hemau: Der ehemalige Bundeswehrstandort hat sich zu einer Solarstadt gewandelt. Etwa 3,5 Kilometer südwestlich vom Stadtzentrum wurde auf dem ehemaligen Munitionslager ein Solarpark errichtet. Nordwestlich, an der ehemaligen B8, gab es eine „geheime" Bunkeranlage, in der die Grundnetz-Schalt- und Vermittlungsstelle der Bundeswehr 64 (GSVBw 64) ihren Dienst versah. Auf der Web-Seite der Firma Holzbau Semmler www.semmler.bayern können Sie unter *„Unser Atomschutzbunker im BR-Fernsehen"* einen Bericht des Kulturmagazins Capriccio aufrufen.

2 Neukirchen. Pfarrkirche St. Georg: Georg ist einer der 14 Nothelfer (Helfer bei Kriegsgefahren, mentaler Support bei Versuchungen und Ansprechpartner für gutes Wetter). Im Bistum Regensburg entstand gar die „Regensburger Normalreihe" mit 11 männlichen und 3 weiblichen Nothelfer:innen. Als im Mittelalter vom Kloster Prüfening aus acht Pfarreien seelsorgerisch betreut wurden (u. a. „Niuwenkirchen") stattete man diese mit dem goldgerüsteten Reiter auf Wappen als Erkennungszeichen aus. Das blieb bis 1806 so, als der damalige Seelsorger seinen Pfarrsitz auf den Eichelberg verlegte, weil er dort von größeren Nebeneinkünften ausgehen konnte. Damit war man aber später auch nicht zufrieden und bettelte bis 1893, als Neukirchen endlich eine eigene Pfarrei wurde, was es bis heute ist.

Die heutige Kirche gründet auf einer romanischen Vorgängerkirche. Diese war so marode, dass man im Rahmen einer Neugestaltung die Pläne spontan änderte und die alten Mauern abreißen musste und nur den alten Turm einbezog. Diese neue, neoromanische Kirche („romantischer Historismus") wurde 1894 eingeweiht. Seit ihrer Generalsanierung 2023 lädt die strahlende Kirche die Gläubigen wieder zu sich ein. (www.pfarrei-eichlberg-neukirchen.de/neukirchen)

Hauptstadt des Tangrintel: Hemau

Auf historischen Wegen:
Painten – Prunn – Randeck – Essing

„Per aspera ad astra“ (Durch den Schweiß zu den Sternen)

TOUR
08

Parkplatz P2 Kellerwiesen, 93309 Kelheim (kostenlos)
Alternativ: Parkplatz P3 Pflegerspitz, Am Pflegerspitz, 93309 Kelheim (kostenlos)

Kelheim – Herrnsaal – Painten – Schloss Prunn – Randeck – Essing – Kelheim

Asphalt: 26,8 km
Schotter: 24,6 km
Naturweg: 3,6 km

Von der Donau durch Frauen- und Paintner Forst. Durch den Randecker Wald zu einer Burg und einer Burgruine mit Aussicht. Als Krönung nach der Abfahrt hinein in einen der schönsten Orte Niederbayerns.

Kelheim:
Archäologisches Museum der Stadt Kelheim, Lederergasse 11; 2Rad Jessen, Schäfflerstraße 12 (Einkaufszentrum Kelheim); Erlebnisbad Keldorado, Rennweg 60; Orgelmuseum der Stadt Kelheim, Fischergasse 1; Tourist Information der Stadt Kelheim, Ludwigspl. 1

Painten:
Pizzeria & Ristorante Piccobello, Marktpl. 25, 93351 Painten, Tel. 09499 942923

Schloss Prunn:
El Chalet Restaurant am Schloss Prunn, Schloßprunn 2, 93339 Riedenburg, Tel. 09442 175 (negocio.site)

Randeck:
www.ritterschaenke-sturm.de

Essing:
www.gasthof-felsenwastlwirt.de
www.brauereigasthof-schneider.de
www.cafe-altmuehl.de

Foto: Majestätisch thront Burg Prunn über dem Altmühltal.

PAINTEN – PRUNN – RANDECK – ESSING – TOUR 08

mittel | 55 km | 540 Hm | 3:55 h

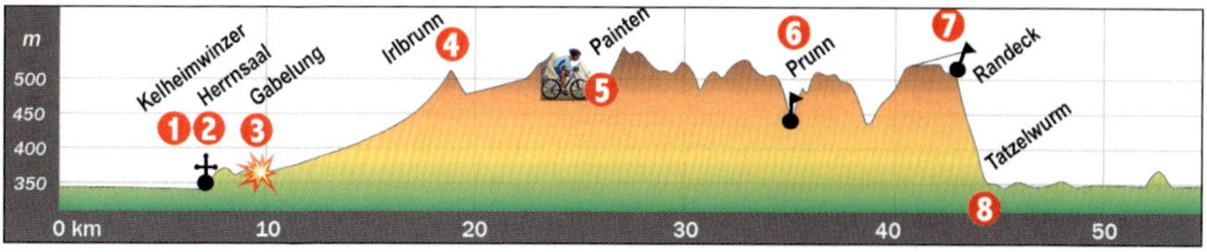

Einfahrt ins Saaler Tal

Hier abzweigen, wirklich?

Kennen Sie die Lutscher von Chupa Chups? Zuckerkugeln am Stiel, die man mit Fort-Knox-Folie eingewickelt hat. Will man an das süße Innere, muss man sich erst drei Fingernägel brechen und wahlweise die eigene Ungeschicktheit oder den Hersteller verfluchen. Aber dann – exfoliert – explodiert zur Belohnung ein süßer Traum am Gaumen. So ist es auch hier: Kein Anstieg in diesem Buch ist süßer als der hinter Herrnsaal die Leutnantsbogenstraße hinauf. Aber um zu dieser zu kommen, müssen Sie 450 Meter auf einem Fort-Knox-Waldweg vordringen.
Eine herrliche Tagestour mit viel Programm. Also pflegen Sie entschleunigtes Radeln mit zwei herausragenden Burgen als Highlights. Den Radtag lassen Sie dann in der schönen Stadt Kelheim ausklingen.

St. Benno in Herrnsaal

Wegbeschreibung:

Vom Parkplatz Kellerwiese radeln Sie zum R-M-D-Kanal, unterqueren die breite St 2233 und kommen auf der „Niederdörfl" ins Stadtzentrum. Bei Brauerei Schneider biegen Sie rechts in die **Matthias-Kraus-Gasse** ein, die Sie zum Altmühltor bringt. Sie fahren durch das Tor. Auf der Altmühlstraße kommen Sie zur Rad- und Fußgängerbrücke. Auf ihr fahren Sie über den Kanal. Drüben angekommen, folgen Sie den Radsymbolen und der Beschilderung nach **Kelheimwinzer** ❶ und Herrnsaal (Kurzer Abstecher zur **Radlerkirche St. Jakobus** möglich!). Die gute Ausschilderung leitet Sie entlang des Kanals auf dem Damm bis zur Donaubrücke bei Saal. Sie unterqueren diese Brücke. Auf einem schönen Weg entlang der Donau erreichen Sie **Herrnsaal**. Bei **Kirche St. Benno** ❷ verlassen Sie den Radweg nach links, fahren aufwärts auf dem Herrnsaaler Ring und biegen rechts auf den Kreidenweg ab.
Nach dem Ortsende überqueren Sie die KEH15 und fahren auf dem Asphaltweg auf das Saaler Tal zu. Am Waldrand endet der Asphalt. Sie nehmen bei der Gabelung den Weg nach rechts. Sie radeln nun ohne Radbeschilderung. Der schöne Talweg im Wald biegt nach fast einem Kilometer nach links. **Achtung:** Genau in dieser Kurve führt ein unscheinbarer verwachsener, „naturbelassener" Weg geradeaus weiter ins Dickicht. Für

Blick auf Painten

450 Meter kommen Sie in den Genuss von hohem Gras und Brennnesseln (sehr gesund!). (Mit etwas Glück sind diese Tour schon viele andere vor Ihnen geradelt und haben eine ordentliche Schneise hinterlassen.) Mountainbikespuren zeigen Ihnen, dass Sie richtig sind. An einer kleinen Lichtung beginnt der gute Waldweg, der später zum Forstweg mutiert. Der Weg, auf dem Sie nun weiterradeln, trägt die Bezeichnung **Leutnantsbogenstraße**.

Alternative zu den 440 Metern mit Brennnesseln und Harvesterspuren:
Sollte der Weg tatsächlich nicht mehr befahrbar sein, empfehlen wir folgende Alternative: Nach dem Linksschwenk 1,3 Kilometer geradeaus bleiben. Sie biegen an der zweiten Abzweigung nach rechts ab. Zunächst steil bergauf, später moderat ansteigend endet der gute Weg nach etwa 510 Metern an einer Wegkreuzung. Es folgt geradeaus für ca. 400 Meter ein „naturbelassener", d. h. zum Teil sehr verwurzelter Weg über den Etzenberg. Sie erreichen bei einer Wegkreuzung die Wanderwegmarkierung blaues Rechteck (W42) und Jurasteig. Hier geradeaus. Nach etwa 70 Metern folgen Sie der Forststraße nach links. Bei der nächsten Kreuzung nach 550 Metern treffen Sie auf weitere Wanderwegmarkierungen (W44, grünes Rechteck, E8 und Jakobsweg) sowie „Radweg". Noch 300 Meter, und Sie kommen beim **Frauenhäusl** an. Nach möglicher Einkehr setzen Sie Ihre Tour oberhalb der Gaststätte nach links abwärts auf der Forststraße, der sogenannten Leutnantsbogenstraße fort. 1,1 Kilometer später erreichen Sie die von rechts kommende Leutnantsbogenstraße und sind wieder auf dem Track von Plan A.

Zurück zu Plan A: Den Forstweg nach dem wilden Stück queren verschiedene Wanderwege, zunächst nach 750 Metern (seit der kleinen Lichtung) der Jurasteig und ein SLF (Stadt-Land-Fluss-Tour-Radweg). Nach weiteren 1,4 Kilometern der E8 und Jakobsweg. Kurz darauf verlassen Sie die Leutnantsbogenstraße nach rechts (An dieser Stelle kommt „Plan B" von links dazu (siehe oben). Zunächst noch leicht abwärts erreichen Sie die KEH25, in die Sie rechts einbiegen. Nach fast einem halben Kilometer verlassen Sie die Straße nach links. Sie radeln wieder asphaltlos auf einer Forststraße. Die **„Alte Grenzstraße"** schlängelt sich 1,5 Kilometer bis zu einer nach links abzweigenden Forststraße. Sie bleiben rechts. Der anschließende Linksbogen wird kurzzeitig von einer roten Raute markiert. Diese markiert anschließend den nach rechts abzweigenden Weg. Sie radeln immer geradeaus und erreichen die Lichtung mit dem **Forsthaus Irlbrunn** ❹.
Sie folgen nach rechts der Beschilderung „Painten". Nach dem Forsthaus folgt ein kurzes Aufwärtsstück. Oben angekommen, biegen Sie halb-

Schloss Prunn von oben

Kapelle St. Bartholomä

links ab. Sie wechseln nun vom Frauenforst in den Paintner Forst. Es folgt eine Abfahrt ins Viergstettener Tal. Unten angekommen, biegen Sie links ab und fahren anschließend geradeaus weiter. Kurz bevor Sie die St 2233 erreichen, weisen Radsymbole nach rechts und links. Sie nehmen den Weg geradeaus und sind nach 400 Metern an der Staatsstraße. Der begleitende Rad-/Gehweg bringt Sie nach Painten 5, einen sehr schmucken Ort.

Sie verlassen Painten auf der KEH16 Richtung Maierhofen. Bereits im Ort steigt es an, dafür erhalten Sie oben einen schönen Ausblick über den Markt und die Landschaft des Tangrintels. Nach Falterhof erreichen Sie **Maierhofen**. Das in Privatbesitz befindliche Schloss am Ortsrand können Sie für Events aller Art mieten. Leicht ab- und aufwärts radeln Sie weiter nach Baiersdorf. Etwa einen halben Kilometer weiter biegen Sie links nach **Schloss Prunn** ab. Nach einem kleinen Waldstück blicken Sie über die Wiese hinunter zur Burg Prunn. Am Turm vorbei können Sie auf der gegenüberliegenden Talseite die „Klamm" erkennen, ein Felsengebilde im Kalkstein. Fahren Sie langsam abwärts und genießen Sie den Blick auf die Burg, die darunter liegende Erlebniswasserstraße – kurz RMD-Kanal – und im Hintergrund die Rosenburg in Riedenburg.

Nach der Besichtigung des imposanten Schlosses treten Sie gegen die Höhenmeter an. Oben, nach den Parkplätzen, folgen Sie den Wanderhinweisen nach rechts auf die Forststraße. Nach weniger als 300 Metern biegen Sie links auf eine weitere Forststraße ab (K: kurz danach Pavillon im Wald). Der moderate Anstieg steigert sich, aber nach 400 Metern können Sie wieder ausschnaufen. Nach einer leicht ebenen Strecke fahren Sie bei einer Kreuzung geradeaus. Fast eben radeln Sie etwa 600 Meter, dann verlieren Sie die Höhenmeter wieder. Bei einer Abzweigung nach links treffen Sie wieder auf die Wanderwegschilder. An dieser Abzweigung folgen Sie den Schildern hinunter ins Galgental. Lassen Sie es nicht zu schnell werden, denn auch auf Forststraßen müssen Sie mit Gegenverkehr rechnen!

An der Asphaltstraße angekommen biegen Sie links ein, folgen aber gleich der Beschilderung Painten nach rechts. Nach 250 Metern verlassen Sie diese Straße nach rechts. Auf 1,5 Kilometern steigt es wieder an. Oben angekommen, biegen Sie rechts in die Asphaltstraße ein. Nach Passieren von **Hiersdorf** können Sie links in einem Feld die **Kapelle St. Bartholomä** sehen. Nutzen Sie für eine kleine Pause die Abzweigung zu der kleinen Kirche. In einem Wäldchen bei einem Tümpel lässt es sich eine Weile aushalten. Zurück auf Asphalt fahren Sie nach Randeck 7. Ob vor oder nach einer Einkehr, die Besichtigung der Burgruine lohnt auf alle Fälle. Vom Turm genießt man eine herrliche Rundsicht.

Ab Randeck erwartet Sie eine flotte Abfahrt. Unten angekommen, biegen Sie rechts in die Stiftsstraße ein und erreichen mit **Essing** 8 einen der schönsten Marktflecken Bayerns. Vom Unteren Markt kommen Sie zum Marktplatz. Es lohnt sich, durch das Markttor und auf der anschließenden Brücke über die Rest-Altmühl zu fahren. Hier, beim Denkmal für Josef Deifl, einen Teilnehmer an Napoleons Russlandfeldzug, haben Sie einen besonderen Blick auf Markttor, dahinter Felswand und darüber Burgruine Randeck. Für die Weiterfahrt haben Sie die Auswahl zwischen links oder rechts der Erlebniswasserstraße. Rechts sind Sie mehr abseits vom Verkehrslärm, haben dafür aber mehr Gelegenheiten für Aufnahmen. Dafür müssen Sie vom Marktplatz über den Oberen

Brücktor in Essing

Burg Randeck – oder was von ihr übrig ist

Markt und über die „Eisenbrünnerl" zur Holzbrücke, dem „Tatzelwurm". Auf dem Rücken dieses Ungetüms wechseln Sie auf die andere Seite des Kanals.

Bis kurz nach Heidenstein haben Sie Asphalt unter den Rädern, nach dem kleinen Ort fahren Sie auf dem Feld-/Waldweg entlang der Hammerleite auf die Schellneck-Wand zu. Dabei passieren Sie ein schönes Altmühl-Altwasser. Kurz nach Unterau kommen Sie zur Staustufe. Hier befindet sich an der Station 03 des Archäologieparks Altmühltal das **Keltische Stadttor Gronsdorf**. Für die Weiterfahrt ins Stadtzentrum können Sie wählen zwischen der Mitterfeld- und im Anschluss Hienheimer Straße oder entlang des Kanals. Zu Ihrem Fahrzeug können Sie über die verschiedenen Straßen schlendern und sich zum Abschluss Ihrer Tour eine passende Einkehr aussuchen. Zurück zur Kellerwiese fahren Sie links an der Brauerei vorbei. Wer die Tour am Bahnhof Saal begonnen hat, radelt am besten auf der Kelheimwinzer Seite. Sie ist angenehmer zu fahren als die Variante über Affecking.

Wissenswertes:

Leutnantsbogenstraße: Trotz intensiver Recherche gelang es nicht, die Herkunft dieser Bezeichnung zu ermitteln.

Alte Grenzstraße: Die Straße markierte die Grenze zwischen dem Herzogtum Bayern und dem nach dem Landshuter Erbfolgekrieg entstandenen Herzogtum Pfalz-Neuburg. Auch unter den

Wittelsbachern gab es „In- und Ausländer".

4 Irlbrunn: Die einstige Glashüttensiedlung ist heute eine Wüstung, übrig blieb das Forsthaus. Die Glashütte gehörte dem Damenstift Niedermünster in Regensburg. Obwohl die Glashütte erfolgreich produzierte, war ihr nur ein Zeitraum von 27 Jahren gewährt. Auseinandersetzungen mit der Konkurrenz aus dem „Ausland", Pfalz-Neuburg mit den Glashütten in Painten und Rothenbügl, führten zur Schließung. Jetzt kreuzen hier mehrere Wanderwege, früher war hier ein Schnittpunkt mehrerer Handelsstraßen. Auf der Web-Seite www.heimatforschung.de ist ein schönes Buch von Dieter Schwaiger über „Irlbrunn im Frauenforst" vorgestellt.

Das rekonstruierte Keltentor kurz vor Kelheim

Kelheim: Auch Kleinstädte wie Kelheim haben eine interessante Geschichte. Der Stadt gelang es sogar in einem Bestsellerbuch zu landen. Der spannende Roman „Das Halsband der Taube" von Ernst W. Heine hatte seinen Ausgang mit dem Mord an Herzog **Ludwig dem Kelheimer**, der 1231 in Kelheim einem Attentat zum Opfer fiel. Jahrhunderte später, während des spanischen Erbfolgekriegs, geriet auch Kelheim unter österreichische Besatzung. Der Metzgermeister **Matthias Kraus** versuchte gegen die Besatzer einen Aufstand im Bereich von Donau und Altmühl. Der Aufstand schlug fehl, das Ende für ihn waren Enthauptung und Vierteilung. Eine Gasse ist nach ihm benannt, auch ein Denkmal beim Wöhrdplatz erinnert an den **Krausaufstand**.

5 Painten: Der Markt mit dem schön gestalteten Marktplatz war für fast 300 Jahre Maut- und Grenzstation zwischen dem Herzogtum Bayern und dem Herzogtum Pfalz-Neuburg. Painten lag an einer Salzstraße, die von Salzburg über Landshut und Kelheim nach Nürnberg führte. Auf der Web-Seite „Historische Spurensuche – Städte der „Jungen Pfalz" (hdbg.de)" ist die Geschichte der Orte, die zur „Jungen Pfalz" gehörten, gut beschrieben. Sehenswert ist auch die Kirche St. Georg.

6 Schloss Prunn: Sie kennen bestimmt das Schloss von Kalenderbildern, die von unten aufgenommen wurden. Wenn Sie bei Ihrer Radtour eine Besichtigung einlegen wollen, sie dauert etwa eine Dreiviertelstunde (nur mit Führung). Sie können vorab bereits unter *Bayerische Schlösserverwaltung | Burg Prunn | Besucher-Information | Eintritt (burg-prunn.de)* virtuell eintreten.

Foto links: Blick von Ruine Randeck auf den Rhein-Main-Donaukanal und den Tatzelwurm

Spargelland – und Hallertau
Saal – Weltenburg – Abensberg

„Eine Tour zu jeder Jahreszeit, nur nicht bei Hochwasser"

TOUR 09

Start/Ziel: Parkplatz beim Sportplatz, Lindenstraße, 93342 Saal an der Donau
Bahnhof Saal an der Donau
Alternativ:
Gillamoosparkplatz, 93326 Abensberg
Bahnhof Abensberg

Saal an der Donau – Oberfecking – Einmuß – Großmuß – Abensberg – Sandharlanden – Staubing – Weltenburg – Thaldorf – Saal an der Donau

Asphalt: 37,2 km
Schotter: 3,7 km
Naturweg: 3,5 km

Tagestour von der Donau zur Abens und wieder zur Donau. Durch eine hügelige Landschaft zurück zur Donau.

Abensberg:
Max-Bronold-Straße 19
Römerstraße 5
(Kuchlbauers Bierwelt/Biergarten)

Thaldorf:
www.landgasthof-frischeisen.de

Weltenburg:
www.klosterschenke-weltenburg.de

Abensberg:
In der Hochschulstadt mit drei Brauereien werden Sie keine Schwierigkeiten haben, eine passende Einkehr zu finden.

Saal an der Donau:
www.gasthaus-in-der-heide.com

 Foto: Die Abens in Abensberg

mittel | 44,4 km | 234 Hm | 3:10 h

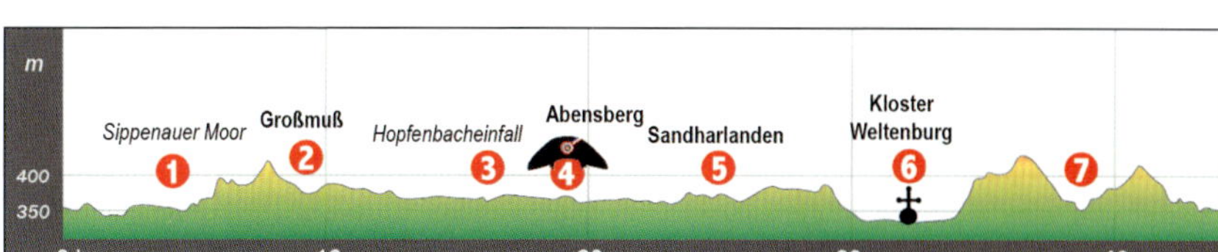

links: St. Peter und Paul in Peterfecking

unten: In Oberfecking

Die 45 Kilometer lange Strecke verlangt eine Ganztagestour. Dies aus mehreren Gründen: Auch wer Abensberg kennt, wird um ein „Nachschauen" nicht herumkommen, zu verlockend sind die kleinen Gassen, die Stadtmauer, die Liebesinsel oder Schloss mit Schlossgarten und, und, und ... So wird man in der Stadt mit dem Hundertwasserturm ohne Einkehr nicht weiterradeln. Weltenburg mit Kloster verlangt ebenfalls einen längeren Aufenthalt.

Wegbeschreibung:

Falls Sie am Bahnhof Saal starten, folgen Sie zunächst der Bahnhofstraße, biegen links in die Rathausstraße ein, von dieser rechts in die Abensberger Straße und links in die Werkstraße. Die Radbeschilderung bringt Sie dann bequem auf den Radweg entlang der KEH10. Wenn Sie am Parkplatz in der Lindenstraße starten, biegen Sie gegenüber dem Gasthaus „In der Heide" links ab in die Birkenstraße. Von dieser geht's rechts weiter auf der Abensberger Straße, dann sofort links „Am Igelsberg". Weiter auf der „Hunoldstraße" links kommen Sie zur KEH10. Auf dem Rad-/Gehweg radeln Sie bequem am Feckinger Bach entlang, passieren Peterfecking. Hinter Mitterfecking verlassen Sie die Kreisstraße und biegen nach Oberfecking ab.

Bereits nach 4 Kilometern kommen Sie hier an eine erste Stelle, die einen Stopp verdient: Sie befinden sich am **Sippenauer Moor** ❶ mit seinen Schwefelquellen. Radeln Sie die Strecke im März/Anfang April, können Sie sich an den wunderschönen Frühlingsknotenblumen (Märzenbechern) erfreuen. Die Weiterfahrt über Oberfecking und Kleinberghofen nach **Einmuß** steigt leicht an. Leichter, weil abschüssig, geht es dann nach **Großmuß** ❷ weiter. Auf der Einmußer Straße, dem Dorfplatz und der Abensberger Straße fahren Sie durch den Ort. Die KEH11 führt Sie zur St 2230. Sie überqueren diese und radeln nun asphaltfrei auf einem bequemen Waldweg (2023 zum Teil neu geschottert) im Hopfenbachholz weiter. Nach etwa 1,8 km erreichen Sie ein Waldkreuz mit Sitzgelegenheit und einer Info-Tafel. Sie haben das Geotop **Hopfenbacheinfall** ❸ erreicht. Dieser einfallsreiche und ruhige Ort lädt zum Verweilen ein. Außerdem haben Sie Zeit, die Information zum Verschwinden des Hopfenbaches zu lesen. Wollen Sie das Loch sehen, wo sich der Bach von der Oberfläche verabschiedet, folgen Sie dem Pfad hinaus auf die Lichtung. Seien Sie aber auf der Hut, nicht dass Sie auch einfach nach unten verschwinden.
Bei der Weiterfahrt stößt nach ein paar Metern von rechts ein Weg dazu, vielleicht überqueren Sie hier sogar den verschwundenen Hopfenbach. Nach weiteren 160 Metern nehmen Sie die rechte

Beim Sippenauer Moor

Pause beim Hopfenbacheinfall

Weggabelung. Sie dürfen nun teilweise in Schlangenlinien zwischen trockenen Löchern (nach längeren Regenfällen gilt das mit den Schlangenlinien umso mehr!) und teils sandigen Stellen radeln. Nach dem Wald passieren Sie zunächst eine Sandgrube und in der Folge das Wertstoffzentrum Arnhofen an der Verbindungsstraße Arnhofen-Offenstetten.

Sie überqueren diese Straße und radeln auf der asphaltfreien Straße weiter. Sie befinden sich jetzt auf dem Gebiet des ehemaligen Abbaus von **Feuerstein/Hornstein** in der Steinzeit. Die folgenden verwachsenen Stellen haben aber nichts mehr mit dem Abbau in der Steinzeit zu tun. Sie passieren eine überwachsene Sandgrube. Nach etwa 450 Metern und nach einer weiteren ehemaligen Sandgrube zweigt links ein Waldweg ab. Hier biegen Sie ab, auf den mit vielen Kiefernzapfen belegten Weg fahren Sie einen kleinen Schlenker und ein kurzes Stück wellig weiter. Nach knapp 400 Metern sehen Sie rechts eine weitere ehemalige Grube. Sie fahren vorsichtig ein kurzes Stück abwärts. Im Anschluss passieren Sie einige Buckel bzw. Erhebungen. Sie erreichen eine Dreiecks-Kreuzung. Hier nehmen Sie den Weg links. Dieser Weg führt nach 250 Metern zur Steinbruchstraße, in die Sie rechts einbiegen. Vor dem Haus, bei dem gelben Ferngasmarker, orientieren Sie sich nach links. Dort können Sie ein Kreuz auf einem Steinsockel sehen, hier befindet sich das in zahlreichen Karten eingetragene **Soldatengrab**.

Bitte ernst nehmen!

Am Stadtgraben in Abensberg

Sie sind im Naturschutzgebiet der **Offenstetter Sanddünen**. Zwei Infotafeln geben Auskunft über dieses Gebiet. Eine am Boden liegende Tafel verweist auf das Verbot der Sandentnahme! Nach der Ausfahrt aus dem Wald überqueren Sie vorsichtig die St 2144 (auch als Ochsenstraße bezeichnet). Nach erfolgreicher Überquerung nehmen Sie rechts den Rad-Gehweg und radeln auf **Abensberg** 4 zu. Nach Überquerung der B16 erreichen Sie die Napoleonshöhe. Auf dieser nach ihm benannten Höhe befehligte Napoleon seine Truppen im Kampf gegen die Österreicher. Ein großer Gedenkstein erinnert an die Schlacht von Abensberg, bei der mehrere Gefechte am 19. und 20. April 1809 stattfanden.

Auf dem Rad-/Gehweg entlang der Straubinger Straße radeln Sie ins Stadtzentrum. Beim Regensburger Torplatz biegen Sie links ab. Nach der Durchfahrt durch das Tor befinden Sie sich in der historischen Altstadt (21 km).

Haben Sie Ihre Runden gedreht, fahren Sie vom Stadtplatz über den Karmelitenplatz zur Ulrichstraße, die Sie zum Schulhausplatz führt. Auf der anschließenden Römerstraße erreichen Sie den Hundertwasser-Kuchlbauer-Turm. Die Römerstraße biegt nach rechts ab, kurz darauf überquert man die Bahnlinie Regensburg-Ingolstadt. Sie folgen der Vorfahrtsstraße nach links und verlassen anschließend die Stadt nach rechts. Auf einem Rad-Gehweg radeln Sie Richtung Sandhar-

Straße bei Staubing

landen bzw. Eining. Bei einem Waldstück verlassen Sie den Radweg der KEH 7 nach rechts und fahren auf der Waldstraße nach **Sandharlanden** ❺. Bei der Kirche St. Sebastian biegen Sie links auf den Kirchplatz ab, anschließend rechts in die Harlanderstraße. Bei der nächsten Kurve nach rechts bleiben Sie geradeaus und setzen Ihre Tour auf der Staubinger Straße fort. Auf dem „Deutscher Limes Radweg" erreichen Sie nach 30 Kilometern **Staubing**.

Wollen Sie einen Abstecher zur ***Sandharlander Heide*** *– ein interessantes Naturschutzgebiet –, biegen Sie am Ortsrand links ab. Nach etwas über 600 Metern auf Asphalt radeln Sie noch 300 Meter weiter auf einem Feldweg. Hier lässt sich bei einer Pause die Aussicht genießen, außerdem kann man (vielleicht) verschiedene Schmetterlingsarten sehen. Die Weiterfahrt können Sie dann parallel zum „Deutscher Limes Radweg" auf einer Variante des Donauradwegs fortsetzen.*

Sie überqueren die St 2233 und folgen den Radwegschildern Richtung Weltenburg. Sind Sie nach Hochwasser unterwegs, werden Sie die Beschilderung ignorieren müssen, außer, Sie wollen unbedingt durch die „Doana-Lettn" radeln (Was durchaus Spaß macht! Genießer ziehen dazu Schuhe und Socken aus und gönnen sich ein Barfußerlebnis.). Ist der Weg zu sehr mit „Lettn" versetzt bzw. haben Sie das Pech (oder Glück), bei Hochwasser Ihre Radtour durchzuführen, müssen Sie kurz auf der Staatsstraße nach **Weltenburg** radeln. Sie setzen Ihre Fahrt entlang der Donau zum Kloster

Sandharlander Heide

Bei Staubing

Weltenburg ❻ fort und erreichen die Kirche St. Georg und Klosterschenke nach 32,6 Kilometern. Wie lange Sie sich hier aufhalten, hängt natürlich von Ihnen ab. Asam-Barock-Interessierte wird es in die Kirche St. Georg hineinziehen. Asam-Bock-Interessierte steuern sofort die Klosterschenke an. Egal, welches Programm man verfolgt, am Ende landen die meisten Besucher am Donaustrand, wo flache Steine „gepitscht" werden, also flach übers Wasser geschleudert. Wer schafft die meisten Pitscher?

Zurück im Ort Weltenburg, schlagen Sie schräg gegenüber der Kirche St. Johannes die Wörthstraße ein. Kurz darauf rechts die Buchhofstraße. Auf über 700 Metern haben Sie nun endlich eine nennenswerte Steigung. Oben angekommen, können Sie sich bis zur Abzweigung bei Buchhof erholen. Nachdem Sie hier links abgebogen sind, wird Sie der moderate Anstieg zur KEH21 nicht fordern. Sie biegen links ein und verlassen die Kreisstraße gleich wieder nach rechts. Nach einer Abfahrt folgt Thaldorf, leicht aufwärts fahren Sie weiter. Hinter Unterwendling erreichen Sie die KEH19.

Kloster Weltenburg

Nach Überquerung der Kreisstraße fahren Sie geradewegs abwärts. Auf 300 Metern müssen Sie auf Asphalt verzichten, dann radeln Sie auf festem Untergrund entlang der B16 wieder zur KEH19. Sie biegen rechts ein. Nach 260 Metern unterqueren Sie rechts die Bundesstraße. Anschließend nehmen Sie rechts den Rad-/Gehweg. Leicht aufwärts radelnd erreichen Sie den Ortsteil Obersaal. Von der Abensberger Straße biegen Sie links in die Mohnstraße ab, die anschließende Lindenstraße bringt Sie zum Parkplatz. Wer zum Bahnhof muss, setzt die Fahrt auf der Lindenstraße fort, beim Kreisel beginnt die Bahnhofstraße, die Sie zum Zug bringt.

Wissenswertes:

4 Abensberg: Allein die Tatsache, dass in der Nähe – bei Arnhofen – eines der bedeutendsten Bergwerke für Silex, also Feuerstein, ab der Jungsteinzeit existierte, bestätigt die überregionale Bedeutung der Gegend. Die Römer wussten auch, warum sie in der Nähe siedelten. Kurz vor Neustadt an der Donau entdeckten sie schwefelhaltige Quellen, und ein paar Kilometer nördlich bei Eining errichteten sie das Militärlager „Abusina". Berühmtester Sohn Abensbergs ist Johann Georg Turmair: Unter dem Pseudonym „Aventinus" war er der Begründer der bayerischen Geschichtsschreibung. Auch Napoleon hatte es nach Abensberg verschlagen: 1809, nachdem Österreich den Franzosen den Krieg erklärt hatte, fand bei Abensberg die erste einer Reihe von Schlachten statt. Überregional bekannt ist der Abensberger Spargel, aber auch Hopfen ist hier zu finden. So ist es nicht verwunderlich, dass außer Hopfen auch Hopfenkaltschalen in Form von Hell, Dunkel und Weiß in der Region vertrieben werden. Die schöne Stadt an der Abens wurde aber noch mit einer weiteren Attraktion – Stichwort Hundertwasser – reicher gemacht. Kein Wunder also, wenn zu jeder Jahreszeit Besucher in die Stadt kommen. Info: www.abensberg.de

3 Neolithischer Hornsteinbergbau von Abensberg-Arnhofen: Das ehemalige „Bergwerk" war laut Forschung eines der größten in Europa, sehen werden Sie Spuren aber nicht mehr, die Grabungsflächen sind mit Sand und Kies abgedeckt. Wenn Sie sich zuvor mit Infos versorgt haben, können Sie aber ein bisschen sinnieren, wie sich das vor sechs- bis siebentausend Jahren abgespielt hat. Vor allem, wie z. B. acht Meter tiefe Schächte ohne Pickel, Schaufel und Spaten gegraben wurden, denn Metall gab es damals noch nicht. Auch wenn die Gegend um Abensberg sehr sandig ist, mussten die Menschen damals fähig sein, die Ausgrabung abzustützen. Wie wurden die geförderten Steine verwertet, vor allem wie wurden sie verbreitet?

Der Feuerstein muss im Tauschhandel in Umlauf gekommen sein. Aber was tauschten die Menschen ein, was konnten die „Käufer" aus dem Dungau, aus der Gegend um Prag oder aus der Neckar-Main-Rhein-Region mitbringen, was man vor Ort nicht hatte? Was auch immer die Leute von auswärts mitbrachten, sie waren weit unterwegs, und das ohne Navi und Karten auf Pfaden, denn Straßen gab es ja damals nicht.

Sehr aufschlussreich zu diesem Thema ist die Dissertation „GEBEN UND NEHMEN", eine wirtschaftshistorische Studie zum neolithischen Hornsteinbergbau von Abensberg-Arnhofen von Dr. Georg Roth.

Georg Roth, Geben und Nehmen, Eine wirtschaftshistorische Studie zum neolithischen Hornsteinbergbau von Abensberg-Arnhofen, Kr. Kelheim (Niederbayern) [in 4 Bänden]. Dissertation Universität zu Köln 2008 (2011).

oben:
Aventinus, (an) was er wohl denkt?

rechts:
Bei Staubing: So, und jetzt? Einfach durch!

Bad Abbacher Runde – Donau, Kaisertherme und A93

„Variationen über ein Thema von G. Ravel"

TOUR 10

Parkplatz unterhalb der Fußgänger- und Radfahrerbrücke (Inselstraße)
Navi: Oberndorfer Straße 12, 93077 Bad Abbach
Alternative Startpunkte:
Auf der Insel bei den Sportplätzen (Inselstraße 4)
Parkplatz in der Kaiser-Karl-V.-Allee 60, 93077 Bad Abbach
Parkplatz Kaiser-Therme Bad Abbach (Kurallee)
In Lohstadt beim Gasthof Perzl (Lohstraße 10, 93309 Kelheim)
In Teugn am Wald-Wasser-Erlebnis-Spielplatz

Bad Abbach – Frauenbründl – Dünzling – Saalhaupt – Teugn – Lengfeld – Poikam – Gundelshausen – Lohstadt – Bad Abbach

Asphalt: 23,9 km
Schotter: 12,6 km
Naturweg: 6,5 km

Abwechslungsreiche Strecke mit Höhen und Tälern, Ausblicken und manchen Überraschungen in abgeschiedenen Flecken bei unüberhörbaren Autobahnbegleittönen.

Bad Abbach:
Hotel-Café Rathaus, Kaiser-Karl-V.-Allee 6
Inselbad, Inselbadstr. 2a

Gundelshausen:
www.gasthof-kellner.de

Lohstadt:
Landgasthof Perzl, Lohstraße 10, 93309 Kelheim, Tel. 09405 2393

Bad Abbach:
www.gasthaus-zirngibl.de
https://hotel-cafe-rathaus.de
www.landgasthof-waldfrieden.de

Fahrradgeschäft:
Fahrradgeschäft & Service Schubert, Am Rosenberg 9, 93077 Bad Abbach, Ortsteil Poikam, Nähe Bahnhaltepunkt Poikam

 Foto: Donau bei Oberndorf

mittel 43 km 256 Hm 3:05 h

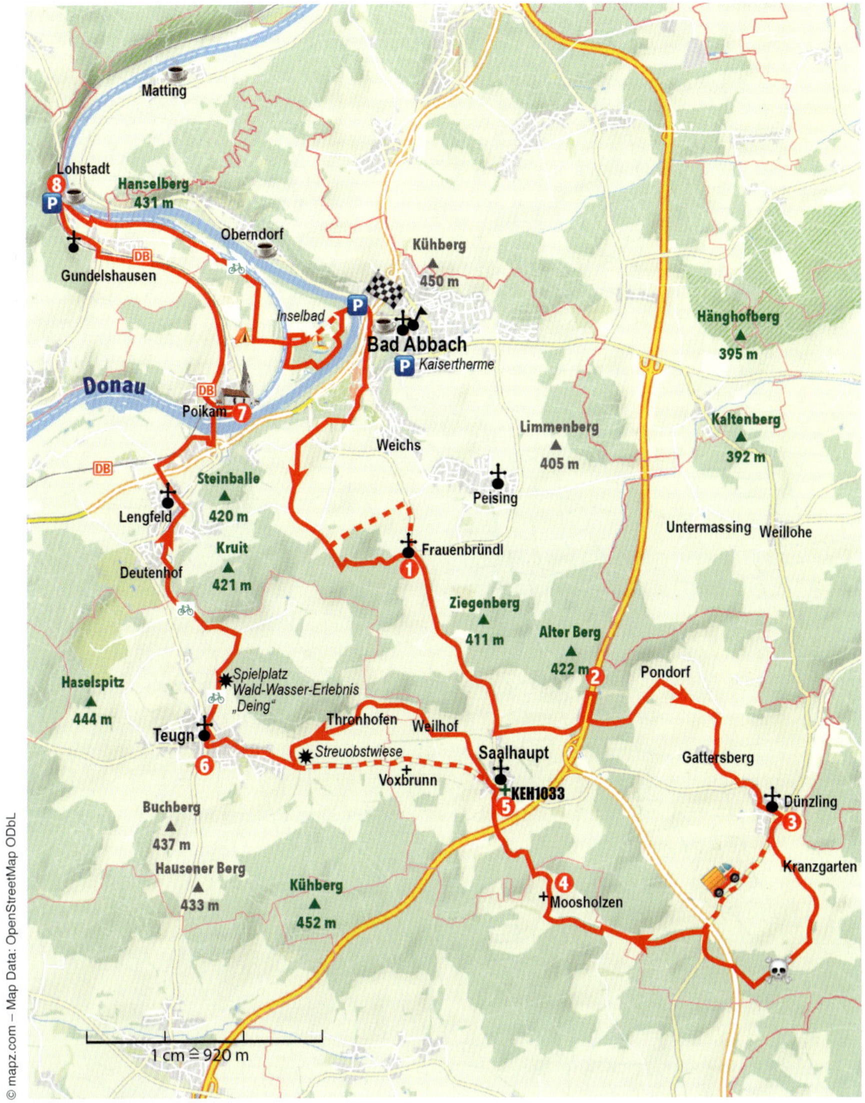

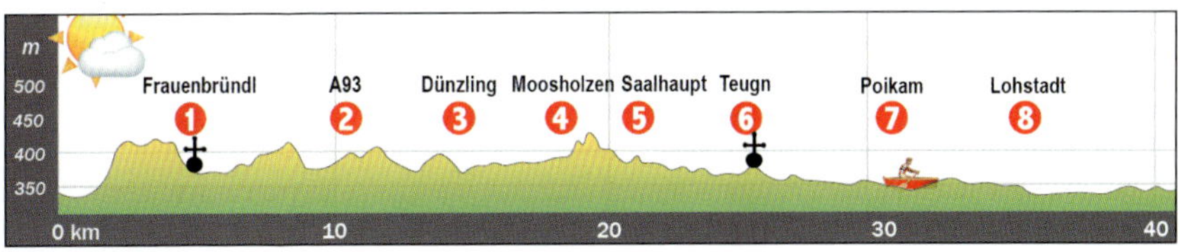

Hier besser durchschieben …

Mit etwas Glück (oder Charme) gewinnen Sie für diese abwechslungsreiche Radtour eine Begleitung in Form eines Bewohners (oder einer Bewohnerin) des Kurortes. Seien Sie nicht verwundert, wenn Sie zwischendurch zu hören bekommen: „Wo du mich überall hin(ver)führst", und am Ende gesagt bekommen: „Jetzt habe ich die Gegend um Bad Abbach auch kennengelernt."

Dabei können Sie diese gefällige Landschaft auf die charmante, weil gefällige oder auch auf die harte Tour kennenlernen, je nachdem, welche Art von Fahr(rad)gestell Sie Ihr Eigen nennen. Die Erweiterungen eins bis drei sind Angebote an die MTB-Fraktion. Die Erweiterungen vier und fünf („Thronhofen" und „Inselbad") sollten sich auch die Charmeradler nicht entgehen lassen.

Wegbeschreibung:

Sie starten bei der **Charbonnieres-les-Baines-Personenbrücke**, benannt nach der Stadt in Frankreich, mit der eine Städtepartnerschaft besteht. Sie biegen vom Parkplatz rechts auf die Oberndorfer Straße ein und folgen den Radschildern ins Zentrum. „Am Markt" passieren Sie unterhalb des Schlossbergs mit dem **Heinrichsturm** und der **St.-Nikolaus-Kirche** die **St.-Christophorus-Kirche**. Am Ende von „Am Markt" bleiben Sie geradeaus. Bei der (evangelischen) Kreuzkirche biegen Sie nach rechts in die Sinkelbrunnstraße ab. Es steigt zunächst moderat an, bei der Abzweigung vor dem Kreisel erhöhen sich die Steigungsprozente. Wenn Sie dann den Funkmasten am Mühlberg erreicht haben, haben Sie es zunächst geschafft, weil Sie oben sind. Für ein paar Meter radeln Sie „Am Mühlberg". Sie biegen links ab und folgen verschiedenen Markierungen (Jurasteig-Schlaufenweg, ViaNova). Sie können nun nach links über das „Kuchenloch" auf die Ortsteile **Weichs** und **Peising** blicken.

Folgen Sie nun dieser Straße an einer Scheune vorbei bis fast zum Waldrand. Hier biegen Sie nach links ab. Bei der Abfahrt sollten Sie dem geschotterten Bodenbelag mehr Aufmerksamkeiten schenken als dem Panorama. Bevor Sie unten ankommen, erblicken Sie rechts schon **Frauenbründl** ①. Sie biegen rechts ein und nach etwas über einem halben Kilometer rechts ab. Bei der Wallfahrtskirche und Einsiedelei haben Sie 5,7 Kilometer geschafft. Kirche und Kerzenkapelle sind täglich geöffnet.

(Alternativ sind Sie auf der Höhe geradeaus in den Wald gefahren und folgen den Wanderschildern (ViaNova etc.), fahren dann im Wald nach links hinunter. Rücksichtnahme auf Wanderer versteht sich.)

Nach dem Besuch der Wallfahrtskirche wählen Sie mangels Alternative die Straße nach rechts und radeln Saalhaupt entgegen. Hinter **Peisenhofen** steigt es leicht wellig an, dann folgt die Abfahrt nach

Idyllisch gelegen: Wallfahrtskirche Frauenbründl

Saalhaupt. Mit Erreichen des Ortsschildes biegen Sie links zum Gestüt **Seehof** ab. (Der Autor Oliver Ultsch verweist auf die Möglichkeit, dass der Name des früheren Ministerpräsidenten Horst Seehofer seine Wurzeln in diesem kleinen Gehöft haben könnte. Der Name kommt in dieser Gegend häufiger vor. Es könnte aber auch ein Besitzer „eines Bauerngutes an einem Weiher" gewesen sein. (MZ vom 7.8.2023) Hier erreichen Sie das Autobahndreieck Saalhaupt, welches Sie aber heute nicht interessiert. Nach Seehof schwenkt der Weg nach halblinks. Er ist zu Beginn etwas beschwerlich, wird aber dann besser. Nach 300 Metern können Sie die A93 unterqueren ❷, um auf der anderen Seite noch mal für 300 Meter nach rechts auf einem Versorgungsweg die Autobahn zu begleiten. Dann biegen Sie links in den Wald ab. Die Markierung „Via Nova" leitet Sie nun durch den Wald. Wieder am Waldrand halten Sie sich links, gleich darauf nehmen Sie den Weg nach rechts in nordöstliche Richtung. Im Mittelgrund wird der **Weiler Ried** sichtbar. Von einem in Karten eingezeichneten Ort Pondorf ist nichts mehr zu sehen, er ist also kein „Lost Place", sondern ein „Gone Place".

Der Sie schüttelnde Kies-/Schotterweg mit gelegentlichen Asphalteinlagen schwenkt in südöstliche Richtung. Von Ried herab stößt ein weiterer Weg dazu, kurz darauf verabschiedet sich die Via Nova nach links, und Sie bekommen aufwärts eine Asphaltschicht unter die Räder. In Gattersberg biegen Sie links ein, kurz darauf erreichen Sie **Dünzling** ❸. In der Ortsmitte kommen Sie zum etwas vernachlässigten Marienplatz. Sie biegen rechts ein und radeln auf der St 2143 aus Dünzling hinaus. Bei dieser Straße muss mit schweren Lastern gerechnet werden, also aufpassen.

Alternativ zweigen Sie am Ortsende nach halblinks ab und radeln auf Asphalt bis fast Anwesen **Kranzgarten**. Kurz davor biegen Sie nach rechts ab. Rechtskurve, Linkskurve. Nach 1 km zweigt ein weiterer, vollgrasiger Weg nach rechts ab. Diesen nehmen, bis zum Wald hinauf und im Wald weiter bis zu einer T-Kreuzung. Hier rechts einbie-

Irgendwo bei Dünzling

Schöpfungsszene in der Saalhaupter Kirche

gen und kurz darauf die B15 neu unterqueren. Nach weiteren 350 Metern (bei der Gabelung rechts) rechts auf die St 2143 einbiegen. Vor Unterquerung der B15 neu links abbiegen und dem Espergraben folgen. (Südlich von Dünzling bilden Espergraben und Dürnpointnergraben die Pfatter.) Nach über 1,5 Kilometern erreichen Sie die B15 neu, die Sie unterqueren. Gleich im Anschluss biegen Sie rechts ab. Dann links halten. Entlang des Espergrabens, später entlang des Moosholzer Grabens, fahren Sie auf einem gut zu radelnden Feldweg in einer schönen Tallandschaft weiter. Sie erreichen nach einer Linkskurve einen asphaltierten Weg, der Sie rechts nach **Moosholzen** hinaufbringt. Sackgasse ignorieren! Oberhalb Moosholzen erreichen Sie Wald. Die bequemere Version geht geradeaus weiter: Leicht aufwärts durchqueren Sie das „Hennennest"-Waldgebiet. Nach Verlassen des Waldes halten Sie sich links. Fahren Sie auch diesen Weg vorsichtig abwärts. Zuerst erblicken Sie nach rechts die B15 neu, ein paar Meter später nach links die A93. Schließlich erreichen Sie die KEH17, in die Sie links einbiegen. Im Anschluss unterqueren Sie die A 93 und erreichen kurz darauf **Saalhaupt** 5.

Alternative: Am Waldrand oberhalb Moosholzen links am Wald bergauf und beim vergessenen Marterl scharf rechts wieder bergab. Waldabfahrt. A93 unterqueren und ab nach Saalhaupt. Viel Spaß!

Auf der „Unteren Dorfstraße" fahren Sie in den Ort. Ein Abstecher zur **Kirche St. Peter und Paul** lohnt sich. Außerdem lässt sich vor der Kirche gut unter einem schattigen Kastanienbaum Pause machen. Immerhin sind Sie auch schon 21 Kilometer unterwegs. Zurück auf der Dorfstraße bleiben Sie nur kurz, außer Sie wünschen Asphalt bis Teugn unter Ihren Rädern. Aber heute ist der „Tag des Schotters". So nehmen Sie einen kleinen Umweg in Kauf und biegen bei der Feuerwehr rechts ab.

Sie radeln zum Teugner Mühlbach, überqueren ihn und erreichen **Weilhof**. Sie biegen rechts ein und treten hinauf zum Waldrand. Dort biegen Sie links ab auf einen kleingeschotterten Weg. Achtsam geht es bis Thronhofen. Den Kindern zuliebe fahren Sie durch den Hof langsam und aufmerksam. Etwa 500 Meter westlich passieren Sie eine Reihe aufgestellter Kalkfelsen. Hier ist eine Gedenktafel für zwei im 1. Weltkrieg gefallene Söhne der Familie aus Thronhofen. Kurz darauf

Da fährt er fort, der Kahn.

Donau bei Lohstadt

biegen Sie rechts ein und fahren in die Ortsmitte von **Teugn** 6.
Sie folgen der Beschilderung nach Bad Abbach, passieren die **Pfarrkirche Mariä Himmelfahrt** und verlassen das Zentrum nach links auf der Lengfelder Straße. Eine Radmarkierung weist Sie in Richtung Hutmühle. Kurz zuvor biegen Sie rechts ab, nach einem weiteren halben Kilometer biegen Sie bei einer Kreuzung links ab. Es folgt ein schöner und gemütlicher Weg entlang des Teugner Mühlbaches nach Lengfeld. Sie folgen den Radschildern. Kurz nach Ankunft in Lengfeld auf der „Feldlstraße" kurz hinauf, dann hinab, anschließend links „Zur Steinballe". Bei der Kreuzung folgen Sie der Hauptstraße. Sie bringt Sie zur B16, die Sie unterqueren. Zuvor können Sie noch einen Schlenker zur schönen **Kirche St. Bartholomäus** unternehmen.

Auf der Industriestraße nach rechts. Es folgt das **Poikamer Wehr** samt Brücke 7, mittels derer Sie die Donau überqueren. Auf der Brückenstraße fahren Sie abwärts und biegen bei der zweiten Abzweigung links in den Kirchenweg ab. So erreichen Sie die **Kirche St. Martin** mit ihrem „Spitzhelm"-Turm. Auf dem Kirchenweg radeln Sie nach Westen, bis Sie nach Unterquerung der Bahnlinie nach rechts abbiegen können. Sie begleiten die Bahnlinie in einem Linksbogen bis zum Kelheimer Stadtteil **Gundelshausen**. Bei der Feuerwehr unterqueren Sie die Bahnlinie und radeln jetzt links nach **Lohstadt**. Sie bleiben geradeaus und kommen direkt beim **Landgasthof Perzl** 8 zur Donau. Eine sehr schöne Stelle und wie gemacht für eine hochkalorische Vorbereitung auf den Schlusssprint.
Die Weiterfahrt unternehmen Sie entlang der Donau. Vom Gasthof Perzl radeln Sie der Radbeschilderung folgend zur Schleuse Bad Abbach. Nach der Schleuse leiten die Radschilder schräg weg von der Donau, dafür direkt zum Campingplatz samt Café. An der Hauptstraße biegen Sie links ab und überqueren den Kanal. Geradeaus geht's direkt zur Brücke. Wir empfehlen diesen Umweg:

Ehemalige Kiesgrube auf der Donauinsel

Sühnekreuz am Kanal

Gleich nach dem Klärwerk biegen Sie nach links ab, fahren wieder zum Kanal und biegen wieder links ab. Knapp 300 Meter danach verlassen Sie den Kanal nach links auf einen Schotterweg. Für die Aufnahme eines Sühnekreuzes brauchen Sie nur ein kurzes Stück weiterfahren und dann wieder zurückkehren. Rechts und links haben Sie jetzt einen Einblick in die aufgelassenen Kiesgruben. Sie kommen zum Gelände des Freizeit-Insel-Bades. Hier nehmen Sie rechts einen Weg, der Sie Richtung Donau führt. Trauen Sie sich ruhig, die Wegmarkierung unterstützt Sie dabei.

Der Weg biegt nach links weg. Vor Jahren konnte man nach rechts entlang der Donau bis zur Schleuse wandern. Leider wurde dies durch eine Ausbaggerung unterbrochen und gebrochen wurde das Versprechen, für Wanderer eine Brücke zu bauen. Nachdem Sie die Sportplätze erreicht haben, biegen Sie rechts ab, überqueren die Donau und genießen noch einmal die tolle Flusslandschaft. Nördlich der Brücke haben Sie Ihr Ziel erreicht.

Wenn Sie bei der Kaiser-Therme geparkt haben, müssen Sie noch ein wenig radeln, können dafür Ihrem geschundenen Leib die verdiente Erholung zukommen lassen. Vielleicht kommt die Begleitung ja mit …

Kulturelles:

Bad Abbach: Die Gegend im Nordosten des Landkreises KEH wurde schon früh besiedelt, die Kelten waren hier, und die Römer, so kann man nachlesen, hatten eine Niederlassung und Militärstation. Abbach ist auch einer von zwei Geburtsorten – in der Geschichtsschreibung kommt so etwas vor – von Heinrich II., u. a. römisch-deutscher Kaiser von 1014 bis 1024. Auch Kaiser Karl V. weilte 1532 zu einer Badekur in Abbach. Heute genießt der Kur- und Badeort einen hervorragenden Ruf, in und um Bad Abbach lässt es sich sehr gut wandern und Rad fahren. Das Wanderwegenetz ist hervorragend markiert.

Baudenkmäler:

Bad Abbach, Kapelle St. Christophorus und **Altes Rathaus:** Während der **Heinrichsturm** (Geburtsstätte Kaiser Heinrichs II.) und die herausragende **Pfarrkirche St. Nikolaus** von 1849/50 (Neugotik) viel Aufmerksamkeit erfahren, fristet die „Jesusträger"-Kapelle aus dem Jahr 1470 vielleicht ein Schattendasein. Aber schauen Sie kurz mal rein. Hinter dem „Schweifgiebel" (auch beim Alten Rathaus aus dem 17. Jh. nebenan) verbirgt sich eine interessant unsymmetrische, barocke Inneneinrichtung aus den Jahren 1784–86.

❶ **Frauenbründl, Wallfahrtskirche:** Bei www.herzstueck.bayern heißt es: „An der Stelle der heutigen Wallfahrtskirche, die 1721 erbaut wurde, stand früher eine hölzerne Feldkapelle. Bereits 1701 wurde eine Klause errichtet. Die Kirche ist der Schmerzhaften Mutter Gottes geweiht. An der Außenseite des Chors sprudelt eine Quelle hervor, der man besondere Heilkräfte nachsagt." Bekannte von uns vertrauen der Quelle bei Augenleiden. So genesen, kann man lesen, dass das heilende Wasser keine Trinkwasserqualität besitzt, also äußerlichen Leiden vorbehalten bleibt.

❸ **Dünzling, Kirche St. Martin:** Auch diese Kirche hat ihren Ursprung im Mittelalter, wurde dann 1711/12 erweitert. Der Mega-Akanthus-Hochaltar (aus dem 18. Jh.) stammt aus der Kirche von Kittensee, einem Ort, der im Truppenübungsplatz Hohenfels liegt und geschliffen wurde. 1954 kam der Altar nach Dünzling.

Akanthus-Altären liegt die im Mittelmeer beheimatete Staudenpflanze mit ihren großen, gezahnten Blättern zu Grunde. Hauptverbreitungsgebiet dieser Altargestaltung ist die Oberpfalz (von wo der Altar stammt). Abgesehen davon beginnt die Oberpfalz 290 Meter östlich von Dünzling.

❼ **Poikam, Staustufe und Laufwasserkraftwerk:** 5,7 Meter fällt das Wasser bei Poikam in die Tiefe. Diese kinetische Energie wird in zwei Kaplanturbinen in 6,1 Megawatt Strom verwandelt. Aus demselben Jahr (1978) stammt die drei Kilometer weiter flussabwärts liegende Schleuse Bad Abbach. (Beide Bauwerke bedingen einander.) Hier überwinden dann die Schiffe die „Fallhöhe", allerdings um einiges langsamer.

Wesentlich älter ist die **Pfarrkirche St. Martin**. Sie stammt aus dem 14. Jh., wurde aber auch barockisiert. Der Pfarrhof gleich daneben stammt aus den Jahren 1590/95.

❺ **Saalhaupt, Kirche St. Peter und Paul:** Eine weitere Kirche, die man schon so oft von der Autobahn aus gesehen hat, aber nie besucht. Dabei steht sie schon seit 1730 dort und hilft den Menschen zum Seelenheil. Die Barockausstattung ist wie gewohnt üppig, die Altar- und Deckengemälde sind nicht unbedingt preisverdächtig.

❻ **Teugn, Brauereigasthof:** Interessanter als die Pfarrkirche Mariä Himmelfahrt, die zu je zwei Teilen von um 1600 und 1978 stammt, ist der daneben gelegene Brauereigasthof der Brauerei Dantscher. Das Gebäude stammt aus der Zeit um 1830/40. Verschiedene Biere werden noch immer gebraut und können unter dem Motto „think global, drink regional" vor Ort gekauft werden.

Freizeit:

Naturerlebnisangebot „Wald-Wasser-Erlebnis Teugn": „Das Thema Wasser spielt in Teugn [Deing] seit jeher eine große Rolle, davon zeugen der Teugner Mühlbach, die Schwefelquelle, der nahe gelegene Wallfahrtsort Frauenbründl und die Perzlmühle. Deshalb stehen beim neuen Spielplatz die Themen Wald und Wasser im Vordergrund. Mit dem Naturerlebnisangebot können Jung und Alt, Schul- und Vorschulkinder sowie Familien Neues zu den zentralen Themen mit allen Sinnen aktiv erleben. Somit bekommt der Besuch des Spielplatzes einen hohen umweltpädagogischen Wert."

Quelle: https://www.stmelf.bayern.de/leader/initiative-leader-454/index.html

Laber-Runde groß und klein – Im Westen des Gäubodens

„Geschichte bunkern, Hart labern, Kleine Hölle? Alles ist hier möglich!"

TOUR 11

Stadtplatz Geiselhöring
Navi: Stadtplatz 7, 94333 Geiselhöring (Museum der Seefahrt)
Parken: Labertalhalle, Dingolfinger Straße 16, 94333 Geiselhöring
Bei Bahnanreise:
Via Bahnhofstraße ins Stadtzentrum
Startpunkt Sünching: Parkplätze in der Schulstraße hinter der Kirche St. Johann / bzw. Festplatz
Navi: 93104 Sünching, Schulstraße
Bei Bahnanreise: Via Bahnhofstraße zur weithin sichtbaren Pfarrkirche

Geiselhöring – Greißing – Grafentraubach – Mallersdorf – Pfaffenberg – Ascholtshausen – Holztraubach – Upfkofen – Aufhausen – Sünching – Geiselhöring

Asphalt: 47,4 km
Schotter: 7,8 km
Naturweg: 0,7 km

Tour mit Steigungen zur Überwindung der Höhen beim Verlassen der Täler.

Geiselhöring:
Stadtplatz 4 (Rathaus)

Mallersdorf:
www.klosterbraeustueberl-mallersdorf.de

Pfaffenberg:
www.stoettner-treff.de
www.restaurant-poseidon-pfaffenberg.de

Aufhausen:
www.gasthaus-helm-aufhausen.de
www.stiftsgasthof-aufhausen.earbu.com

Sünching:
www.gasthof-englberger.de

Geiselhöring:
www.tennisstuben.business.site

Fahrradgeschäft: Zweirad Scherm, Landshuter Straße 5, 94333 Geiselhöring

 Foto: Kurvige kleine Laber bei Grafentraubach

LABER-RUNDE GROSS UND KLEIN – TOUR 11

mittel | 56 km | 300 Hm | 3:55 h

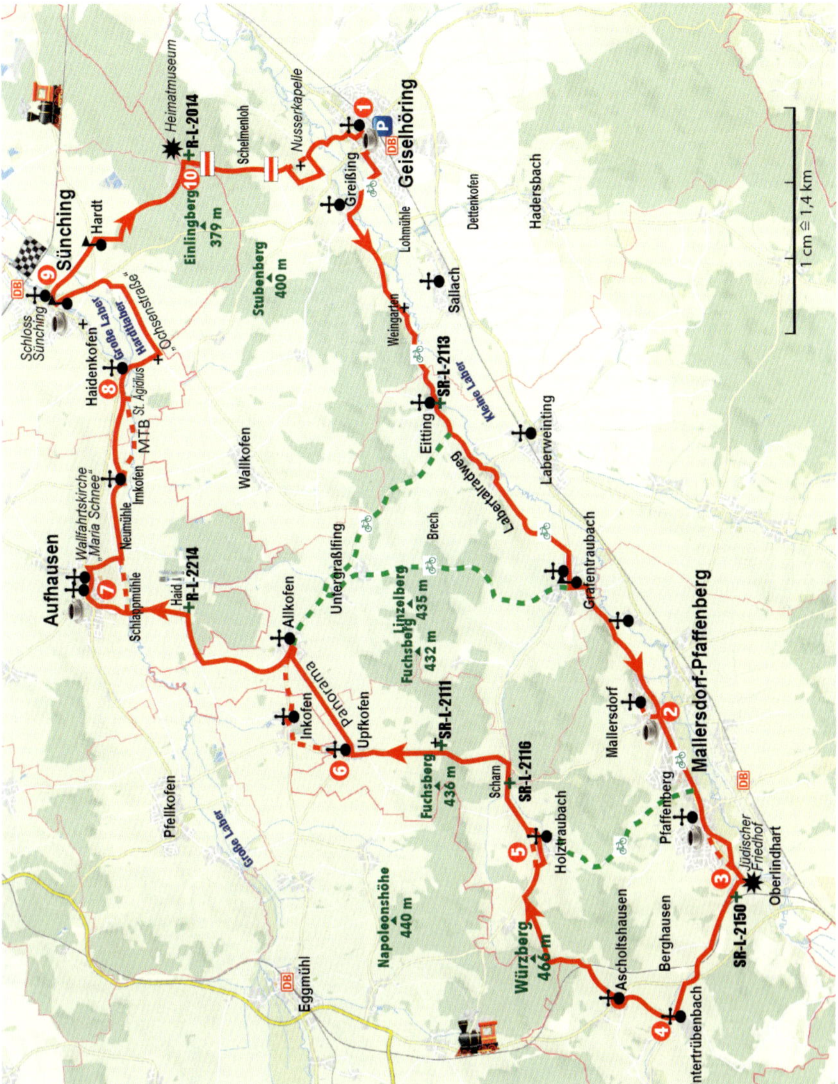

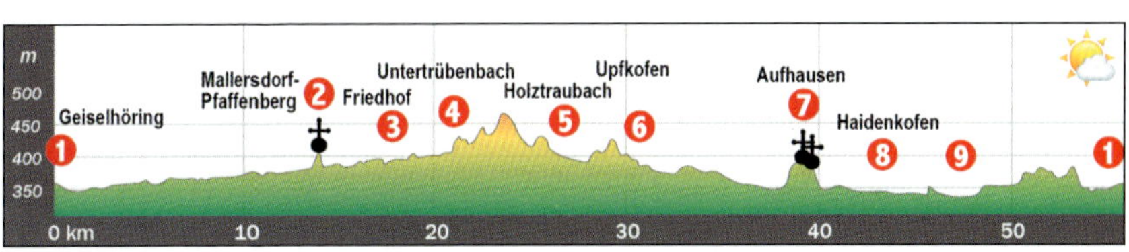

Im Spätsommer an der Kleinen Laber

Was haben die verschiedenen Laberflüsse – groß und klein, weiß und schwarz – gemeinsam? Sie fließen durch wunderbare Täler, in denen es sich sehr gut radeln lässt. Bei dieser Tour radeln Sie das breite Tal der Kleinen Laber „hinauf", überqueren dann das trennende Mittelgebirge und radeln im genauso breiten Tal der Großen Laber wieder „hinunter". Während die beiden Flüsse hier noch relativ frei mäandrieren können, besteht die Kulisse um sie herum aus viel Kultur und viel Landschaft, eine Kombination, die Freude schafft.

Wegbeschreibung:

Vom Stadtplatz ❶ radeln Sie nach Westen los (grobe Richtung Frankreich), dann weiter auf „Am Lins", und biegen bei **St. Jakob** nach rechts ab. Via Linsgasse erreichen Sie die Landshuter Straße. Hier biegen Sie nach links ab. Kurz darauf biegen Sie rechts in die Laberstraße ab. Sie folgen den Radwegsymbolen und der Beschilderung „Mallersdorf". Von der Laberstraße biegen Sie links ab. Diese kleine asphaltierte Straße bringt Sie trocken über beide Arme der Kleinen Laber nach **Greißing**. Nachdem Sie links eingebogen sind und einen Rechtsbogen gefahren sind, biegen Sie links in die Haagmühler Straße ab.

Es folgt eine schöne Fahrt im Tal der Kleinen Laber, Sie bewegen sich dabei mal nahe, dann wieder weiter entfernt vom mäandrierenden Fluss. Nach Haagmühl, Weingarten und Obergallhofen erreichen Sie **Eitting**. Hinter Eitting biegen Sie links in die SR50 ein und erreichen **Habelsbach**. Gleich zu Beginn in Habelsbach verlassen Sie die SR50 nach rechts und steuern **Grafentraubach** an. Auf halbem Weg können Sie auf besonders zahlreiche Flusskurven sehen. In Grafentraubach (beim Schloss – es hat schon bessere Zeiten gesehen) biegen Sie links ab (250 Meter nach der Kirche). Am Ortsende, bei den Sportplätzen, entscheiden Sie sich für die kleine Straße nach rechts. Sie bleiben in Hangnähe. Bei Steinkirchen folgen Sie einer Alten Laber bis zum Ortsteil Ried. Mit Passage der **Kapelle St. Sebastian** sind Sie im Markt

„Erfrischung gefällig?"
Der Marktfrau-Brunnen in Pfaffenberg

Mallersdorf grüßt gleich doppelt am Markteingang.

Mallersdorf angekommen, auf der Ferstlstraße erreichen Sie die Marktstraße (13 km).

Mallersdorf 2. Der Markt wird überragt von der riesigen Klosteranlage. Natürlich wollen Sie da hinauf – das Radsymbol zeigt die Entfernung von 200 Metern an –, auch, um die **Pfarrkirche** und ehemalige **Klosterkirche St. Johannes** zu besichtigen. Sie unternehmen also eine „Trainingseinheit" in Form eines satten Anstiegs. Grämen Sie sich nicht, wenn Sie von E-Bikern überholt werden. Sie schaffen hier das größere Kaloriendefizit, das Sie oben im Bräustüberl kompensieren werden! Abwärts fährt es sich leichter. Wieder unten bei der Hofmark biegen Sie rechts in die Marktstraße ein und fahren weiter nach Pfaffenberg 2.

Auf der Straubinger Straße erreichen Sie den Marktplatz. Zur sehenswerten **Kirche St. Peter** müssen Sie die Straße „Gandorferberg" hinauf. Die Auffahrt ist aber etwas weniger anstrengend als in Mallersdorf zur Pfarrkirche. Oben, bei der Kirche, blicken Sie durch den Torbogen auf den Zollhof. Die Weiterfahrt vom Marktplatz erfolgt auf der Steinreiner Straße, von der Sie links auf die „Siedlung" abbiegen. Vor der Waschmühle biegen Sie rechts ab zur St 2142. Ihr folgen Sie kurz auf einem Rad-/Gehweg. Dieser biegt nach links weg, Sie jedoch biegen in die Staatsstraße ein. Schräg links gegenüber befindet sich ein Parkplatz für das **Jüdische Ehrenmal mit dem Friedhof**. Die Grabstätte wurde für 67 Juden errichtet, die aus dem KZ Buchenwald im Frühjahr 1945 auf dem Todesmarsch von SS-Männern erschossen wurden. Errichtet wurde das Denkmal 1947 durch Spenden von Juden aus der Region. Vom Denkmal biegen Sie links nach **Steinrain** ab. Es folgen knapp über drei Kilometer auf der Kreisstraße SR58. Sie passieren Steinrain, unterqueren

Eingang zum Jüdischen Friedhof

Am Panoramapunkt eine Marienkapelle

die Bahnlinie und überqueren die B15 auf der Straße nach **Unterhaselbach**. Hier folgen Sie wieder den Radsymbolen, d. h. Sie biegen rechts ab. Ein schöner Anstieg bringt Sie hinauf, einer kurzen Abfahrt folgt ein leichter Anstieg, und schon rollen Sie in **Ascholtshausen** ein. Wie zahlreiche andere Orte in dieser Gegend, besteht auch Ascholtshausen schon sehr lange. Nach Passage der **Kirche Maria Himmelfahrt** biegen Sie nach rechts zur B15 ab, überqueren diese und treten in einem Rechts-Links-Bogen kräftig in die Pedale, um die nächste Steigung zu meistern. Dann dürfen Sie Ihr Rad wieder rollen lassen, bis Sie die Bahnlinie überquert haben. Von dort beginnt das Spiel mit Steigung-Abfahrt-Steigung erneut.

Nachdem Sie den Wald verlassen haben, sehen Sie **Stofflach**. Auf dieser Höhe haben Sie einen wunderbaren Ausblick auf die Berge des Vorderen Bayerischen Waldes. Die anschließende Abfahrt wird Sie mit den erledigten Steigungen versöhnen. Sie erreichen – wieder unten – die SR60, in die Sie rechts einbiegen. Nach einer kurzen Steigung biegen Sie rechts nach **Holztraubach** ab. Sie vermeiden dadurch ein Stück Kreisstraße. Nach der Durchfahrt von Holztraubach biegen Sie wieder in die SR60 ein. Bei Scharn erreichen Sie einen Kreisel. Hier nehmen Sie die 3. Abfahrt und radeln leicht aufwärts auf der SR59 an Scharn vorbei. Das Spiel mit Auf und Ab wiederholt sich abermals. Nachdem Sie aus dem Wald kommen, wird der Blick in die Ferne frei.

Auffallend ist zuerst halbrechts ein riesiger Komplex von Silos. Es handelt sich um die Gebäude der Raiffeisen-Waren GmbH Inkofen-Eggmühl sowie der Müller Albert Malzfabrik GmbH & Co. Halbrechts weiter hinten sehen Sie die beiden Kirchen in Aufhausen und direkt im Norden können Sie bei klarer Sicht die Walhalla erkennen. Es folgt eine schöne Abfahrt nach **Upfkofen** 6. Wollen Sie in Niederbayern bleiben, dann biegen Sie nach rechts zur Kirche **St. Martin** ab und folgen der einzigen Dorfstraße nach Nordosten hinauf. Vorteil: wunderbarer Rundumblick und einsame Flurstraße. Wollen Sie sehen, wie die diversen Silos das **ehemalige Hofmarkschloss und die Kirche St. Jakob der Ältere** regelrecht verschluckt haben, dann müssen Sie kurz in die Oberpfalz und einen Umweg über **Inkofen** radeln. Nachteil: kein wunderbarer Rundumblick und keine einsame Flurstraße.

Kaum haben Sie den Ort **Inkofen** verlassen, radeln Sie auf einem Rad-/Gehweg entlang der R40 auf **Allkofen** zu. In Allkofen biegen Sie kurz nach der Ortseinfahrt nach links ab. Die Asphaltstraße führt in einem leichten Rechtsbogen in einer gewissen Distanz zum Wald nach Norden. Es folgt eine 90-Grad-Kurve, kurz darauf überqueren Sie wieder die Landkreis- und Bezirksgrenze, diesmal ohne die entsprechenden Schilder. Dafür bemerken Sie, dass die Straße an Breite und Qualität einen Verlust einstecken musste. In **Haid** biegt die Straße nach links, Sie fahren auf **Aufhausen** zu. Bei der **Schlappmühle** überqueren Sie die Große Laber, auf dem folgenden Anstieg bewältigen Sie 37 Meter. Von der „Seilerberg" biegen Sie rechts in die Seidenbuschstraße ein, sie führt Sie direkt zur Hofmark (38 km).

Aufhausen 7. Nach Besichtigung und Einkehr genießen Sie noch den Ausblick ins Tal der Großen Laber, bevor Sie Ihre Tour fortsetzen. Sie biegen dabei von der Seidenbuschstraße rechts in den

Historisch bedeutsam: St. Ägidius in Haidenkofen

Graßlfinger Weg ab und lassen Ihr Rad vorsichtig abwärtsrollen. Unten angekommen folgen Sie bei der **Mittermühle** der Radbeschilderung für die Große Laber nach links. In **Irnkofen** biegen Sie zunächst rechts ein, verlassen dann den Radweg nach links, passieren die **Kirche St. Margaretha**. Nach 1,5 Kilometern erreichen Sie **Haidenkofen** **8**. (Wenn Sie ein wenig Feuchtgebiet-Fluss-Feeling spüren möchten, folgen Sie am Ortsende von Irnkofen dem Feldweg nach rechts und dann nach Osten. Zehenspitzengefühl oder Schwimmhäute könnten gefragt sein.) Kurz darauf erreichen auch Sie Haidenkofen, biegen rechts zur **Kirche St. Ägidius** ab und legen beim Vereinshaisl einen Halt ein. Sie setzen die Tour südwärts fort, überqueren die Große Laber und die Hartlaber und erreichen bei der **Marienkapelle** die Ochsenstraße und haben einen weiteren Grund anzuhalten. Die Tafel neben der Kapelle gibt Auskunft über einen Grabfund aus dem 13. Jahrhundert vor Christus. Sie stehen außerdem auf einem Straßenknotenpunkt von „überregionaler Bedeutung", nämlich der West-Ost-führenden Ochsenstraße von Ingolstadt über Straubing nach Passau und der Nord-Süd-führenden Verbindung („Salzburger Route") Regensburg-Landshut-München. Die Bezeichnung Ochsenstraße leitet sich vom Viehtrieb aus Ungarn ab, um die Städte mit Schlachtvieh zu versorgen. (Als es noch keine Kühlschränke gab, wurden die Rinder am Stück geliefert.)

Sie biegen also links in die Ochsenstraße ein, nach einem halben Kilometer erreichen Sie im Sünchinger Ortsteil Hardt den **Sünchinger Sommerkeller**. Es gab Zeiten, da fuhren von Regensburg und Straubing Sonderzüge nach Sünching, damit die Bevölkerung in den umliegenden Orten Einkehr halten konnte. Vorbei ist die Zeit eines solchen Ausflugsverkehrs. Auch der Taubenmarkt, der noch vor der Coronapandemie an jedem 2. Sonntag im Monat viele Menschen anzog, ist aktuell [Stand April 2023] noch unterbrochen. Aber vielleicht beginnt er bald wieder. Sie biegen in Hardt links ein und radeln auf einem Rad-/Gehweg nach Sünching (45 km).

Der Sünchinger Sommerkeller – einst ein beliebtes Ausflugsziel.

Gleich am Ortsanfang passieren Sie das auffällige, in achteckiger Form erbaute Schloss **Sünching**. Besichtigen können Sie es nicht, es sei denn, Sie gehören dem Hochadel an. Ein Blick von außen gibt Ihnen trotzdem eine Vorstellung, welches bedeutende und imposante Bauwerk in Sünching steht. Von der Geiselhöringer Straße biegen Sie rechts in die Kirchstraße ein, in einem Rechtsbogen führt diese an der **Kirche St. Johann** vorbei. Sie können vor der Kirche bereits rechts in die Schulstraße abbiegen. Für den Fall, dass Sie einkaufen oder einkehren wollen, biegen Sie nach der Kirche rechts in die Bahnhofstraße ab und fahren Richtung Bahnhof.

Den „Endspurt" nach Geiselhöring legen Sie ortsauswärts hin: zunächst auf der Schulstraße, nach Überquerung der Großen Laber auf der Laberau und nach dem Sportgelände auf Unterer Drahtweg. Sie befinden sich wieder in einer Auenlandschaft. Nach Überquerung der **Hartlaber** fahren Sie direkt auf die Ochsenstraße zu, die Sie überqueren. Am Waldrand folgen Sie nach links dem Betonweg, verlassen diesen aber anschließend nach rechts, indem Sie entlang des Waldrands bleiben und kurz darauf in die „Kleine Hölle" in den Wald einbiegen. Nach nicht ganz einem halben Kilometer erreichen Sie die asphaltierte Straße, die zu den Anlagen der früheren Munitionsbunker führt. In diesen Bunkern befindet sich jetzt das **Sünchinger Heimatmuseum**.

Zu dem eingezäunten Gelände biegen Sie links ein. Nach dem Eingangstor folgen Sie der Ausschilderung und können dabei die verschiedenen Eingänge zu den Bunkern passieren. Nach der Rundtour biegen Sie von der Asphaltstraße links auf den Forstweg ab. Leicht aufwärts erreichen Sie eine Kreuzung mit der Bezeichnung „Hirschenmarter". Sie folgen nach rechts der Beschilderung Schelmenloh–Geiselhöring und folgen den weiß-rot-weiß-Wanderschildern nach **Geiselhöring** hinunter.

Wenn Sie die **Nusserkapelle** besuchen wollen, stürzen Sie sich von der freien Anhöhe aus geradewegs in den Feld-Waldweg hinunter. Ansonsten können Sie diese Abfahrt auch bequem nach links im Viereck ausfahren (und das Panorama bewundern). So oder so, sobald Sie unten Asphalt erreichen, biegen Sie links ab und kurz später rechts. Sie überqueren die Kleine Laber und erreichen zuerst **Kraburg** und letztendlich **Geiselhöring**. Die **Pfarrkirche St. Peter** bietet Ihnen Orientierung. Sie müssen nur daran glauben! Nach fast 55 Kilometern erreichen Sie Ihr Fahrzeug.

Nord-Panorama an der Marienkapelle

Sehenswertes:

❶ Geiselhöring: Vielleicht sind Sie mit dem Auto schon einmal durchgefahren, und Ihr positiver Eindruck veranlasste Sie darüber nachzudenken, die Stadt im Tal der Kleinen Laber einmal zu besichtigen. Ob Sie von Straubing, Landshut oder Regensburg zu einer Fahrradtour nach Geiselhöring aufbrechen, Sie sollten sich auf jeden Fall Zeit nehmen für eine Stadtbesichtigung: Museum der Seefahrt, Stadtpfarrkirche St. Peter und Erasmus (Rokoko), St. Jakob, zahlreiche Häuser wie das **Loichinger Haus**, das Rathaus, sowie weitere schöne Gebäude im Stadtkern. So viel Kultur schafft ein großes Vakuum im Magen. In Geiselhöring kann man Ihr Leid lindern!

❷ Mallersdorf: Ein Dorf wird Gerichtssitz, und mit Amtsgericht, Rentamt, Notariat wird es zum Kreissitz. So geschehen nach der Säkularisation Anfang des 19. Jahrhunderts. Aus dem Bezirksamt wird es schließlich zum Landratsamt (1939), nach Zusammenlegung mit dem Nachbarort wird es 1952 zum Markt Mallersdorf-Pfaffenberg erhoben. Mit der Gebietsreform 1972 wird der Landkreis Mallersdorf aufgelöst. Das ehemalige Kennzeichen **MAL** darf seit 2014 wieder verwendet werden. (Mit etwas Glück sehen Sie ein Auto mit MAL-LE durch den Ort fahren.) Mit Studium der Geschichte des überregional bedeutenden Klosters verwundert es nicht, wie imposant die Gebäude über dem Tal der Kleinen Laber heute thronen. Seit 1869 gehört die Anlage zu den *Schwestern der Armen Franziskanerinnen von der hl. Familie* als Mutterhaus.

❷ Pfaffenberg: Auch Pfaffenberg hat eine lange Geschichte, den Standort als Landgericht (seit 1429) verlor es allerdings – obwohl als Markt – an den Nachbarort Mallersdorf. Das dürfte wohl immer wieder zu Rivalitäten der beiden Orte geführt haben. Sehenswert sind die **Kirche St. Peter** und der **Zollhof** (auch Gandorferscher Zollhof). Das schlossähnliche Gebäude ist nicht nur optisch ein Hingucker, sondern auch interessant bzgl. der Vorfahren der jetzigen Besitzer. Immerhin, der Bayerische Rundfunk (Bayern 2) stellte im September 2016 unter dem Titel „Antiklerikal und antimonarchisch" einen sehr interessanten Beitrag über die Gebrüder Gandorfer vor.
https://www.br.de/radio/bayern2/sendungen/bayerisches-feuilleton/gebrueder-gandorfer-antiklerikal-antimonarchisch-eichmeier-134.html

❼ Aufhausen: Die weithin sichtbare **Wallfahrtskirche Maria Schnee** gilt als ein Meisterwerk der Sakralbaukunst des Burglengenfelder Baumeisters Johann Michael Fischer. Sehenswert ist auch gegenüber die **Pfarrkirche St. Bartholomäus und Dionysius**. Eine Aufmerksamkeit wert ist auch der Brunnen vor der Wallfahrtskirche Maria Schnee.

❽ Haidenkofen: Es gibt sie noch, wenn auch nur noch selten: Orte mit einem Dorfcharakter, die noch nicht zu einer Schlafstätte mutiert sind. Haidenkofen ist so ein Dorf, das zurecht beim Bundeswettbewerb *Unser Dorf hat Zukunft* 2010 auf Bundesebene mit Gold ausgezeichnet wurde. Lohnend ist es deshalb, sich vor der Radtour auf der sehr gut gestalteten Web-Seite www.haidenkofen.de zu informieren. Die oktogonale **Kirche St. Ägidius** verdient separat Ihre Aufmerksamkeit! (Schilder vor Ort)

❿ Heimatmuseum Sünching: Das Museum ist jeden zweiten Sonntag im Monat von 14:00–16:00 Uhr geöffnet. Die Einnahmen aus dem Museum gehen an den Förderverein SAN JOE PURAM Kinderhilfe Sünching e.V., der ein Kinderdorf für Waisenkinder und behinderte Kinder in Indien unterstützt. www.heimatmuseum-suenching.de

Neutraubling
mit einer See- und Weiherrunde

„Mit und ohne Badekleidung möglich …“

TOUR 12

Start/Ziel: Parkplatz neben dem St.-Michaels-Platz 4, 93073 Neutraubling
Alternativ:
Parkplatz am Guggenberger See, 93073 Neutraubling
Parkplatz am Roither See, Neuallkofen, 93098 Mintraching
Parkplatz am Sarchinger Weiher, Seestraße, 93092 Barbing

Neutraubling – Guggenberger See – Gengkofen – Auhof – Roither See – Mintrachinger Weiher – Lourdes-Kapelle – Einsiedel-Kapelle – Eltheim – Friesheim – Sarchinger Weiher – Sarching – Barbing – Irl – Neutraubling

Asphalt: 21,4 km
Schotter: 14,6 km
Naturweg: 3,4 km

Ohne Höhenmeter von einer Badegelegenheit zur nächsten

Barbing:
Kirchstraße 1, vor dem Rathaus (eine Steckdose, kostenfrei)
Kirchplatz 4 in Sarching, beim Landgasthof Geser (eine Steckdose, kostenfrei)

Guggenberger See, Roither See, Sarchinger Weiher, Sarching, Barbing, Irl, Neutraubling

www.barbing.de
www.stadt-neutraubling.de

 Foto: Am Rinsen in Sarching

leicht | 39,4 km | 17 Hm | 2:35 h

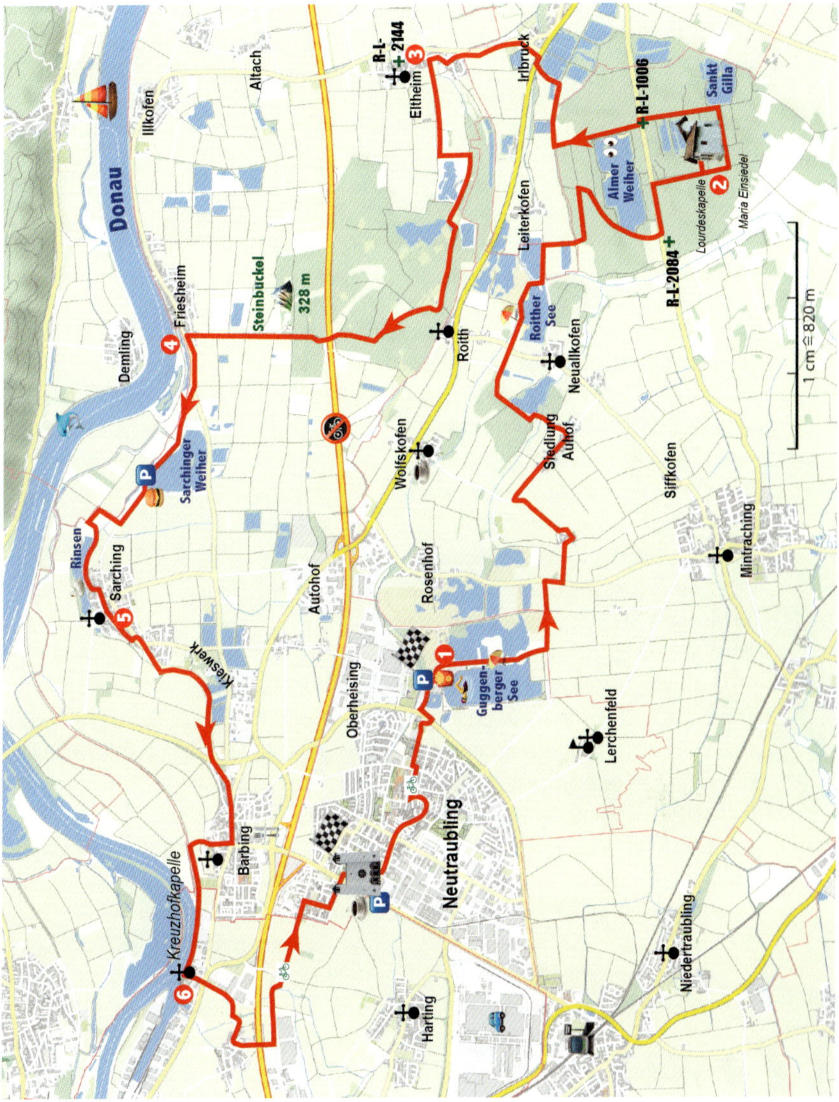

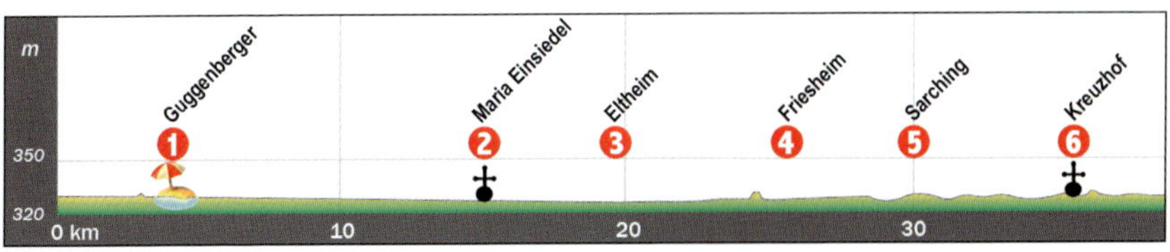

Wenn Räder baden gehen. Guggenberger See

Kapelle in Auhof

Vom Obertraublinger Militärflugplatz zur größten Stadt im Landkreis Regensburg. Ganz gleich, welche Städte man betrachtet, welche Leistung die Menschen nach dem 2. Weltkrieg vollbrachten, die u. a. diese Stadt schufen und aufbauten. Neutraubling ist – wie Geretsried, Waldkraiburg, Traunreut und Neugablonz – eine junge Stadt, aufgebaut von Flüchtlingen unter heute unvorstellbaren Bedingungen. Später kamen die ersten Gastarbeiter hinzu. Oft wird vergessen, welche Integrationsleistungen diese jungen Städte vollbrachten und immer noch vollbringen. Die Städte liegen abseits der touristischen Routen, auch Radfernwege führen teilweise an ihr vorbei. Ein Grund mehr, eine Radtour nach Neutraubling zu unternehmen oder von dort zu starten und die Umgebung auf einer Weihertour zu erkunden. Einmal durch die Gegend geradelt, werden Sie dieses Erlebnis bestimmt wiederholen.

Anfahrt: Vom **Hauptbahnhof Regensburg** gibt es unter dem Begriff „Freizeitseen" zwei Beschilderungsvarianten zu den Weihern/Seen. Die beiden Varianten teilen sich in Irl. Eine führt über Barbing und umgeht Neutraubling im Osten der Stadt, die zweite führt von Irl über die A3 und weiter zum Neutraublinger Stadtteil Gärtnersiedlung und durch das Zentrum zum Guggenberger See. Auch wenn vielleicht der eine oder andere Hinweis fehlt oder verdeckt ist, jemanden fragen kostet nichts, und Sie werden bestimmt den richtigen Weg gesagt bekommen. Vom Hauptbahnhof radelt man etwas über 13 Kilometer zum Guggenberger See.

Wegbeschreibung

Ab **Guggenberger Weiher**: Der **„Lago di Guggi"** ❶ ist *der* Naherholungssee für Regensburg und Umgebung. Immerhin, er schaffte es, in einer Radio- und Fernsehzeitschrift als Geheimtipp unter die schönsten Badeseen Deutschlands gewählt zu werden. Von welcher Seite aus Sie ins Wasser gehen, ist Ihre Entscheidung. Die Weiterfahrt setzen Sie südlich des Sees nach links zur R5 fort. Bei dem kurzen Stück (ohne Rad-/Gehweg) fahren Sie vorsichtig, hier herrscht flotter PKW- und LKW-Verkehr. Sie biegen rechts ein und kurz darauf links nach Gengkofen ab. In Ruhe fahren Sie durch **Gengkofen**, im Anschluss rechts nach **Auhof**. Bevor Sie das langgezogene Dorf verlassen, biegen Sie bei der Kapelle links ab. Nach dem Ort erreichen Sie kurz darauf nach etwa 8,5 km den Weiher beim Eichholz.

Gleich zu Beginn zweigt rechts ein Pfad ab. Brennnesseln machen die Pfade zu den Badestellen zu

Pause bei der Kapelle Maria Einsiedel, anschließend einsam weiterradeln

einem prickelnden Erlebnis! Wollen Sie sich hier länger aufhalten, müssen Sie bedenken, dass Sie einen Abwehrkampf gegen neugierige Staunzen (Mücken, die auch „beißen“) führen werden. Das ist eben Natur. Haben Sie sich entschieden, den nächsten Weiher aufzusuchen, radeln Sie auf dem Feld-/Waldweg weiter. Auch auf der Nordwestseite haben Sie Stellen, wo Sie noch mal überlegen können, evtl. doch für eine Pause zu verweilen. Ihr nächstes Ziel ist der **Roither See**. Nach der Passage im Wald folgen Sie dabei dem Weg in einem Rechtsbogen am Waldrand zur Straße. Der schöne Roither Weiher/See ist für viele die Badealternative zum Guggi. Sie können den See wunderbar umrunden und sich dann überlegen, wo Sie bleiben möchten. Nach einem Aufenthalt radeln Sie an der Südost-Ecke links in einen Feldweg ein.

Auf diesem Weg passieren Sie einen weiteren Weiher, fast am Ende verlassen Sie diesen Weg nach rechts, passieren einen weiteren kleinen Weiher und erreichen den Waldrand. Hier gabelt sich der Weg, Sie bleiben geradeaus und tauchen ein in das Mintrachinger Hölzel. Der Weg beschreibt einen Linksbogen, bei der nächsten Abzweigung biegen Sie rechts ab. Dieser Weg bringt Sie zum **Mintrachinger Weiher**, allgemein bekannt als **Almer Weiher**. Für viele Badefans ist dieses Gewässer das Schönste. Deshalb werden Sie bei gutem Wetter das ganze Jahr über parkende Autos auf der St 2329 finden. Diese Straße verbindet die beiden Orte Mintraching und Geisling. Möchten Sie hüllenlos in die Fluten springen, tun Sie sich keinen Zwang an. Die Freie Körperkultur wird hier bei passenden Temperaturen (fast) das ganze Jahr praktiziert. In die Staatsstraße biegen Sie vom Waldweg kommend links ein, etwa auf halber Höhe des Sees biegen Sie rechts ab. Eine kleine Holztafel weist Ihnen den Weg zu zwei Kapellen. Nach etwa 600 Metern sehen Sie den Hinweis zur **Lourdes-Kapelle** 2, nach weiteren 200 Metern erreichen Sie diese. Sie wurde 1905 erbaut und wird, wie die nächste Waldkapelle, gerne von Wanderern zu Fuß oder mit dem Rad besucht. Zur nächsten Kapelle müssen Sie auf den Weg zurück, links 300 Meter weiterradeln und noch mal links abbiegen. Wieder nach 200 Metern auf einem im Sommer grasbewachsenen Weg erreichen Sie bei einigen schön gewachsenen Douglasien die **Einsiedel-Kapelle** nach 15 km. Ein weiterer Platz zum Verweilen.

Sie kehren nicht zu dem Weg zurück, sondern folgen dem Weg geradeaus nach Osten. Im Sommer können Sie das Gefühl bekommen, auf einen Tunnel hin zu fahren. Sie kommen aber gut durch und erreichen wieder einen Waldweg, in den Sie links einbiegen. Gleich darauf haben Sie die Gelegenheit, nach rechts auf einen Pfad abzubiegen und

Baggersee vor dem Eltheimer Hölzel

auf den Baggersee St. Gilla zu schauen. Der Waldweg bringt Sie wieder zur Staatsstraße, in die Sie links einbiegen und die Sie gleich darauf nach rechts verlassen. Nachdem Sie den Almer Weiher im Osten passiert haben, kommen Sie im Nordosten des Mintrachinger Holzes aus dem Wald. Nach einem kurzen Stück am Waldrand biegen Sie rechts ab und passieren weitere Baggerseen. Zwischen dem 2. und 3. biegen Sie links ab, kurz darauf radeln Sie entlang der B8, die Sie nach ein paar Metern vorsichtig überqueren.

Etwa einen Kilometer radeln Sie auf der R23 nach **Eltheim** ❸, dann biegen Sie links auf die Geislinger Straße ab. Bei der zweiten Möglichkeit biegen Sie links ab (Wiesenweg). Ihr nächstes Ziel ist ein schöner Baggersee vor dem **Eltheimer Hölzel**. Nach einem Kilometer biegen Sie nach links ab, kurz darauf sehen Sie rechts eine einladend gekieste Stelle. Die Weiterfahrt kann südlich als auch nördlich des Sees erfolgen. Nach Regenfällen kann es auf der Südseite schlammig werden. Die beiden um den See führenden Wege treffen wieder zusammen, es folgt ein wunderbarer Teil durch die Gröhrwiesen mit weiteren Baggerseen. Kurz darauf passieren Sie Mooshof, 23 km. Es folgen zwei offene Flächen (Wiesen), die A3 wird mehr und mehr „hörbar", und bald können Sie die Autobahn überqueren.

Nachdem Sie den Weiler Nassenhart passiert haben, fahren Sie auf Friesheim zu. Dort biegen Sie links ein, ein Rad-/Gehweg bringt Sie bis zur Abzweigung nach Sarching. Die nächste Gelegenheit, eine Fahrrad-Auszeit zu nehmen, falls Sie sich bisher noch nicht entscheiden konnten, ein Bad zu nehmen, ist beim **Sarchinger Weiher**. Die besten Liegeplätze befinden sich auf der Ost- und Westseite. Nach erfolgter Abkühlung radeln Sie zunächst Richtung **Sarching**, biegen aber auf halbem Weg rechts ab und kurz darauf zweimal links. Die Einfahrt in den schönen Ortsteil der Gemeinde Barbing fahren Sie entlang des **Rinsen**, ein Naturdenkmal. Die Weiterfahrt in die Ortsmitte bringt Sie zur Pfarrkirche **Mariä Himmelfahrt** ❺. Auf der Pfarrergasse und Hauptstraße „Am Moos" verlassen Sie den Ort.

Ein schöner Rad-/Gehweg bringt Sie nach **Barbing**. Die Radbeschilderung führt Sie in und durch den Ort. Nach dem Rathaus biegen Sie rechts in die Kreuzgasse ab. Sie erreichen kurz darauf den Parkplatz vor der **Kirche St. Martin** mit dem

In Sarching

schönen geschindelten Turm. Sie folgen dem Donauweg bis zum Donaudamm. Hier nehmen Sie den Weg nach links in die Richtung eines der wichtigsten Bauwerke unserer Zeit: dem **Klärwerk** von Regensburg. Wo der Weg nach links zur Straße biegt, fahren Sie rechts hoch auf den Damm. Oben angekommen, biegen Sie links auf einen Pfad ab und fahren auf einem Spazierpfad zwischen Klärwerk und Donau weiter. Sie müssen Ihre Nase nicht rümpfen, es riecht hier zwar nicht nach Jasmin, aber einen Gestank werden Sie frühestens wieder in der Stadt merken, wenn Sie in den Verkehr eintauchen. Der fast romantische Pfad begleitet Sie über einen Kilometer, vor dem Beginn des Osthafens verlassen Sie die Donaupartie und erreichen die **Kreuzhofkapelle** ⑥.

Nach der Kapelle erreichen Sie die St 2660, hier nehmen Sie links den Rad-/Gehweg entlang der Sulzfeldstraße. Dann passieren Sie das übergroße Möbelhaus und erreichen Irl. Beim Hotel Held biegen Sie links ab und überqueren die A3. Nach der Autobahnüberquerung biegen Sie links in die Leibnizstraße ein. Auf einem asphaltierten Rad-/Gehweg folgen Sie einer neuen Asphaltstraße, in einem Rechts-/Linksbogen anschießend dem neu asphaltierten Weg zur Gärtnersiedlung in Neutraubling. Sie überqueren die Walhallastraße und biegen von der Regensburger Straße rechts in die Uhlandstraße ab, die Sie zur Birkenallee beim See führt. Kurz nach Passieren des „Hotel Am See" erreichen Sie den St.-Michael-Platz.

Sehenswürdigkeiten:

Rinsen: Der „Rinsen" ist ein Altwasser der Donau und gehört zum Landschaftsschutzgebiet „Donauaue und Auwälder südöstlich von Regensburg". Als empfindlicher und wertvoller Naturraum Rinsen stellt der Rinsen heute ein wichtiges Biotop dar. Früher badeten hier die Barbinger Bürger, strikt nach Geschlecht getrennt (was sich heute als schwierig herausstellen könnte). Die Kontrolle lag – so die Homepage von Barbing – beim Pfarrer oder Lehrer.

Auch Rösser, also Pferde, wurden hier gebadet. Im Winter wurde und wird auf der Eisdecke Sport betrieben.

https://www.barbing.de/freizeit-kultur/freizeit-moeglichkeiten/naturdenkmal-rinsen/

⑥ Barbing, Kreuzhofkapelle: Die romanische Kirche auf dem Gelände des Kreuzhofs ist geschichtlich recht interessant. Zweimal soll hier im 12. Jahrhundert die Aufstellung für ein Kreuzfahrerheer erfolgt sein, 1147 durch König Konrad III. für den 2. Kreuzzug und 1189 durch Kaiser Friedrich Barbarossa für einen weiteren Kreuzzug. Außerdem soll 1156 unter Kaiser Barbarossa in der Kapelle eine kaiserliche Urkunde ausgestellt worden sein, die für Österreich als Staat als eine ihrer historischen Gründungsurkunden gilt.

Blick über die Donau bei der Kreuzhofkapelle

Große Laber – Donau – Pfatter: **Sünching – Pfatter – Geisling**

„Ohne viel Höhenmeter durch ein bisschen Gäuboden"

TOUR 13

Start/Ziel: Parkplatz bei der Kirche St. Johann an der Schulstraße, 93104 Sünching
Navi: Schulstraße 3, 93014 Sünching
Alternativer Start:
Pfatter. Parken irgendwo im Ort
ÖPNV: Bahnhof Sünching

Sünching – Große Laber – Pfatter – Geisling – Taimering

Asphalt: 32,2 km
Schotter: 11,5 km
Naturweg: 1,0 km

Durch Felder und entlang von Bach- und Flussauenlandschaft durchfährt man die Orte des westlichen Gäubodens.

–

Schönach:
Bayerisches Restaurant Franz Gschwind, Hauptstr. 10, 93099 Mötzing, Tel. 09429 337

Pfatter:
Gasthof-Pension Hanauer, Nikolastraße 10, 93102 Pfatter, Tel. 09481 331

Geisling:
Gasthaus Posthorn, Hauptstraße 52, 93102 Pfatter; lt. Google Maps 24 Stunden geöffnet (außer Montag)

www.stadtbaecker-wurm.de

Taimering:
https://mariannenhof.eu

Sünching:
www.gasthof-englberger.de

Foto: St. Nikola in Pfatter – Kirche der Schiffer und Fischer

leicht | 44,7 km | 72 Hm | 3:00 h

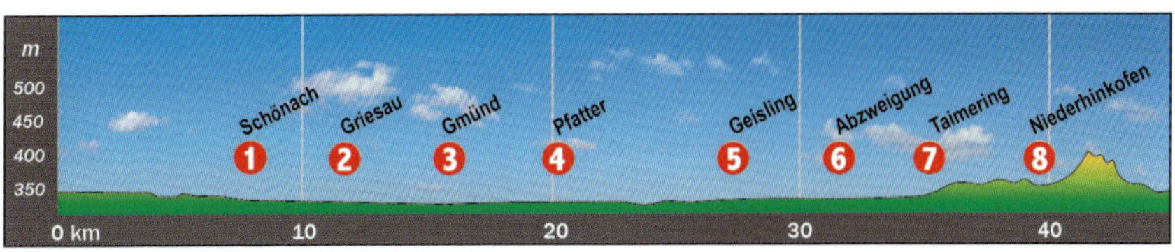

Große Laber – Fluss im Deichmantel

Wenn Ihnen diese Tour beim ersten Durchlesen zu pillepalle, weil zu flach, erscheint, dann warten Sie, bis die äußeren Umstände günstiger erscheinen: Radeln Sie im Winter, und Sie schockfrosten Ihre bösen Lungenbazillen. Oder bei böigem Fastorkan aus Nord-Südwest-Ost-Richtung, und Ihre Waden jodeln. Oder im Sommer bei 35 Grad, und Ihr Schweißtuch kollabiert. Oder nach langen Regenfällen im Herbst. Dann können Sie den fruchtbaren Gäuboden unter Ihren Rädern sogar schmatzen hören. Oder radeln Sie diese eh schon einsame Tour, wenn die Herren-Fußball-Nationalmannschaft wieder mal in einem WM-Endspiel steht. OK, der war schlecht …

Wegbeschreibung:

Je nach Anreiseart startet man entweder am Bahnhof Sünching links zur Bahnhofstraße oder beginnt von einem Parkplatz (z. B. bei der Kirche St. Johann) und orientiert sich zur Straubinger Straße nach Mötzing. Sie folgen dabei bis Schönach der Radwegbeschilderung des Großen Laberradwegs. Dabei radeln Sie auf der Kastnerstraße durch **Mötzing**, im Anschluss durch **Oberhaimbuch** und nach Überquerung der Großen Laber und der Hartlaber nach **Schönach** ❶. Hier angekommen biegen Sie von der Dorfstraße rechts in die Schlossallee ab. Der Schlenker bringt Sie zur Schlossstraße mit Blick auf den Westteil des Schlosses. Entlang der Ökonomiegebäude erreichen Sie die St.-Vitus-Straße. Hier können Sie von der Nordseite auf den dreigeschossigen Walmdachbau des Schlosses blicken. Auf der St.-Vitus-Straße kehren Sie zur Dorfstraße zurück. Schräg gegenüber passieren Sie die **Pfarrkirche Rosenkranzkönigin**. Sie verlassen Schönach, biegen links auf die Hauptstraße ab und überqueren die Große Laber. Bis zur Brücke darf die Große Laber mäandrieren, eingezwängt von Dämmen findet sie dann bei Straubing Erlösung in der Donau. Sie unterqueren kurz darauf die B8. Ab der Kirche **St. Martin** folgen Sie bis zur Abzweigung nach Puchhof noch dem Großen Laberradweg. Dann begleiten Sie weiter die Bundesstraße, entfernen sich aber nach Überquerung des Johannesgrabens Richtung **Griesau** ❷. Im Ortszentrum folgen Sie der Beschilderung Gmünd – Herfurth – **Flughafen**. Bei der nächsten Abzweigung nach rechts passieren Sie kurz darauf den Flughafen. In Herfurth wechseln Sie wieder die

Richtung und radeln nach der Klinglmühle geradeaus nach **Gmünd** ③.

Am Ortsanfang passieren Sie die Kirche **St. Georg**, ein paar Meter später, wenn Sie nach rechts zum Damm abbiegen, bekommen Sie einen guten Überblick über die Gmünder Au. Ab Ortsende fahren Sie ohne Asphalt neben dem Damm Richtung Pfatter. Vielleicht hat sich der Nebel bei Ihrer Tour verzogen, und es lohnt sich nun, immer wieder die Flusslandschaft zu überblicken. Die kanalisierte Donau bietet trotz der Eingriffe des Menschen in die Natur lohnende Stellen zum Anhalten und Schauen. Bei der Kläranlage erreichen Sie den netten Ort **Pfatter**.

Sie verlassen die Alte Donau und biegen links in den Schleusenweg ein. Kurz nach den ersten Häusern biegen Sie links ab und erreichen nach 70 Metern bei der Straße „Zur Steinwand" die Kirche **St. Nikola**. Vielleicht haben Sie Glück und sie ist geöffnet. Einst war sie die Kirche der Schiffer und Fischer. Sie biegen rechts in die Nikolastraße ein, diese mündet bei der Pfarrkirche **Mariä Himmelfahrt** in die Haidauer Straße. Die schöne Regensburger Straße schließt sich an. Vor der B8 biegen Sie rechts ab, überqueren die Pfatter und folgen der Markierung „Rote Raute". Dabei folgen Sie nicht dem Rad-/Gehweg, sondern biegen rechts auf den Feldweg ab, der Sie wieder zu den Resten der Alten Donau bringt. Auf einer kleinen Brücke überqueren Sie den Geislinger Mühlbach, bleiben rechts der St 2146 und radeln auf Seppenhausen zu. Hier biegen Sie links ein und überqueren kurz darauf die Staatsstraße. Bei der Staustufe biegen Sie links ab, kurz darauf erreichen Sie **Geisling** ⑤.

Vom Wiesenweg biegen Sie rechts in die Hauptstraße ein, im Ortszentrum links in den Schulweg und erreichen so die Pfarrkirche **Maria Geburt**. Neben der Kirche befindet sich auf dem ehemaligen Burggelände die Friedhofskapelle. Vom Schulweg geht's rechts in den Kirchenweg und anschließend links in die Mintrachinger Straße. So radeln Sie aus dem Ort. Vorsichtig überqueren Sie die B8 und können zunächst der Beschilderung Mintraching (St 2329) folgen. Die geradeaus führende breite Asphaltstraße nach Sengkofen ist in Karten als Radweg R10 markiert. Da diese Straße bei Umleitungen – was öfter der Fall ist – stark und schnell befahren wird, empfehlen wir Ihnen eine ruhige Alternative.

Besser ist, gleich nach Überquerung der B8 rechts abzubiegen und kurz darauf den ersten Wiesenweg nach links zu nehmen. Nach 350 Metern biegen Sie rechts ein, verlassen die Staatsstraße aber nach 200 Metern nach links auf einen Asphalt-

Gmünd

Taimering – weites Land

Hellkofen

weg. Nach nicht ganz 700 Metern endet der Asphalt, Sie bleiben geradeaus und fahren nach einem Linksknick zur breiten Fahrstraße, in die Sie rechts einbiegen. Bei der Abzweigung rechts zum Jägerhaus verlassen Sie diese Straße nach links auf einen asphaltfreien Weg. Auf 1,7 Kilometern folgen Sie diesem etwas ruppigen Untergrund. Dann haben Sie es geschafft und können links in einen Asphaltweg einbiegen, der Sie nach 2,7 Kilometern auf einer schönen Straße nach **Taimering** 7 bringt.

Auf der Bachstraße kommen Sie zur Hauptstraße. Sind Sie am Wochenende unterwegs, versäumen Sie nicht, rechts einzubiegen. Nach ein paar Metern erreichen Sie den Café-Garten im Mariannenhof. Nach der Einkehr fahren Sie auf der Hauptstraße kurz zurück und biegen rechts in den Bahnweg ab. Vor der Bahnlinie und dem gegenüberliegenden ehemaligen Taimeringer Bahnhof biegt der Weg nach links und mündet in die R9. Sie biegen rechts ein, unterqueren die Bahnlinie und biegen gleich wieder rechts ab. Sie passieren den Ex-Bahnhof und das Baywa-Gelände und radeln auf Neusengkofen zu. Hier biegen Sie links nach Hellkofen 8 ab. Sie überqueren die R9, passieren die Feuerwehr und biegen vor der Kirche St. Leonhard rechts nach Niederhinkofen ab. Eine leichte Steigung bringt Sie auf eine Anhöhe hinauf.

Hier können Sie – jetzt bei strahlendem Sonnenschein – die Umgebung wunderbar überblicken. Nach dem Weiler Ziegelstadel wendet sich der Asphaltweg nach rechts, Sie biegen kurz darauf links nach Sünching ab. Sie fahren geradeaus bis zur Regensburger Straße und biegen rechts zur Kirche **St. Johann** ab. Bei der anschließenden Schulstraße erreichen Sie links abbiegend den Parkplatz. Wer zum Zug muss, biegt links in die Bahnhofstraße ab, kurz vor der Unterführung wird links der Bahnhof erreicht.

Rundtour über Straubing: Wer einen Abstecher nach Straubing unternehmen möchte, kombiniert die Tour mit der *„Eine Runde zum Labern"*, es sind nur 46 Kilometer mehr. Dabei lässt man Griesau und den Flughafen aus und biegt vorher nach Puchhof ab. Umgekehrt – von Straubing aus – fährt es sich natürlich auch.

Wissenswertes:

Mötzing: Recherchiert man die Gegend rund um Mötzing bezüglich Bodendenkmälern, stellt man fest, dass hier bereits in frühgeschichtlicher Zeit

Niederhinkofen – Kirche am Scheidweg

eine Besiedlung stattfand. Dies trifft schließlich auf den gesamten Gäuboden zu. Die Gemeinde ist flächenmäßig fast doppelt so groß wie die Gemeinde Sünching. Die Wände der Kirche Maria Immaculata sind im Ostteil noch romanischen Ursprungs.

1 Schönach: Im zur Gemeinde Mötzing gehörenden Ort befindet sich das Schloss Schönach. Die Geschichte des Ortes reicht bis ins 12. Jahrhundert zurück.

Pfarrkirche Rosenkranzkönigin: Diese Kirche wurde in den Jahren 1921–1927 erbaut (die alte Dorfkirche St. Vitus wurde abgerissen). 2022 musste die Kirche renoviert werden. Welcher Aufwand dabei betrieben werden musste, zeigen eindrucksvoll Aufnahmen zur Kirchenrenovierung Rosenkranz Schönach unter www.pfarreiengemeinschaft-riekofen-schoenach.de.

Ehemalige katholische Pfarrkirche St. Martin: Die auffällige Friedhofskirche St. Martin zieht immer den Blick an, wenn man sie auf der B8 passiert. Die Saalkirche, einst eine Pfarr- und Wallfahrtskirche, ist im Innern zwar schmucklos, aber trotzdem schön. Der Grund für die „Leere" ist, dass nach der Einweihung der neuen Pfarrkirche die „Innenausstattung verkauft wurde".

2 Griesau: Ein paar hundert Meter nordöstlich befindet sich der auf den Hinweistafeln im Ort und bei der Abzweigung bezeichnete Flughafen. Der auf der sogenannten Eichellohwiese angelegte Sportflugzeugplatz war früher eine bekannte Stelle für einen Römerschatz, der unter einem großen verborgenen Stein vergraben gewesen sein sollte. Den Stein werden Sie nicht mehr sehen können, aber die Geschichte zum Verschwinden können Sie nachlesen in der Abhandlung „Der Römerschatz" von Georg Niefnecker im vom unvergessenen ehemaligen Kreisheimatpfleger Josef Fendl herausgegebenen Büchlein „55 Pfatterer Stückl". Quelle: www.heimatforschung-regensburg.de.

Schloss Schönach

3 Gmünd: Mitte des 19. Jahrhunderts wurde der hufeisenformmäßige Verlauf der Donau abgeschnitten, d. h. der Fluss wurde begradigt. Entstanden ist das Naturschutzgebiet Gmünder Au. Nordwestlich des Ortes befand sich das Kleinkastell Pfatter, ein ehemaliges römisches Militärlager.

4 Pfatter: Pfatter war einst ein zentraler Ort zwischen Regensburg und Straubing, was sowohl den Verkehr auf der Donau als auch die Straßenverbindung betraf. „In Pfatter rührte sich was", so könnte man das Dorf beschreiben, als Güter flussaufwärts transportiert wurden und Personen auf dem Landweg reisten und im Ort Station machten. Wie in vielen anderen Orten ist es heutzutage auch für Pfatter schwierig, mögliche Einkehrmöglichkeiten mit Öffnungszeiten mitzuteilen. Schade, denn Pfatter ist zu allen Zeiten ein Ort mit schöner Umgebung.

Ein acht Kilometer langer, mit einer roten Raute beschilderter Wanderweg führt durch den Ort und darüber hinaus entlang an den Resten der Alten Donau, über Seppenhausen, kurz entlang der Donau und wieder zurück.

Aus der Gäubodenstadt –
Eine Runde Labern

„Was laberst du so flach?"

TOUR
14

Start/Ziel

Stadtplatz Straubing,
94315 Straubing, Ludwigsplatz 1
Parken: Am Hagen, 94315 Straubing
Alternative Starts:
Tiergarten Straubing, am Tiergarten 3, 94315 Straubing;
94345 Aholfing, St.-Lukas-Straße 1 (Kirche);
94369 Rain, Dorfstraße 40 (Parkplatz am Rathaus)
ÖPNV: Bahnhof Straubing

Straubing – Staufstufe Straubing – Nieder- und Obermotzing – Irling – Gmünd – Aholfing – Rain – Atting – Rinkam – Straubing

Asphalt: 26,3 km
Schotter: 14,0 km
Naturweg: 6,0 km

Flachlandtour mit Donau und Labern

Straubing: Ludwigsplatz (kostenlos)

Aholfing:
www.gastwirtschaft-wagner.de

Gasthof Sagstetter, Hauptstraße 34, 94345 Aholfing, Tel. 09429 465

Rain:
www.pizzeria-valentino-rain.de

 Foto: Stadtplatz Straubing groß und klein

leicht | 45,5 km | 27 Hm | 3:15 h

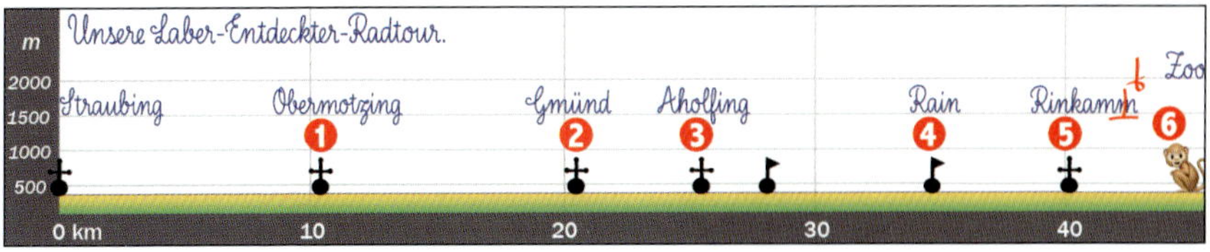

An der neuen Donau in der Agnes-Bernauer-Stadt

Deichkapelle bei Irling

Der altgriechische Wortstamm für „Wasser" ist ὕδωρ (hydōr). Man kennt den Hydranten, aber auch die „Hydra" von Herakles, der verwundert feststellen musste, dass dieser Wasserschlange für jeden abgeschlagenen Kopf zwei neue nachwuchsen. Wenn Sie bei Nacht radeln, können Sie die Wasserschlange am Himmel sehen. Aber Sie werden eher bei Tage radeln und dann können Sie sehen, dass die Menschen der Hydra nicht den Kopf abgeschlagen haben, sondern sie in ein enges Korsett steckten. Nicht nur die Donau. Nein, auch die Laber-Flüsse groß, klein und alt und alle anderen Nebenflüsse, die hier zwischen Straubing und Pfatter fließen, und deren Wasser man umständlich umherschöpft. Genießen Sie trotzdem (am besten in den frühen Morgenstunden) diese steigungsfreie Route durch diese interessante 2D-Landschaft. Wählen Sie Aholfing als Startpunkt, und Sie können in Straubing eine kleine Gipfelhalbe trinken.

Wegbeschreibung:

Die Tour startet vom **Stadtturm** in Straubings Mitte. Er ist so prominent, dass Sie sowohl als Autoanreisender als auch als Bahnreisender dorthin finden. Sie starten nach Osten, Richtung Morgensonne, und biegen dann an der Hauptstraße (Stadtgraben) nach links ab. Vor der Brücke biegen Sie rechts in die Uferstraße ab. Nach leichtem Linksbogen der Vorfahrtsstraße führt links ein Weg hinunter zu einem Uferweg. Fahren Sie vorsichtig abwärts, damit Sie kein Bad nehmen. (Sie folgen dem Wegweiser der Radbeschilderung nach Kagers.) Unten biegen Sie links ab, fahren auf die Brücke zu und passieren das Herzogschloss und den Salzstadel. Nachdem Sie ein Tor durchradelt haben, setzen Sie die Fahrt auf dem Damm asphaltfrei fort und begleiten die Neue Donau Richtung Alte Donau.

Sie fahren in einem großen Linksbogen um Kagers herum. (Im Norden erblicken Sie die Sossauer Kirche, davor die Alte Donau, auf der auch die Schiffe fahren, wenn sie in die Schleuse hinein- oder aus ihr herausfahren. Für dieses Bauwerk musste die „Sossauer Bschlacht", der im 15. Jahrhundert errichtete Damm zur Umleitung der Donau zur Stadt hin, beim Ausbau der Donau entfernt werden.) Wenn Sie auf dem Damm fahren, müssen Sie diesen rechtzeitig verlassen, denn Sie müssen die Auffahrt zur Westtangente nehmen und dann auf dem Radweg die kanalisierte Große Laber nach Norden überqueren. Vor dem Gelände

Bei der Wallmühle verschwindet die Kleine in die kanalisierte und umgeleitete Große Laber

des E-Werks biegen Sie rechts ab und kurven erneut im Uhrzeigersinn am Umspannwerk vorbei, bis Sie zum Radweg stoßen, den Sie nach links (Westen) nehmen. Nun radeln Sie zwischen Donau (rechts) und kanalisierter Großer Laber (links) weiter.

Zwischen dem Fluss und dem Flüsschen radeln Sie 2,9 Kilometer – fast bis zur Öberauer Schleife, die Sie auf der gegenüberliegenden Seite sehen können. Sie lenken nun nach halblinks und erreichen die Wallmühle. Hier „kreuzt" quasi die Kleine Laber die Große (oder umgekehrt). Sie verlassen dabei die Große Laber und folgen der Kleinen. Bei der Wallmühle biegen Sie rechts ab und folgen der Kleinen Laber in leichter Distanz. Anschließend überqueren Sie den mäandernden kleinen (Rest-)Fluss. Bei **Landstorf** erreichen Sie die ursprüngliche Mündung der Kleinen Laber in die ach so Blaue Donau. Sie biegen in die SR10 ein und fahren auf der Donau-, später Hofmarkstraße durch **Niedermotzing**. Es folgt **Obermotzing** und schon folgt die nächste Laber, jetzt die Alte

Interessanter Treppengiebel an der Kirche Niedermotzing

Laber. Früher war dies die Große Laber und sie mündete hier zwischen Nieder- und Obermotzing in die Donau. Wenn Sie sich am Ortsbeginn nach rechts orientieren, haben Sie einen schönen Blick über das Mötzinger Altwasser.

Flach geht's Richtung Puchhof.

Der Aholfinger Dorfhirte

Sie biegen rechts in die Austraße ab. (Kurz danach bringt Sie ein kurzer Abstecher zur **St.-Georg-Kirche** **1**.) In einem Rechtsbogen umrunden Sie das Obermotzinger Altwasser. Im Anschluss folgen Sie bei der Motzinger Au der Donau in einem Linksbogen flussaufwärts. Bevor der nächste Linksbogen Richtung Aholfing folgt, können Sie beim „Wörth" einen schönen Blick hinüber nach **Pondorf** genießen. Es folgt ein weiterer Rechtsbogen. Vielleicht haben Sie Glück und ein Schiff kommt Ihnen flussabwärts entgegen. Die Kurve in „Hufeisenform" mit Blick auf Niederachdorf auf der anderen Seite bietet immer wieder neue Perspektiven. Auch wenn man auf dem wunderbaren Dammweg flott dahinradeln könnte, die Flusslandschaft verleitet immer wieder zu Stopps. Nach der Unteren Au folgt ein weiterer Linksbogen mit einem Ausblick über das Naturschutzgebiet westlich von **Niederachdorf**. Es folgt **Irling**. Jetzt befinden Sie sich im Landkreis Regensburg, also folglich in der Oberpfalz. Nach Überquerung des Kirchenbachs erreichen Sie nach 21 Kilometern den kleinen Ort **Gmünd** **2**.

Bevor Sie den Rückweg antreten, können Sie die schöne Flusslandschaft der Gmünder Au von Weitem bewundern. Über den östlichen Arm der Alten Donau blicken Sie auf **Hofdorf**. Nun folgt eine Richtungsänderung, nämlich weg von der Donau Richtung Straubing. Von Gmünd über **Irling** fahren Sie die nächsten Kilometer auf Asphalt. Nach Irling passieren Sie den Irlinger See.

Die Gmünder Kirche leuchtet im Sommerlicht.

Heute lassen wir die Durchfahrt bei der Altlaber aus und nehmen einen Umweg in Kauf.

Sie radeln nun wieder in Niederbayern und erreichen kurz darauf **Aholfing** ❸. Nach der **Kirche St. Lukas** biegen Sie rechts in die Puchhofer Straße ab. Die SR26 bringt Sie direkt zum Alten **Schloss Puchhof**. Die Straße biegt in einer 90-Grad-Kurve nach links, kurz danach in einer Rechtskurve in den Rainer Wald. Dabei überqueren Sie zunächst noch einmal die Alte Laber. Früher war dies die Große Laber. Heute steht das Wasser hier mehr als es fließt. Nach der Überquerung der Großen Laber biegen Sie bei der zweiten Abzweigung rechts ab. Sie fahren nun etwa 1,5 Kilometer auf einem Waldweg auf dem sogenannten Schusterbuckel. Nach ein paar leichten „Schwingungen" nehmen Sie eine 90-Grad-Abzweigung nach links. Nach weniger als einem Kilometer erreichen Sie die B8 bei Rain (31,5 km). Nach der Überquerung der B8 (nicht immer stressfrei) biegen Sie links in die Dorfstraße ein. Diese Straße bringt Sie direkt zum Schlossplatz in **Rain** ❹. Sie bleiben auf der Dorfstraße, indem Sie rechts abbiegen und im Anschluss auf der Kirchstraße ortsauswärts fahren. Beim Kreisel fahren Sie links zur SR20, überqueren die Straße und fahren nach einem Links-/Rechtsbogen durch eine Weiherlandschaft. Bei den letzten Weihern erreichen Sie wieder eine Laber, jetzt die Altlaber. Sollten Sie die Furt durchfahren wollen (ist immer reizvoll), so tun Sie es mit der nötigen Vorsicht. Bleiben Sie rechts der Altlaber, erreichen Sie Wiesendorf. Sie biegen links in die Asphaltstraße ein, bleiben aber nur kurz darauf, denn nach Überquerung der Altlaber haben Sie die Gelegenheit, zwischen Altlaber und Kleiner Laber zu fahren. Kurz bevor Sie die ersten Häuser von Atting sehen, biegen Sie rechts ab und überqueren zur Abwechslung wieder einmal die Kleine Laber. Sie biegen links ein und begleiten in Atting die Kleine Laber bis zum Oberkirchenweg.

Sie biegen rechts ein, auf dem Oberkirchenweg erreichen Sie die B8 bei **Rinkam**. Ab hier bringen Sie die Radwegschilder zuverlässig – allerdings mit einem Linkshaken unter der B8 hindurch, dann nach rechts zum Zoo und an diesem vorbei – nach Straubing. (Allerdings empfehlen wir in **Rinkam** den Besuch der alten Kirche **St. Johannes der Täufer** ❺. Dazu die B8 nach links überqueren. Die Kirche liegt hochwassergeschützt am Nordostrand des Ortes. Von der Kirche aus direkt nach Süden unter der B8 hindurch, und schon geht es nach links auf dem Radweg weiter, als wäre nichts gewesen.) Unterwegs kommen Sie noch an der **Wallfahrtskirche Frauenbrünnl** ❻ vorbei, aber dann sind Sie so gut wie in Straubing.

Kleine Laber, idyllisch gurgelnd

Historisch bedeutsam: die romanische, doppelgeschossige Wehrkirche in Rinkam

Wissens- und Sehenswertes:

Hydrographie: Was man den Flüssen im Lauf der letzten Jahrhunderte angetan hat, können Sie auf dieser Tour live erleben. Infotafeln an der Radstrecke geben beredt Auskunft darüber, wie der Mensch eingegriffen hat und welche Maßnahmen unternommen wurden und werden, der Natur einen Rest Natürlichkeit zu ermöglichen.

Irling, Marienkapelle: Diese Kapelle ist ein echtes Unikat, wie sie so auf der Dammkrone steht. Sie kann also nicht älter sein als der Damm.

Puchhof, Schloss: Auch dieses Schloss gehörte zum Besitz des Klosters Prüfening. Das war im 12. Jahrhundert. Im Stil von „Siedler-von-Catan" tauschte es Otto von Regensburg 1140 mit Abt Erbo Puchhof für ein Gut und eine Mühle ein. Bis zur Säkularisation blieb Schloss Puchhof im Besitz von Kloster Prüfening. Danach war es zunächst schwer zu verkaufen. Erst kaufte ein Ritter von Reindl das Anwesen, dann ein Carl Lang. (Dieser ließ auch das **Neue Schloss Puchhof** von 1872–78 erbauen, das jetzt „eine herrschaftliche Villa in neobarockem Stil" ist.) Außerdem ließ er eine Brennerei errichten. Dann übernahm 1937 die Familie Thyssen das Anwesen. 1939 ging das Anwesen an das Land Preußen, welches das Gut an Philipp F. Reemtsma verkaufte. Nach dem Zweiten Weltkrieg ging das Gut zurück an die Thyssen-Familie, die das Anwesen aber 1966 aufgab. Die Familie Marchese di Maffei kam danach ans Ruder und baute die Brennerei zur zeitweilig zweitgrößten in Bayern aus. Das Schloss wird nach wie vor als Gutshof genutzt.
(www.wikipedia.org/wiki/schloss_puchhof)

❶ Nieder- und Obermotzing, Filialkirche St. Georg bzw. Pfarrkirche St. Bartholmäus: Zwei Kirchen, die unterschiedlicher nicht sein könnten. Während St. Georg gedrungen und schüchtern in der Ecke steht, überragt die Bartholomäus-Kirche fast den halben Gäuboden. Dabei stand St. Georg schon mindestens 500 Jahre, bevor die „moderne" Kirche 1722 gebaut wurde. Gut, bei ihr stammen Turm und Sakristei aus der Spätgotik. Typisch für die Kirchen dieser Gegend sind die „getreppten" Giebel. In Niedermotzing unterstreicht ein „Gesims" in Dreiecksform die Kirchenspitze.

❹ Rain, Schloss: Dieses Schloss stammt aus der Mitte des 16. Jahrhunderts. Der ungewöhnlich geformte Turm wurde 1561 vollendet. Zuvor hatte an dieser geschichtsträchtigen Stelle schon eine Burg gestanden, die 1542 – also in der Renaissance – umgebaut und zum Schloss erweitert wurde. Auf alten Stichen sieht man ein Mega-Verflügel-Renaissanceschloss mit Giga-Barock-Parkanlage. Davon sind heute nur noch Teile erhalten, welche die Gemeindeverwaltung von Rain beherbergen.

5 Rinkam, Kirche Johannes der Täufer: Gäbe es ein Kirchenquartett, wäre diese Wehrkirche ein Top-Trumpf, denn kaum eine Kirche im Landkreis Straubing-Bogen ist älter als diese. 1150 wurde sie erbaut. Damals baute man romanisch, und auch diese Kirche ist doppelgeschossig (vgl. Dorfkirche St. Helena, Schrotzhofen, Tour 03). Bis heute steht die Kirche weitgehend unverändert an dieser Stelle.

(www.pfarrei-atting.de/unsere-kirchen/filialkirche-rinkam)

Rinkam, Maislabyrinth: Im Vergleich zur Kirche kennen wesentlich mehr Menschen das Maislabyrinth, das alle zwei Jahre Menschen in sich hineinlockt. Warum nur alle zwei Jahre? Auch der beste Boden, wie hier der Gäuboden, braucht etwas Abwechslung, sprich Fruchtwechsel. Bayerns größter Irrgarten ist immer ein super Tipp – und das für Menschen jeden Alters.

(www.irrgarten-straubing.de)

6 Straubing, Frauenbrünnl: Kommt man völlig unbedarft zu dieser Kirche, ist man durch ihr Äußeres freudig überrascht, wirkt dieser Kuppelbau von 1705–07 doch unorthodox orthodox. Dies rührt u. a. von der achteckigen Kuppel her. Die runden Auswölbungen in einer Kirche nennt man übrigens „Konchen", also wie „Knochen" mit Tippfehler. Von zwei der drei Konchen gehen Glockentürme ab, die ebenfalls achteckig sind.

Leider steht die Kirche etwas unglücklich gedrungen „am Hang". So kommt der kleeblattförmige Grundriss kaum zur Geltung (vgl. die frei stehende „Kappl" bei Waldsassen). Die Innengestaltung übernahm wohl Hans Georg Asam.

Laut Legende wanderte die Wallfahrtskirche von Sossau an ihren heutigen Standort (am Beginn der Radtour im Norden zu sehen; siehe Text). Als die Engel Pause machten und die Kirche hier abstellten, entsprang eine Quelle, das Frauenbrünnl.

Mit einem Touch Osteuropa: die Frauenbrünnl-Kirche

Aus der Gäubodenstadt – **Nord und Nordwest**

„Die einen schöpfen Wasser, die anderen Hoffnung“

TOUR 15

Sportplatz Sossau
Navi: An der Kößnach 1a, 94315 Straubing
Alternativer Start: Pendlerparkplatz an der Kreuzung B20/St2125 bei Reibersdorf

Sossau – Pittrich – Niederachdorf – Hofdorf – Zinzendorf – Pillnach – Oberzeitldorn – Kirchroth – Parkstetten – Reibersdorf

Asphalt: 27,4 km
Schotter: 13,6 km
Naturweg: 4,8 km

Leichte Tour nach einer längeren Sattelabstinenz.

Reibersdorfer Hof

Hofdorf:
www.gasthaus-pflamminger.de

Kirchroth:
Gaststätte zur Post, Dekan-Seitz-Straße 7, 94356 Kirchroth, Tel. 09428 332

Parkstetten:
www.marmeladenkueche.de

Reibersdorf:
www.reibersdorferhof.de

 Foto: Bei der Gmünder Au: Blick über die Alte Donau nach Tiefenthal

leicht | 45,8 km | 50 Hm | 3:15 h

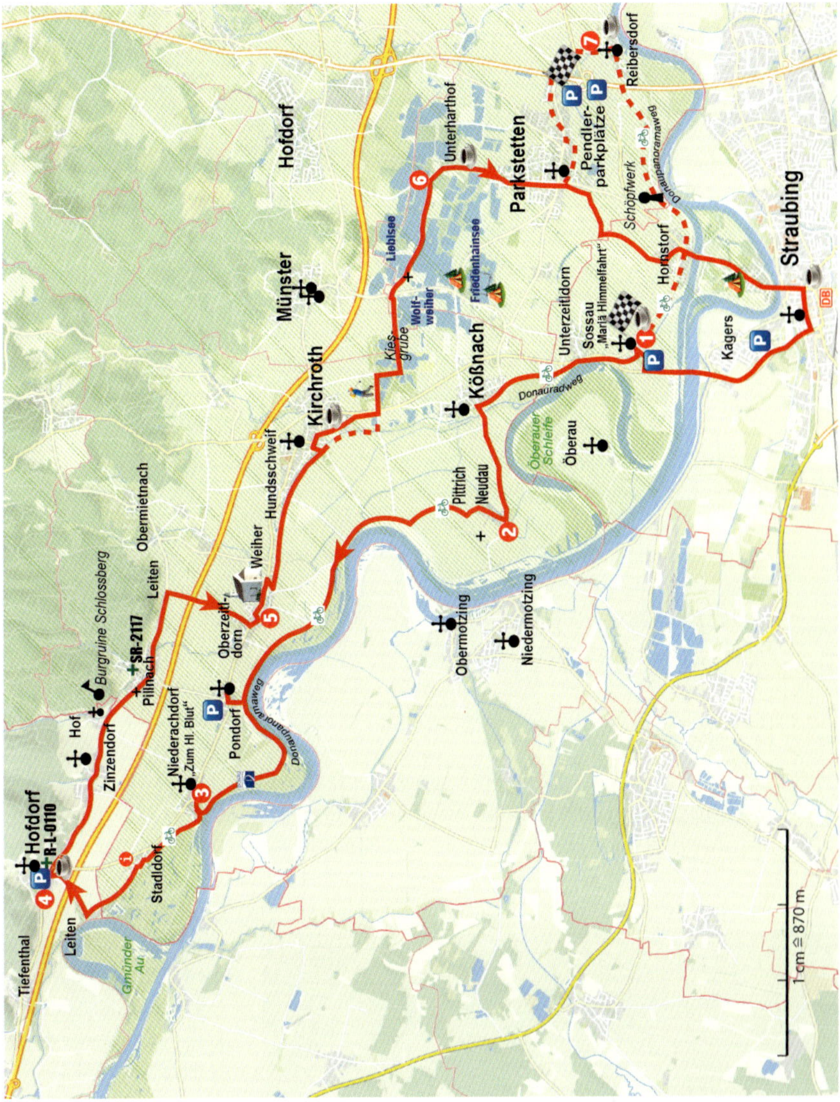

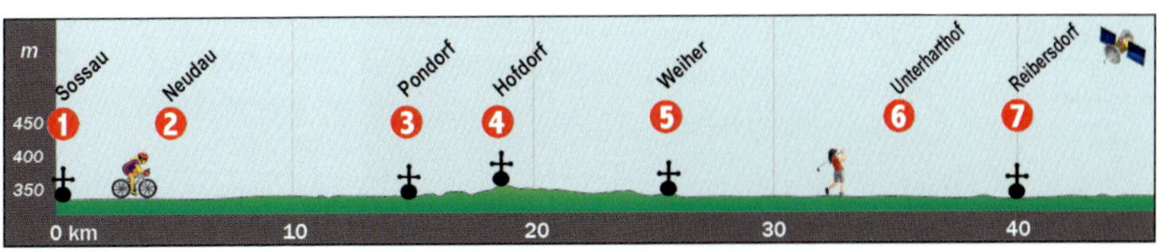

Der frühe Vogel wird mit einer herrlichen Morgenstimmung belohnt.

Noch deutlicher als bei anderen Touren ragen bei dieser steigungsarmen Tour die vielen, teilweise kuriosen Kirchenbauten aus dem ansonsten unaufregenden Donautal heraus. Kurioserweise weckt ein Bauwerk, das einer Kirche von Weitem frappierend ähnlich sieht, unser Hauptinteresse: das Schöpfwerk Reibersdorf. Es wurde 1941 erbaut und schöpft nicht Verdacht, sondern Wasser, das v. a. bei Starkregenereignissen der Donau ins Land jenseits der monumentalen Deiche verloren geht, wieder zurück in den Fluss.

Bis zum Jahr 2028 soll der Hochwasserschutz bei Reibersdorf den Status HQ100 erhalten, also Jahrhunderthochwasser beherrschen. Dafür wird kräftig gebaggert und so mancher Radweg noch umgeleitet. Aber dann …

Radeln Sie diese Tour entlang der Donauauen unbedingt auch mal bei Nebelwetter, also zum Beispiel im Herbst oder Frühjahr.

Sossau, wir kommen!

Wegbeschreibung:

Sie starten vom Parkplatz am Spielplatz und Fußballplatz von **Sossau** ❶. Zwischen dem Ort Sossau und der kanalisierten Kößnach verläuft der Donau-Radweg. Diesem folgen Sie nach Westen, also Richtung Wörth-Pondorf. Kurz darauf unterqueren Sie die SR48 und passieren **Unterzeitldorn**. Für ein kurzes Stück sehen Sie linker Hand die Öberauer Schleife, einen zum Naturschutzgebiet verwandelten ehemaligen Donaumäander – heute ein wertvolles Biotop.

Der nächste Ort, den Sie ansteuern, ist **Kößnach**. Falls Sie die St.-Gangolf-Kirche besichtigen möchten, rufen Sie die angegebene Rufnummer auf einem vorhandenen Informationsblatt an. Nach Überquerung der Kößnach radeln Sie auf **Neudau** bzw. **Pittrich** zu. Es folgt ein weiterer Richtungswechsel ❷, und Sie stoßen auf den Donaudamm. Empfehlenswert ist es, von der Asphaltstraße hinauf zur Deichkrone zu fahren. So hat man nun den Ausblick auf die Felder (rechts) und den Fluss mit seiner Auenlandschaft. In einem Linksbogen radeln Sie gemütlich flussaufwärts. Nach einem leichten Rechts- folgt wieder ein Linksbogen. Von hier können Sie einen Abstecher zur sehr dunkel-mystischen Pfarrkiche **Mariä Himmelfahrt in Pondorf** machen.

Anschließend radeln Sie im Rechtsbogen dem „Donaupanorama(wander)weg“ folgend. Dabei verlassen Sie den Donaurad- und Tour-de-Baroque-Radweg. (Aus unverständlichen Gründen begleitet dieser die eh schon sehr rausch-laute A3 Richtung Hofdorf.) Sie erreichen **Niederachdorf** ③ mit seiner auffälligen Rundkirche. Neben der **Wallfahrtskirche Heilig Blut** ist im ehemaligen Klostergebäude das Wohnheim der Wohngemeinschaften St. Hildegard untergebracht. Sie folgen dem Weg „Zur Fähre“ – eine solche gibt es schon lange nicht mehr – und folgen weiter einem Radschild bzw. der Beschilderung „Donaupanoramaweg“. Kurz darauf sind Sie in **Stadldorf**, und dann überqueren Sie die Landkreis- und Bezirksgrenze. Hier gibt es einen umfassenden Informationspavillon samt Sitzgelegenheit zum Thema „Donau“. Bei einer Pause können Sie sich über die Naturschutzgebiete bei Stadldorf und Gmünder Au informieren.

Nach längeren Passagen ohne Asphalt rollt Ihr Rad beim Weiler Leiten leicht abwärts. Bei der Rechtskurve sollten Sie unbedingt anhalten und den Pfad nach links zur „Alten Donau“ gehen. Egal, ob Winter oder Sommer, es ist immer wieder schön, diese Stelle aufzusuchen. Nach rechts bekommen Sie einen schönen Blick auf die **St.-Ulrichskirche** bei **Tiefenthal**, bei der einst eine Burg stand. Es folgt eine leichte, aber wunderbare Steigung in einem Kerbtal nach **Hofdorf** ④. Vor der Autobahnunterquerung passieren Sie die Fernradwege. Betreten Sie ruhig die stilvolle, neugotische **Kirche St. Michael**. Sie wurde mit dem Regensburger Dom als Vorbild gebaut, 1883 geweiht und seitdem nicht mehr verändert. Nach 22 Kilometern können Sie hier einkehren oder ausrasten (oder umgekehrt).

Vom Dorfplatz biegen Sie links in die Hauptstraße ein. Über den Winzerweg können Sie abkürzen, haben aber zwei unschöne Kreuzungen. So oder

Informationswand bei Stadldorf

Auch eine Art „Erinnerungskultur". Gesehen in Zinzendorf

Romanisch gebaut, heute unromantisch gelegen: St. Johannes bei Weiher

so, es geht jetzt auf der R44 nach **Zinzendorf**. Kurz nach der Ortseinfahrt sehen Sie rechts einen Gedenkstein, der an *„einen der schwärzesten Tage in der Geschichte von Zinzendorf"* erinnert. Die romanische Kirche St. Matthäus ist eine Landkirche aus dem 12. Jahrhundert und immer sehr verschlossen. Nach Passieren des Ortes Hof kehren Sie nach Niederbayern zurück. Wären Sie bis 1972 diese Tour geradelt, wären Sie bereits in **Pondorf** in die Oberpfalz gekommen und in ihr bis **Pillnach** geblieben, ehe Sie weiter im Landkreis Bogen gefahren wären.

Auf der Pfalzstraße radeln Sie aus dem Ort Richtung **Obermiethnach**. Bei Leiten biegen Sie rechts ab, überqueren die A3 und fahren nach **Oberzeitldorn** ❺. Hier biegen Sie links auf die Hauptstraße ein, nach Überquerung des Breimbachs biegen Sie bei der **Kirche St. Johannes der Täufer** in den Ortsteil Weiher nach scharf rechts ab. Nachdem Sie den Perlbachableiter überquert haben, folgen Sie dem Bach nach links und begleiten ihn bis zum Sportplatz in **Kirchroth**. Dort biegen Sie links in die Auenstraße ein, die Sie zum Ortsplatz bringt. Hier kurven Sie rechts ein und verlassen im Anschluss auf der Bernauer Straße den Ort wieder (ggf. vorher Einkehr!?). Auf dem Rad-/Gehweg begleiten Sie kurz die St 2125, dann biegen Sie links zum Golfplatz ab. Bevor Sie zu den Golfplatzverwaltungsgebäuden halblinks kommen, biegen Sie rechts ab. Wer spielt schon freiwillig Golf? Dann – welch ein Kontrast – kommen Sie zur Kiesgrube (werktags in Betrieb). Hier links abbiegen. Sie passieren weitere Münsterfelder Weiher und erreichen die SR8.

Schräg links gegenüber nehmen Sie die Einfahrt nach **Oberharthof**. Für einen Kilometer müssen Sie noch mal ohne Asphalt auskommen. (Der nächste Kilometer wird gerne von Firmen genutzt, die testen wollen, ob ihre Fahrrad-Handyhalterungen halten, was sie versprechen.) Wieder auf Asphalt erreichen Sie eine weitere Straße, in die Sie rechts einbiegen. Kurz darauf befinden Sie sich in **Unterharthof** ❻. Vielleicht sind Sie an einem Wochenende unterwegs, an dem das nette Garten-Café geöffnet hat. Eine schöne Gelegenheit für Kaffee, Kuchen und Bier.

Es folgen die letzten Kilometer. **Parkstetten** ist kurz darauf erreicht. Sobald Sie die Kirche sehen, biegen Sie nach links auf den Kirchplatz ab. Die Kirche selbst ist eine interessante Alt-plus-Neu-

Die Reibersdorfer Kirche hinter der Hochwasserwand

Kathedrale der Wasserwirtschaft: die Pumpstation bei Hornstorf

Kombi. Dann folgen Sie dem Hochweg nach Osten, biegen an dessen Ende nach links ab. Rechtskurve, dann erneut nach links und nach rechts auf die Bogener Straße. Auf ihr überqueren Sie die B20 und unterqueren wenig später die St 215. Bei der **Reibersdorfer Kirche St. Martin** können Sie die Monstrosität des HQ100-Hochwasserschutzes sehen. Immerhin steht die Kirche auf der trockenen Seite. Danach geht es auf dem Radweg zurück nach Sossau: Kurz vor Hornstorf sehen Sie das im Eingangstext erwähnte Pumpwerk. Die Radwegführung durch Hornstorf erfolgt im Schlängelmodus über einen Kreisverkehr. Auf dem Donauradweg kommen Sie dann direkt nach Sossau zurück. **Anmerkung 1:** Sollten Sie auf die Gastronomie Straubings nicht verzichten wollen, finden Sie den Weg dorthin über die perfekt ausgeschilderten Radwege ab Hornstorf bzw. Sossau.

Anmerkung 2: Die HG100-Baumaßnahmen sollen sich bis 2028 ziehen. Evtl. müssen Sie bis zur Fertigstellung auf den Donaupanoramawanderweg oder die ausgeschilderte Umleitung zurück über Parkstetten ausweichen.

Wissenswertes zum Thema Donau:

Hält ein Polizist im Jahr 60 Mio. vor heute die Donau auf und fragt: „Haben Sie was getrunken?“ Sagt die Donau: „Nein!“ Antwortet der Polizist: „Aber Sie haben 0,21 Promille!“ Die Donau: „Aber das ist doch mein Gefälle und damit reichlich wenig.“ Das stimmt so, und wegen des geringen Gefälles (21 cm Gefälle auf 1 km Strecke) konnte die Donau zwischen dem „Donaurandbruch“ des Grundgebirges im Norden und dem tertiären

Auch in Niederbayern muss die Donau lange stehen, bevor sie wieder fließen darf.

Ein Jahrhundertwerk: der Hochwasserschutz 100. Hier läuft bald nix mehr über.

Hügelland im Süden reichlich mäandrieren, also Flussschlingen anlegen, die sich mit jedem Hochwasser ändern konnten. Was für ein wildes, freies Leben! Auch die Fische waren glücklich, ebenso die brütenden Vögel.

Während der Eiszeiten (bis vor 12.000 Jahren) wehten die kalten Fallwinde aus Süden (von den Gletschern) feinkörnigen Sand an, der die fruchtbaren, weil nährstoffreichen Lößböden in dieser Talsenke bildete.

Als dann der Mensch dazukam, wurde es problematisch für die Donau, denn der ertragreiche Gäuboden wurde als Pflanzengrundlage sehr begehrt, war aber vom Wasser ständig bedroht. Außerdem wollte man auf der Donau schnell von A nach B hin- und herfahren. Strom wollte man dem Strom auch noch entlocken. Also fing man an, den Fluss einzudämmen und zu begradigen. Für die zahlreichen Folgen ist hier kein Platz. Die zahlreichen Schautafeln bei Stadldorf liefern fundierte Informationen zu diesem komplexen Thema. Mit den HQ100-Maßnahmen geht der Eingriff des Menschen in eine weitere Runde. Davon zeugen die Maßnahmen bei Reibersdorf. Auch dazu gibt es beim Pendlerparkplatz ausführliche Informationstafeln.

Baudenkmäler:

Kößnach, Wallfahrtskirche St. Gangolf: Googelt man „Gangolf", kommt man auf einen Hersteller von Nutzfahrzeugen und Großküchentechnik (www.gangolf.de). Es lohnt sich also, die dann folgenden Interneteinträge zu studieren. Dann erfahren wir, dass Gangolf ein burgundischer Soldat und Ritter war, der im 8. Jh. lebte. Er ist der Pferdepatron, dessen Kirchen oft in der Nähe von Quellen oder Brunnen oder Flüssen (z. B. Donau) stehen.

Er hatte überteuert Land an einer Quelle gekauft. Als er seine Frau (berechtigterweise) des Ehebruchs mit einem Priester beschuldigte, ließ er ein Gottesurteil durchführen. Die Frau musste ihre Hand in das Wasser der Quelle tauchen, aber beim Herausziehen war die Hand verbrannt. Verbannt wurde dann der Priester, der Frau verziehen. Half nix. Sie wurde rückfällig, der Priester ermordete Gangolf, die Frau höhnte: „Gangolf verbringt ebenso Wunder, wie mein Hintern Lieder singt." Dann kam das Karma, denn seitdem muss sie jeden Freitag (Gangolfs Todestag) ihren Winden freien Lauf lassen (aka „furzen"), sobald sie den Mund aufmacht.

PS: In der Nähe des Hochaltars wurden bei einer Kirchenrenovierung 1995 Tiervotive gefunden. Dies belegt die Wallfahrt zum Viehpatron Gangolf. Die Kirche selbst stammt aus der 2. Hälfte des 15. Jahrhunderts.

❸ Niederachdorf, Wallfahrtskirche Hl. Blut: Es gibt zahlreiche Kirchen in der Gegend, wo man Alt und Neu verknüpft hat, so z. B. in Parkstetten. Auch die interessante Niederachdorfer Kirche mit ihrer auffälligen Rotunde (die man eigentlich nur als Vorbeirasender von der Autobahn aus kennt) ist eine Kombi aus Alt und Neu. Zuerst hatte man in der Spätgotik eine kleine Kapelle gebaut. Diese wurde 1703 durch die besagte Kuppelrotunde erweitert. Warum wirkt diese kleine Kirche (sie wirkt aus der Ferne größer) so einheitlich? Weil man sie 1857 einheitlich im neuromanischen, also „byzantinischen" Stil ausgestaltete. Vielleicht müssen wir bei den modernen Kombi-Kirchen einfach nur noch 200 Jahre warten, bis auch sie vereinheitlicht sind?

5 Oberzeitldorn/Weiher, Kirche St. Johannes der Täufer: Wie im richtigen Leben: die wahren Juwelen schieben sich nicht ins Scheinwerferlicht. Dieser Gewölbebau stammt einheitlich aus dem 12. Jahrhundert. Der Blick ins Innere ist durch ein Gitter hindurch möglich.

Pondorf, Pfarrkirche Mariä Himmelfahrt: Eine sehr stattliche und einheitliche Basilika, die 1894 bis 1897 im neugotischen Stil gebaut wurde. Eine „Basilika" ist eine „ehrwürdige, bedeutungsvolle" Kirche, der vom Papst dieser Ehrentitel verliehen wird. Kommt man außerhalb von Gottesdienstzeiten, wirkt das Innere der Kirche tatsächlich mittelalterlich dunkel.

4 Schlossberg/Hofdorf, Expositurkirche St. Michael: Eine Expositurkirche ist eine „herausgestellte" Kirche ohne eigene Vermögensverwaltung. Ziel so einer Kirche ist es immer, eine eigene Pfarrei zu werden. Immerhin hat Hofdorf schon eine der größten Kirchen in der Umgebung. An ihrer Stelle hatten schon mehrere Vorgängerbauten gestanden, aber Brände hatten gewütet und Wiederaufbauten wenig Bestand. Also baute man die aktuelle Kirche, die 1883 geweiht wurde. Diese sehr stilvolle, einschiffige Saalkirche ist in ihrer Struktur und Gestalt an den Regensburger Dom angelehnt und damit neugotisch. Drei der vier Glocken im Turm stammen von 1950. Für beide Weltkriege mussten die Glocken jeweils abgegeben werden, um sie in Panzer oder Kanonenkugeln umzuschmelzen.

1 Sossau, Wallfahrtskirche Mariä Himmelfahrt: Viel zu viel Geschichte für viel zu wenig Platz. Die Legende sei erwähnt, taucht sie doch schon beim Frauenbrünnl (Tour 14, „Eine Runde Labern") auf: Der Heilige Zuylius hatte bei Antenring (bei Geiselhöring) eine Kapelle erbaut. Dann wurden er und einige Pilger ermordet. Darauf erfolgte im Jahre 1177 die Evakuierung der Kapelle, die von Engeln durchgeführt wurde. Die Strecke von Luftlinie 10 Kilometern ging nicht am Stück, weshalb die Engel mehrmals pausierten, so auch in Frauenbrünnl. Die Überfahrt über die Donau erfolgte von Kagers aus mit dem Schiff. Am Morgen der Überfahrt läutete das Frauenglöckl zum ersten Mal. Diese alte Glocke befindet sich im Inneren der Kirche und ist mit über 700 Jahren eine der ältesten in Straubing. Die Kirche wurde 1178 geweiht, 1350 durch einen gotischen Hochchor erweitert. Die aktuelle Kirche von Antenring stammt aus dem Jahr 1757.

Zinzendorf, St. Matthäus: Der Kern dieses Kirchenjuwels reicht zurück bis in 12. Jahrhundert. (Der Name „Zino" wird schon für das 8. Jh. belegt.) Wie für andere Kirchen in diesem Buch (z. B. Kreuzhofkapelle (Tour 12, Dorfkirche St. Helena, Schrotzhofen, Tour 03)), nimmt man auch für diese Kirche an, dass es sich um eine Wehrkirche handelte. Wenn wir das richtig verstehen, ging es dabei weniger darum, aus der Kirche heraus mit Kanonen zu schießen, sondern einen schwer zugänglichen Rückzugsraum im 2. Stock zu haben. Was bringt die Wissenschaftler zu dieser Annahme? Es ist das „Ochsenauge", ein „Okulus", also eine Lichtöffnung in Ost- bzw. Westwand, die Licht ins Innere fluten ließ.

Apsis (Chor) und Kirchturm passen übrigens nicht zur Kirche. Sie stammen von 1880.

Von Hofdorf nach Wiesenfelden – zurück über Straubing

„What goes up must come down."

TOUR 16

Hofdorf
Navi: 93086 Hofdorf, Waldstraße 2
Alternativer Start: Großparkplatz Am Hagen, 94315 Straubing
ÖPNV: Bahnhof Straubing

Hofdorf – Pillnach – Schiederhof – Wiesenfelden – Heilbrunn – Falkenfels – Münster – Parkstetten – Straubing – Oberzeitldorn

Asphalt: 40 km
Schotter: 17,5 km
Naturweg: 4,8 km

Anstrengende Steigungstour in den vorderen Bayerischen Wald nach Wiesenfelden, traumhafte Abfahrt hinaus in die Donauebene.

Straubing:
Seminargasse (Ecke Einhorn Apotheke)
Ludwigsplatz (beim Caféstand)
Stetthaimerplatz
Koppgasse (Fahrradparkhaus)
Bei der Kirche St. Peter, Petersgasse
Am Tiergarten

Schiederhof:
www.schiederhof.de

Wiesenfelden:
www.gasthof-zur-post-wiesenfelden.de

Parkstetten:
www.marmeladenkueche.de

Fahrradgeschäfte:
Zweirad-Center Stadler GmbH, Chamer Str. 47, 94315 Straubing

Dein perfektes Rad (ehem. Radhaus Lang), Chamer Str. 36, 94315 Straubing

Fahrradhaus Simmerl, Rosengasse 45, 94315 Straubing

Velo Deal Straubing, Straubinger Str. 38, 94365 Parkstetten

 Foto: In Wiesenfelden

VON HOFDORF NACH WIESENFELDEN – TOUR 16

schwer | 62,3 km | 392 Hm | 4:30 h

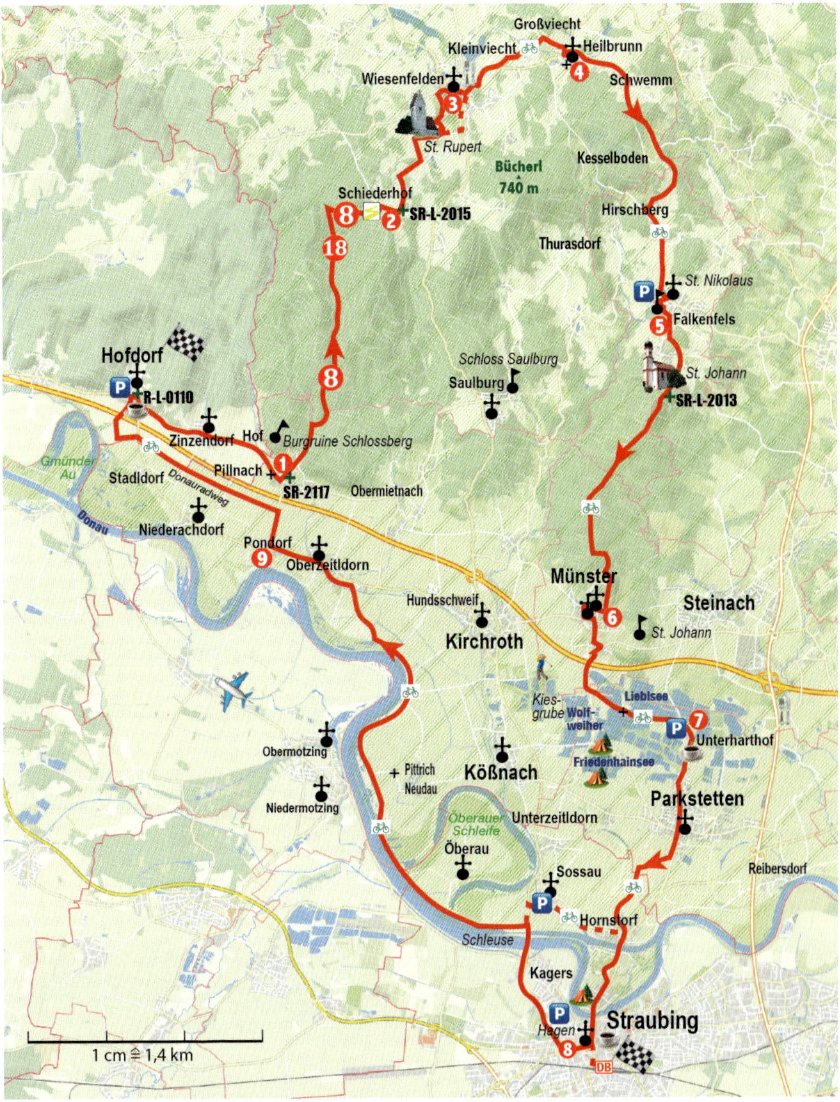

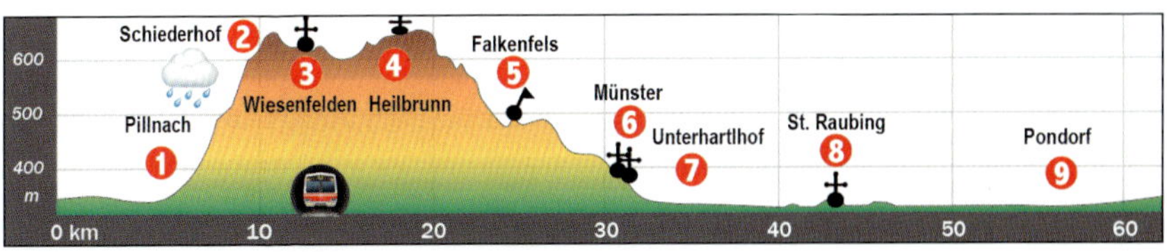

Wanderwegweiserwahnsinn am Schiederhof

Kirche St. Rupert gibt sich schüchtern versteckt.

Sind Sie Gamer? (Oder Gamerin?) Dann wissen Sie, dass das Wesentliche am Gamen das Erreichen des nächsten Levels ist. (Vielleicht nicht bei Ego-Shootern, aber sonst wahrscheinlich schon.)

Bei dieser Tour müssen Sie sich zwei Level nach oben arbeiten. Erst aus dem Donautal zum Schiederhof und dann noch weiter hinauf nach Oberviecht. Das fordert das „Viech" in Ihnen, aber man freut sich, wenn man oben ist. Getreu dem Motto „What goes up must come down" geht es dann auf der Ostseite wieder bergab. Hier sind es dann mehrere kleine Genusslevel, die man nach unten rollt, und es ist wesentlich erfrischender, als wenn der Jahn Regensburg wieder einmal ein Level absteigt.

Wegbeschreibung:

Sie starten vom Dorfplatz in Hofdorf. Auf der Hauptstraße geht's nach Osten los. Via Winzerweg können Sie ein Stück zur Zinzendorfer Straße abkürzen. Ab Ortsende Hofdorf sind Sie auf der Zinzendorfer Straße und erreichen kurz darauf **Zinzendorf**. Das Leben ist manchmal so vorhersagbar. Die nächste Ortschaft ist dann schon **Pillnach** ❶, was das Ende des süßen Eben-Dahinradelns bedeutet. Nach der Dorfkapelle biegen Sie nach links in die Waldstraße ab. Am Ende des Ortes beginnt … der Wald. Und der Berg. Sie dürfen sich jetzt auf den nächsten sechs Kilometern durch den Waxenberger Forst hinauf zum Schiederhof anstrengen. Am Waldrand endet der Asphalt, der

Bei strahlendem Herbstwetter blickt man hinüber zum Hohen Bogen, Kaitersberg und zur Arberkette.

Beschauliches „Frauenbrünnl" bei der Heilquelle

Schotterweg begleitet nun den herabfließenden Großen Leitenbach und sorgt für optische und akustische Romantik. Sie folgen der Beschilderung 8, später auch 18. Zwischendurch werden Sie froh sein, den kleinsten Gang zu haben.
Nachdem Sie die 600-Meter-Isohypse, also Höhenlinie, erreicht haben, biegt der Forstweg scharf rechts ab. Kurz darauf haben Sie den ersten Ausblick hinunter in die Donauebene. Dabei können Sie endlich wieder richtig sitzen, und zwar auf einer Bank. Bis zum Schiederhof steigt es weiterhin an, der Weg ist aber jetzt auch wieder besser zu befahren. Nach 21,7 km auf 650 Metern Höhe haben Sie es geschafft, Sie sind beim **Landgasthof Schiederhof** ❷ angekommen. Eine gute Möglichkeit einzukehren, und schon ist der Aufstieg vergessen. Vom Schiederhof fahren Sie rechts weiter, biegen links nach Rohrloh und Pichlberg ab. Auf den kleinen Asphaltstraßen lässt es sich nun wunderbar durch die schöne Landschaft radeln. Bei Pichlberg biegen Sie links ab, kurz darauf rechts. Sie sehen den Turm der **St.-Rupert-Kirche**.

Anstatt Ihr Rad komplett abwärts zur St 2148 rollen zu lassen, biegen Sie links auf einen Wiesenweg ein. (Wer Offroad meiden möchte, kann gerne die offensichtliche Straße nach Wiesenfelden befahren!) Das blaue Rad-/Gehwegschild erlaubt Ihnen, hier zu radeln. Das hat seinen Grund darin, dass Sie dadurch im Linksbogen um St. Rupert herumfahren können und anschließend hinunter zum Naturschutzgebiet kommen. Sie umrunden dann den Beckenweiher und erreichen nach 26 km das Zentrum der Gemeinde Wiesenfelden ❸.
Die Weiterfahrt erfolgt Richtung Heilbrunn-Stallwang. Zunächst auf der St 2648, folgen Sie anschließend dem grünen Rad nach links über

Filialkirche St. Martin, Münster

Klein- und Großviecht nach Heilbrunn. Hier gibt es zwei Möglichkeiten für die Abfahrt nach Falkenfels. Die kürzere erfolgt vorbei an der Wallfahrtskirche **St. Magdalena** (samt Gnadenkapelle **Frauenbrünnl**) über Hirschberg, Kragenroth und Kragenmühl. Wir empfehlen nach der Besichtigung von Kapelle und Kirche die Route über Schwemm und Rothenbrunn. Die Fahrt bietet herrliche Ausblicke auf die Berge des Bayerischen Waldes und zwischendurch in die Donauebene. Lassen Sie sich Zeit für die Abfahrt, genießen Sie die Landschaft mit ihren abgelegenen Weilern.

Nach Spittelberg wird der Blick frei auf **Burg und Ort Falkenfels** 5. Am Ortseingang von Falkenfels biegen Sie nach halblinks in die Wiesenfelder Straße ab und erreichen so die **Kapelle St. Nikolaus**, eine romanische, sprich uralte Anlage. Via Fußweg-Abkürzung erreichen Sie die Bayerwaldstraße, die Sie leicht versetzt überqueren. Wollen Sie die Burg mit Spiegelung im Dorfweiher ablichten, dann biegen Sie gleich rechts in den Stegmühler Weg ab. Er bringt Sie um den Teich (er darf bebadet werden!) wieder zur Bergstraße und hinauf zur Burgstraße. Sind Sie an einem Sonntag unterwegs, können Sie nachmittags im Burgcafé einkehren. Zur Weiterfahrt folgen Sie vorm Friedhof stehend nach rechts der Radwegbeschilderung nach **Münster**. Nach etwa 1,5 km erreichen Sie die Kirche **St. Johannes der Täufer**. Sie bleiben weiter auf der Asphaltstraße und dem Radwegsymbol. Bei der Gabelung folgen Sie rechts der Beschilderung. Irgendwann endet unvermittelt die Ausbaustrecke.

Münster erreichen Sie nach 3,3 km auf Schotter. Auf der Falkenfelser Straße kommen Sie ins Ortszentrum, biegen rechts in die Tassilostraße ein und erreichen kurz darauf die beiden Kirchen, die ehemalige **Stiftskirche St. Tiburtius** und die ehemalige Pfarrkirche **St. Martin** 6.

Nach (eventuellen) Kirchenbesuchen radeln Sie von der Chorherrenstraße zur Obermayerstraße, biegen in diese links ein. Von der anschließenden Parkstettener Straße biegen Sie rechts in die Steinacher Straße ab. Sie müssen einen Kilometer mit der SR8 Vorlieb nehmen, überqueren dabei die A3 und biegen danach links zum **Weiler**

Unterhalb Burg Falkenfels lädt der Dorfweiher zum Baden ein.

Stadtplatz Straubing

Oberharthof ab. Es folgt ein See nach dem anderen. Der Kilometer auf einer auf Flussschotter gründenden Straße kehrt den Akrobaten in Ihnen heraus, gilt es doch, mondkratergroßen Schlaglöchern auszuweichen. Wieder auf Asphalt erreichen Sie eine weitere Straße. Sie biegen rechts ab und befinden sich kurz darauf im kleinen Ort Unterharthof 7. Vielleicht sind Sie an einem Wochenende unterwegs, an dem das nette Gartencafé geöffnet hat. Eine schöne Gelegenheit für Kaffee, Kuchen und Bier.

Es folgen die letzten Kilometer. **Parkstetten** ist kurz darauf erreicht. Die Radbeschilderung macht es einfach, die Stadt Straubing auf Rad-/Gehwegen zu erreichen. Kurz nach dem Ortsende von Parkstetten ist rechts eine Alternative zum Rad-/Gehweg entlang der SR62 und St 2125 angeboten. Es ist nur ein kurzer, ruhigerer Umweg, der Sie in den Stadtteil Hornstorf bringt.

Wenn Sie Straubing auslassen wollen, dann biegen Sie in Hornstorf nach dem Kreisel auf den Radweg Richtung Sossau ab. In Sossau überqueren Sie auf Höhe der Kirche die Kößnach nach links (soll heißen „Süden") und folgen ab hier der Staustufe auf dem Radweg an der Alten Donau entlang (siehe unten).

Ohne Abkürzung: Via Brücke (Chamer Straße) überqueren Sie die Alte Donau und fahren auf der Insel Gstütt zur nächsten Donaubrücke. Was Sie nun in Straubing 8 im Einzelnen unternehmen, ist Ihnen überlassen. Sie sind uns auch keine Rechenschaft schuldig! Wer vorbildlich mit dem ÖPNV – soll heißen: mit der Bahn – angereist ist, findet den Weg zum Bahnhof.

Zurück zum Auto in Hofdorf geht's für alle vom Hagen-Großparkplatz. Auf dem Donau-Radweg fahren Sie entlang der Westtangente an Kagers vorbei, zur Donau mit der ihr aufgezwungenen

Staustufe. Nach Überquerung der kanalisierten Großen Laber, der stehenden Donau und des Wassers aus der Schleusen-Ein- und -Ausfahrt folgen Sie bei dieser Variante der Radbeschilderung Wörth-Pondorf nach **links**. Sie radeln nun „flussaufwärts" und passieren dabei die Öberauer Donauschleife. Mittels Durchstiches wurde hier die Donau ziemlich verkürzt, die Öberauer Donauschleife zum Altwasser und das Gebiet innerhalb der Schleife zum Naturschutzgebiet gemacht. Nach einem Rechtsbogen biegen Sie in die Asphaltstraße ein und folgen kurz dem Donaurad- und dem Tour-de-Baroque-Weg. Die Berge des Vorwaldes rücken immer näher. Sie bleiben auf der Asphaltstraße und fahren auf Oberzeitldorn zu. Dabei folgen Sie dem Großen Perlbach bzw. dem, was von ihm übriggeblieben ist. Die Ortschaft nach Oberzeitldorn heißt Pondorf und grüßt von Weitem mit ihrer großen Kirche **Mariä Himmelfahrt**. Auf der Raiffeisenstraße geht's nach Norden und dann nach Westen. Sie sind auf dem Donau-Radweg und können den Schildern bis zur Autobahn bei Hofdorf folgen. Hier noch geschwind unter der Autobahn hindurch, und Sie sind am Ziel.

Baudenkmäler:

Falkenfelser: Die von *Tucher* für den Netto-Markt gebraute Biersorte hat mit dem Ort Falkenfels nichts zu tun.

5 Falkenfels, Burg: Um das Jahr 1100 war sie von den Grafen von Bogen errichtet worden, dann kamen die Ritter von Hohenfels, dann die Falkensteiner von Falkenfels, dann … 1492 (wenige Monate bevor Kolumbus Amerika entdeckte, was mit der Burg nichts zu tun hatte) wurde die Burg eine Woche lang belagert und am 8. Juni 1492 niedergebrannt – und wieder aufgebaut. Auch Burg Falkenfels wurde im Dreißigjährigen Krieg 1641 zerstört, dann aber – ein Novum!? – wieder aufgebaut. 1807 brannte sie wieder ab – und wurde wieder aufgebaut. 1925 ein erneuter Brand, dann aber nur noch teilweiser Aufbau. Nach 1951 war die einst stolze Ritterburg auf ein Tagungs- und Kongressgebäude reduziert. Jetzt ist die Burg in Privatbesitz, und man öffnet nur sonntags für einen Burgkaffee die Pforten, wie auch den historischen Burgturm und ein kleines Museum.

https://www.sehenswerter-bayerischer-wald.de/sehenswuerdigkeiten-burg-falkenfels-cafe-bayern/

5 Falkenfels. Filialkirche St. Nikolaus: Während das Internet (also vor allem Wikipedia) angibt, die Kirche sei nach Mitte des 17. Jahrhunderts erbaut worden, informiert die Tafel an der Kirche, sie sei eine romanische Anlage auf heidnischem Grund. Betrachtet man die gedrungene Form, ist man geneigt, den Vor-Ort-Informationen zuzustimmen. Die Innenausstattung bietet alles aus allen Epochen: gotischer Kastenaltar, frühgotische Umrahmung, barocken Heiligenfiguren, Votivbilder aus der Renaissance. (Glücklicherweise hat die Moderne diese Kirche noch nicht für sich entdeckt.)

4 Heilbrunn, Gnadenkapelle: Mitte des 17. Jahrhunderts wurde eine Quelle entdeckt, deren Wasser heilende Wirkung zeigte: die Geburtsstunde der Gnadenquelle, die 1654 in der Gna-

Noch einmal Pause am Rastplatz bei Oberzeitldorn

denkapelle baulich gefasst wurde. Um dem einsetzenden Strom an Pilgern Herr zu werden, wurde 1674 nebenan eine größere Wallfahrtskirche, **St. Magdalena**, gebaut. Die ursprüngliche Einrichtung existiert nicht mehr, sondern wurde in verschiedenen Phasen ersetzt oder neu gestaltet. Das Deckengemälde zeigt die wunderbare Heilung eines gichtkranken Mannes an der Gnadenquelle.

❻ Münster, Pfarrkirche St. Tiburtius (dreischiffige Basilika) und Filialkirche St. Martin: Dass es in Niederbayern viele Kirchen gibt, ist bekannt. Aber gleich zwei Kirchen aus dem 12. Jahrhundert nebeneinander? Aus dem 8. Jahrhundert stammt ein Benediktinerkloster mit Reliquien des Märtyrers Tiburtius (wegen seines Glaubens um das Jahr 200 in Rom hingerichtet). Später wurde auf dem Grundbesitz des Klosters Metten ein Kollegiatsstift errichtet (1148) und das Kloster hierher verlegt (1157). Für die Einwohner des Dorfes ließen die 10 Chorherren die Pfarrkirche St. Martin bauen. Die Unterstellung, man wollte einfach seine Basilika nicht mit dem Plebs teilen, liegt nahe. 1581 wurde das Chorherrenstift nach Straubing verlegt (Gegenreformation!) und die Stiftskirche zur Pfarrkirche, die St.-Martin-Pfarrkirche ihrerseits zum Leichenhaus des angrenzenden Friedhofs.

Oberviecht/Unterviecht: Orte, mit dem Wort (-teil) Viecht (Oberviechtach, Viechtach) sind Siedlungen in einem Fichtenwald. So einfach.

St. Johann, Wallfahrtskirche, früher „Bei der alten Eiche“: Haben Sie schon mal gehört, dass man Seitenaltäre für eine Kirche ersteigert hat? Bei St. Johann war das wohl der Fall und geschah 1803. Da hatte die Kirche schon 82 Jahre gestanden, und die aus Windberg stammenden Altäre waren ihrerseits schon 194 Jahre alt. Entstanden war die Kirche, die aus einer Kapelle hervorging, am alten Handelsweg von Italien bis nach Böhmen.

St. Rupert, Filialkirche St. Rupertus: Diese malerisch gelegene Kirche, die mehr an eine Burg erinnert als an eine Kirche, stammt vom Ende des 15. Jahrhunderts. Drei Ausstattungsmerkmale machten sie zum beliebten Ziel von Kreuzweg und Passionsandachten: Die Kreuzigungsgruppe, die Darstellung des Heiligen Grabs und der Kreuzweg zur Kirche hinauf. Geöffnet jeden ersten Sonntag im Monat von 13 bis 17 Uhr.

❸ Wiesenfelden: Die auf 610 Metern gelegene Vorwaldgemeinde liegt in einer Wiesen- und Teichlandschaft. Der idyllische Beckenweiher bestimmt das Ortsbild. Wiesenfelden besitzt ein ausgezeichnetes Wanderwegenetz und ist ein hervorragender Ort für einen Zwischenstopp bei einer Fernwanderung auf der südlichen Variante des Goldsteigs. Sollte im Winter die Landschaft in ihrer weißen Pracht glänzen, kommen Langlauffreunde auf ihre Kosten. Einen weiteren Grund für einen Besuch bildet das Umweltzentrum **Schloss Wiesenfelden**.

Wörth – Wiesent – Weihern
Kurztrip mit Schiebemöglichkeit

„Alles dreht sich ums W-W-W“

TOUR 17

Navi: Parkplatz Sandmüllerwiese, 93086 Wörth an der Donau

Wörth – Wiesent – Petersberg – Wiedenrös – Weihern – Zinzendorf – Tiefenthal – Wörth

Asphalt: 16,5 km
Schotter: 11,6 km
Naturweg: 0,9 km

Kurze Höhenmetertour in eine abgelegene Gegend

Wörth an der Donau: Donaustraße 10

Wiesent: Bachgasse 2

Wiesent:
www.cafe-lintelo.de

Hofdorf:
www.gasthaus-pflamminger.de

Wörth:
www.gasthof-geier-woerth.de
www.beim-butz.de
www.rathauscafe-rösch.de
https://taverna-kranetas.business.site

Weihern:
www.gasthaus-am-see-eder.de

RABE BIKE, Gewerbepark B 5, 93086 Wörth an der Donau, Tel. 09482 643 99 99, www.rabe-bike.de

Foto: An den Weiherner Weihern hat der Herbst Einzug gehalten.

schwer | 29 km | 310 Hm | 2:15 h

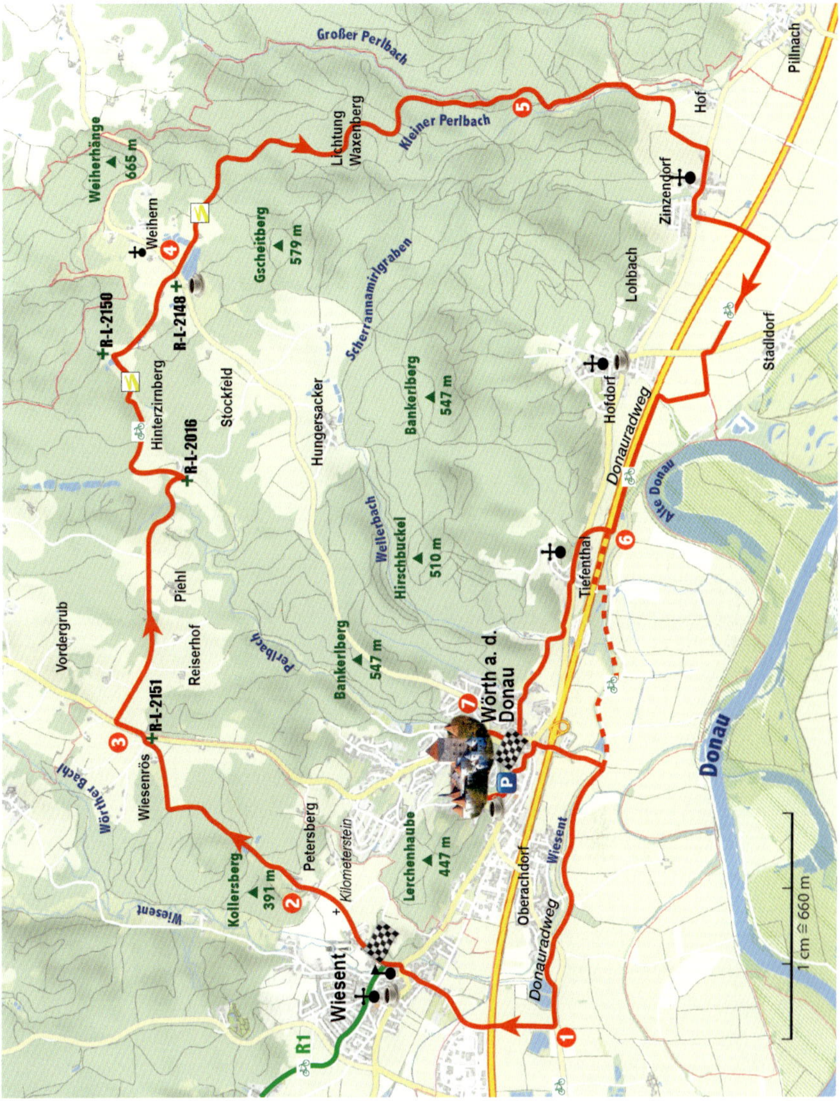

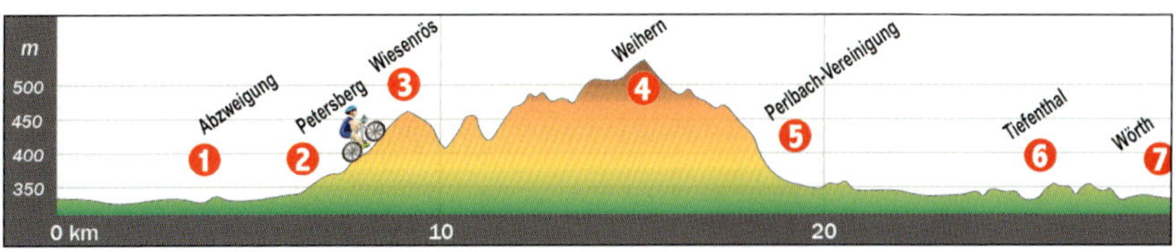

Schloss Wiesent samt Nepomuk, dem Brückenheiligen

Prem-Haus, Wiesent

Kennen Sie das Gefühl, wenn Sie sich nach ein paar Kilometern Radeln so fühlen, als wären Sie abseits der Zivilisation auf den vier Buchstaben der Welt gelandet? (Romantisch veranlagte Menschen benutzen den Euphemismus „malerisch".) Interessanterweise gefällt es Ihnen dort sehr gut, ja mehr noch, Sie fühlen sich sogar wohl. Bei dieser Tour könnte es passieren, dass Sie in diese GefühlsWiesentWeiherWelt eintauchen. Wenn Sie dann der Wald nach etlichen Kilometern wieder ausspuckt und Sie das ungnädige Rauschen der Autobahn aus dem Gefühlsrausch zurückholt, haben Sie immer noch die wohlige Erinnerung an diese waldig-wellige Wellnesstour. Auch Ihre Schenkel werden sich – und auch Sie – noch eine Weile an die knackigen 400 Höhenmeter erinnern.

Wegbeschreibung:

Wenn Sie mit dem Rad aus Regensburg „anreisen", können Sie das mittels Donau-Radweg und Radweg R1 tun und im Ort Wiesent beim Schloss auf diesen Rundweg stoßen.

Wer seinen Drahtesel zum Startpunkt chauffiert, lässt das Biest in der Wörther „Sandmüllerwiese" auf die Piste. Am Ende dieses Wegs biegen Sie rechts in den Kapellenweg ein und sind kurz darauf oben beim Friedhof. Entlang der Friedhofsmauer bekommen Sie einen schönen Blick auf das riesige hiesige Schloss. Sie folgen weiter dem Donauradweg, überqueren die Autobahn und kurz darauf die durch zwei Dämme stark eingezwängte Flutmulde der Wiesent. Sie biegen beim Schlossblick rechts ab und fahren auf der Fahrstraße bis zur R7, die Sie südlich von Oberachdorf nicht nur erreichen, sondern sogar überqueren. Danach geht's weiter Richtung **Kiefenholz**, bis Sie nach zwei Weihern endlich rechts – nach Norden – abbiegen können ❶. Auf dieser Straße überqueren Sie wieder die A3, passieren Gewerbepark und Sportplatz und erreichen auf der Bahnhofstraße nach dem Rathaus den Schlossplatz in **Wiesent** nach 5 Kilometern.

Hinter Petersberg beginnt der Anstieg.

Vor dem Schloss biegen Sie rechts ein. Nach Überquerung der Wiesent geht's nach links Richtung Petersberg. Kurz auf der Petersberger Straße lohnt ein Halt: Das ehemalige **Prem-Haus**, ein Holzhaus, 1717 in Blockbauweise erbaut, verdient Beachtung. Es wurde – zu Recht – 2014 mit einem Denkmalschutzpreis des Landkreises Regensburg ob seiner vorbildlichen Sanierung ausgezeichnet. Dann geht's weiter. Zwischen Wiesent und Petersberg steht links ein „Stundenstein". 7 Stunden dauerte es seinerzeit von hier zu Fuß bis Regensburg. (1 Stunde = 3,7 km) Leicht ansteigend erreicht unser Weg danach **Petersberg** ❷. Sie haben das wellige Waldland erreicht. Nach dem ersten leichten Anstieg folgt ein romantischer Taleinschnitt. Kurz vor der Waldausfahrt ist ein stärkerer Anstieg zu bewältigen. Nach dem Wald steigt es nach dem Rechtsbogen länger an, der kleinste Gang hilft weiter. Dann passieren Sie **Wiedenrös 4**. Kurz darauf biegen Sie rechts ein und kommen zur St 2146 ❸.

Auf diese breite Staatsstraße biegen Sie links ein, verlassen sie aber kurz darauf nach rechts Richtung **Pfraumbach** und **Reiserhof**. Sie geben bei der Abfahrt 60 Höhenmeter wieder ab. Etwa 55 holen Sie sich wieder zurück, wenn Sie die Abzweigung nach Piehl hinter sich gelassen haben. Bei der nächsten (herrlichen) Abfahrt geben Sie nur 44 Höhenmeter her, von denen Sie 40 wieder hereinholen müssen. Ein Geben und Nehmen, ein

Goldener Herbst am Goldsteig-Prädikatswanderweg

Wellige Wald-Wiesenlandschaft vor Weihern

Auf und Ab. Sie erreichen kurz vor **Vorderzirnberg** die Abzweigung nach links (**Hinterzirnberg**). Jetzt folgen Sie aufwärts dem Radrundweg Rettenbach-Wörth a. D. Die nächsten 900 Meter bieten 42 Höhenmeter. (Mathematiker könnten jetzt die Steigung ausrechnen.) An seiner höchsten Stelle auf 482 Metern biegt der Radrundweg nach links ab. Hier stoßen Sie auf mehrere Wanderbeschilderungen, u. a. auch auf den glänzenden Goldsteig. Sie bleiben noch kurz auf Asphalt und folgen der Goldsteigbeschilderung geradeaus. Der Asphaltweg verzupft sich nach rechts nach Hinterzirnberg, das versteckt (andere sagen „pittoresk") unten am Perlbach liegt.

Der geschotterte Weg erfordert Ihre Aufmerksamkeit. Früher oder später erblicken Sie im Hintergrund die ersten Häuser von Weihern, und erreichen eine wunderschöne offene Fläche mit Wiesen und Weihern. An einer Kreuzung samt Bank und Wegweisern biegt der Goldsteig nach rechts ab, und Sie auf ihm, und nach ein paar Metern haben Sie wieder Asphalt unter Ihren Rädern. Kurz danach verabschiedet sich der Goldsteig nach rechts. Sie bleiben auf dem Asphaltweg und radeln auf den sehr steilen Anstieg zu. Geben Sie doch hier Ihrem Fahrrad die Chance, einmal geschoben zu werden. Beim Passieren der ersten Häuser in **Weihern** kann sich Ihr Puls wieder in den orangen Bereich hinein beruhigen. Sie erreichen die R7 und fahren geradeaus weiter (hier Abstecher zum „Gasthaus am See" nach rechts möglich!). Sie passieren den Weiherner Weiher 4.

Kurz vor dem Wald endet der Asphalt. Im Wald angekommen, bleiben Sie geradeaus. Goldsteig, E8, Jakobsweg und grünes Dreieck stoßen von rechts kommend bei einer Kreuzung dazu. Auf 350 Meter begleiten Sie die Wanderwege, dann nehmen Sie die Abzweigung nach rechts. Zum Teil flott abwärts müssen Sie auf dem geschotterten Weg sehr aufmerksam fahren. Nach etwa 1,5 Kilometern erreichen Sie die Lichtung des ehemaligen Ortes **Waxenberg**. Hinter einer Bank steht ein Feldkreuz, links hinter diesem Kreuz im Wald ist ein Bogen, wahrscheinlich der Eingang zu einem ehemaligen Keller, zu sehen.

Am Ende der Lichtung, nach der Holzhütte, biegt der Forstweg nach links. Es folgt eine zwei Kilometer lange Abfahrt zum großen Perlbach. Bei der Vereinigung **Großer** und **Kleiner Perlbach** sind Sie unten angekommen 5, die Landschaft

Im ehemaligen Ort Waxenberg

Beschauliche Bachromantik

wird wieder offener. Wiesen begleiten den Großen Perlbach hinaus in die Donauebene. Kurz nachdem Sie den Bach überquert haben, folgt eine kleine Anhöhe, bei der Sie auf Asphalt nach rechts nach **Zinzendorf** kommen. Sie radeln durch den Ort, biegen aber vor den letzten Häusern links ab. Es folgt die Autobahn, die Sie überqueren. Im Anschluss biegen Sie rechts ein und befinden sich nun auf dem Donauradweg. Sie radeln dabei entlang der Grenze zu Niederbayern. Die anschließende St 2125 überqueren Sie und folgen weiter dem Donauradweg, d. h. vor Leithen nach rechts und kurz darauf hinunter in ein kleines Seitental der Donau. Vor der A3-Unterquerung folgen Sie links dem Donauradweg und begleiten die Autobahn auf 1,25 Kilometern.

Wenn Sie genug von Steigung und offroad haben, bleiben Sie auf dem Donauradweg, bis sich südlich von Wörth der Kreis schließt (siehe Karte). Wer einen alternativen Blick auf Schloss Wörth erhaschen möchte, verlässt den Radweg nach rechts 6, unterquert die A3 und nimmt wieder einmal eine kleine Steigung in Kauf. Oben angekommen, biegen Sie links in die St 2125 ein und erreichen **Tiefenthal**. Bei der Feuerwehr stoßen Sie auf die Beschilderungen des Burgensteigs und des Donaupanoramawanderweges, einem Weitwanderweg. Sie folgen diesen Markierungen, biegen nach einer kurzen Abfahrt rechts ab und nehmen gleich anschließend links einen Asphaltweg aufwärts. Vor dem letzten Haus biegen Sie nach links auf einen Hohlweg ab. Nach etwa 200 Metern abwärts überqueren Sie einen Asphaltweg, der rechts nach Wichenbach führt. Sie fahren geradeaus auf „Am Weinberg" aufwärts. **Schloss Wörth** 7 liegt nun direkt vor Ihnen.

Weiter der Markierung folgend, erreichen Sie den Wörther Stadtteil **Hungersdorf**. Einmal runter, dann rauf und wieder runter, und Sie erreichen die Straubinger Straße, in die Sie rechts einbiegen. Jetzt drehen Sie noch eine Runde um den Schlossberg. Beim Kreisel nehmen Sie die erste Ausfahrt, fahren auf der Altdorfer Straße hoch zur links beginnenden Bayerwaldstraße. Von dieser biegen Sie bei der Ampel links ab in die Taxisstraße. Diese Straße führt zur Ludwigstraße, auf dieser wiederum kommen Sie zum Marktplatz. Zurück zum Parkplatz biegen Sie links vorsichtig ein, nach dem Rathaus rechts ab. Sie brauchen dann nur der Markierung Donauradweg bzw. Donaupanoramaweg folgen und erreichen nach 29 Kilometern den Parkplatz.

Wissenswertes:

Wiesent: Schade, der Donauradweg führt glatt an Wiesent vorbei. Gut, dass wenigstens der Donaupanoramawanderweg durch den netten Ort führt. Beherrschend am Schlossplatz ist Schloss Wiesent, 1695 neu erbaut und 1762 mit dem Anbau des Hudetz-Turms erweitert. Infos: www.wiesent.de

4 Weihern: Ähnlich wie Hungersacker ist Weihern in einer Rodungsinsel entstanden. Die namensgebenden Weiher dürften schon lange existieren. Der Goldsteig – südliche Variante – passiert den kleinen Ort. Ansonsten passiert hier relativ wenig.

Waxenberg (Wachsenberg): Erreicht man die Lichtung Wachsenberg (Schreibweise ab 1936 mit „x"), kann man sich gar nicht vorstellen, dass hier ein Dorf stand, welches mit den umliegenden Weilern und Gehöften flächenmäßig eine der größten Gemeinden war. 1906 zog die letzte

Familie (Fürst) weg. Das Dorf verschwand, die Felder wurden aufgeforstet. Wer sich für die in der Nähe befindlichen Burgställe interessiert, unternimmt am besten eine Wanderung. Der Burgstall „Schlössl" befindet sich östlich der Lichtung, der Burgstall „Alte Schloßgräben" südwestlich.
Infos zu Waxenberg von Heimatpfleger Fritz Jörgl, *Kleine Wörther Volkskunde*, zu finden unter www.heimatforschung-regensburg.de

7 Wörth: Das Stadtbild wird beherrscht von Schloss Wörth, einst die Sommerresidenz der Regensburger Fürstbischöfe. Im berühmten Rondellzimmer fand am 26. Juli 1806 eine Aktion statt, die in ihrer Bedeutung eine europäische Dimension besitzt: Die Unterzeichnung der Rheinbundakte durch Kurfürst-Erzkanzler Carl von Dalberg. Sie bedeutete die Gründung des Rheinbundes und den Bündnisvertrag von 16 deutschen Fürsten mit Napoleon. Gleichzeitig bedeutete es das Ende des Heiligen Römischen Reiches Deutscher Nation. Zwei Wochen später legte Kaiser Franz II. die Kaiserkrone nieder und löste Reich und Reichstag auf.
Einen sehr guten Abriss, was Ende Juli 1806 ablief, beschrieb Konrad Färber, eindrucksvoll im Beitrag **„Ein Augenblick europäischer Geschichte"** – Schloss Wörth an der Donau und sein Rondell-Zimmer – im Buch Landkreis Regensburg – Das große *Heimatbuch der südlichen Oberpfalz (MZ-Buchverlag der Mittelbayerischen Zeitung).*
Infos: www.stadt-woerth.de

Schloss Wörth

Von Regensburg nach Brennberg – über Wiesent wieder zurück

„Wo der Landkreis Regensburg zu Höchstform aufläuft. Und mit ihm auch Sie!"

TOUR 18

Start/Ziel: Donauarena
Navi: Walhalla-Allee 24, 93059 Regensburg

Regensburg - Brennberg – Wiesent – Regensburg

Asphalt: 33,8 km
Schotter: 18,1 km
Naturweg: 7,4 km

Bergauf- und Bergab-Tour zur Asam-Barock-Kirche in Frauenzell und zum Burgruinenort Brennberg. Nach einer weniger anstrengenden Abfahrt zum Schlossort Wiesent eine genussvolle Rückfahrt auf dem Donauradweg.

Tegernheim:
Picknickhütte am Donauradweg

Landgasthof-Hotel Hammermühle,
hammermuehle-donaustauf.de

Otterbachtal: Waldgaststätte 1, 93177 Altenthann, Tel. 09408 555

Brennberg:
Hirschbergers Holzofenkuchl, Reimarstraße 5, 93179 Brennberg

Gasthaus zur Burg, St.-Rupertstraße 3, 93179 Brennberg, Tel. 09484 281

Wiesent: www.cafe-lintelo.de

Kruckenberg: www.zum-kruckenberger.de

Bach:
Weinstube Eibl, Tel. 09403 606

Bacherer Landgasthof, Hauptstraße 31, 93090 Bach an der Donau, Tel. 09403 569

Donaustauf:
www.forsters-posthotel.de

Gasthof Burgfrieden, Tel. 09403 9694600

Tegernheim:
pensiongoetzfried.de

 Foto: Morgenblick vom Brennberger Burgturm

schwer | 59,3 km | 450 Hm | 3:55 h

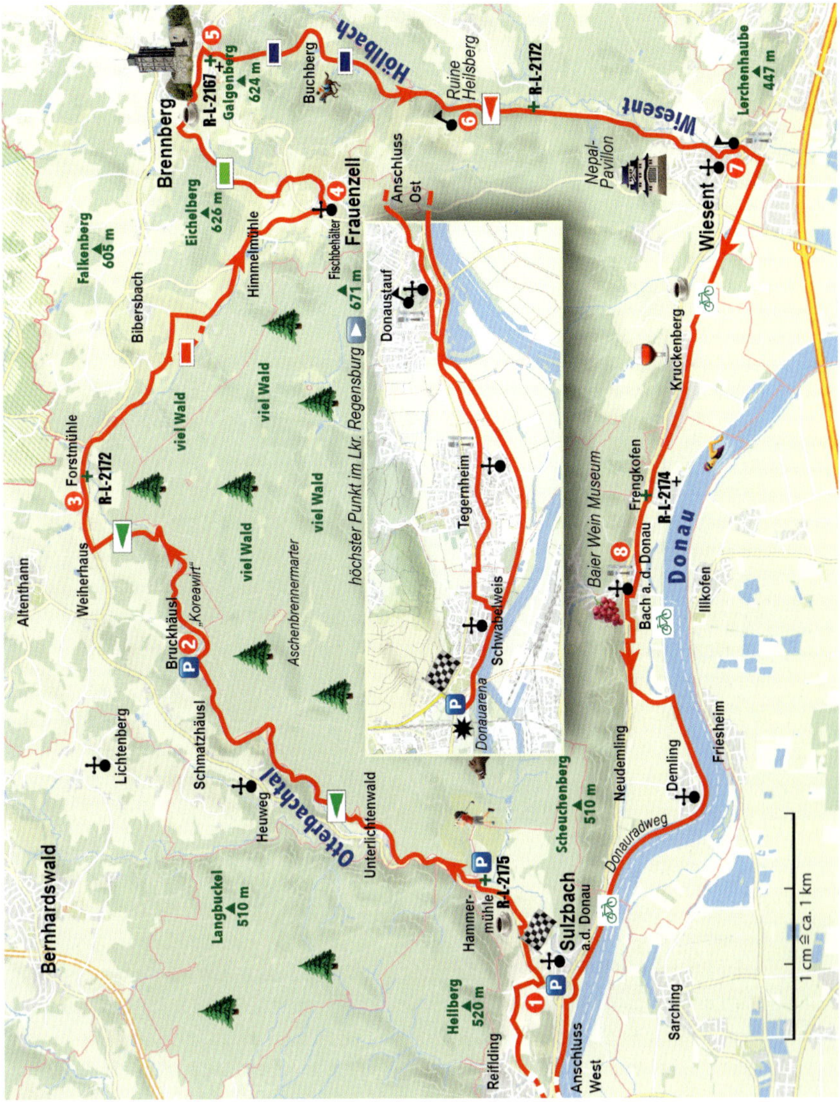

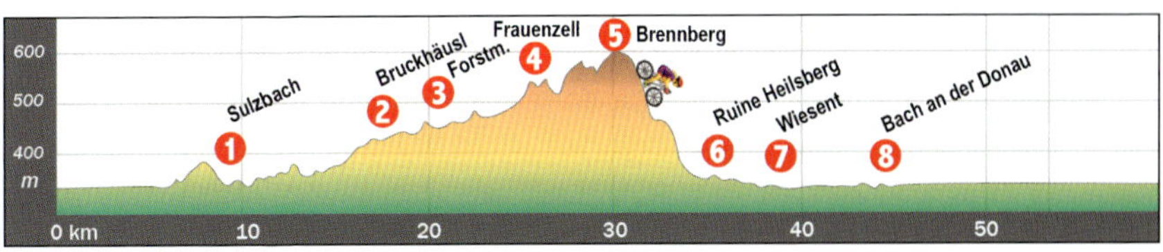

Im Herbst ist das Otterbachtal besonders schön.

Für diese entdeckungsreiche Tagestour sollte man sich viel Zeit gönnen, führt sie doch auf längeren Forstwegen bergauf. Und logischerweise auch wieder bergab. Drei bei Wanderfreunden bestens bekannte Täler werden durchfahren. Bei Frauenzell erreichen wir das höchstgelegene Skigebiet im Landkreis Regensburg. Mit Brennberg wird auf 610 Metern Höhe ein herausragender Burgruinenort erreicht. Vom Burgturm aus ist der höchste Punkt des Landkreises (676 m ü. NHN) zum Greifen nah, aber der Blick reicht viel weiter!

Die Wege der anschließenden Abfahrt nach Wiesent erfordern viel Aufmerksamkeit. Unten, im dritten Tal, radelt man entspannt Richtung Wiesent. Die Rückfahrt nach Regensburg ist dann Wellness pur.

Wegbeschreibung:

Die Beschreibung beginnt an der Südostecke der Donauarena. Sie folgen der Beschilderung zum Donauradweg, passieren **Schwabelweis** und **Tegernheim**. In Donaustauf biegen Sie bei der ersten Abzweigung links ab, überqueren die St 2125 und biegen rechts in die Regensburger Straße ein. Auf der Maxstraße setzen Sie Ihre Fahrt durch den Markt fort. Von der folgenden Wörther Straße biegen Sie links in die Walhallastraße ab. Nach der ersten Steigung biegen Sie links in die Klenzestraße ab, auf der folgenden Weinbergstraße wird bei einem nebelfreien Tag der Blick auf die stehende Donau frei. Nach kurzer Abfahrt zur St 2145 überqueren Sie diese vorsichtig. Auf der Friedhofstraße fahren Sie zur Falkensteiner Straße, in die Sie links einbiegen. Am Ortsende fahren Sie auf dem Wirtschaftsweg weiter zur **Hammermühle** ❶.

Auf die Thiergartenstraße biegen Sie rechts ein, passieren den Landgasthof und wenden sich gleich nach links. Auf dem folgenden Waldweg folgen Sie der Markierung Grünes Dreieck (O 15). Der Weg hat leider seinen Charme durch Verbreiterung und Schotter verloren. Die Alternative wäre bis Unterlichtenwald auf der kurvenreichen Staatsstraße zu radeln. Ein Genuss ist das allerdings nicht, der Verkehr ist nicht wenig, und nicht selten wird auf dieser Strecke schnell gefahren. So starten Sie nach knapp 11 Kilometern auf dem Waldweg und passieren **Klammer** und **Neumühle**. Hinter Unterlichtenwald wechselt das grüne Dreieck auf O 16. Bei leichtem Anstieg radeln Sie weiter dem Otterbach entgegen. Wo die Steigung stärker wird, lädt der von Felsen gesäumte Bach zum Photoshooting ein. Sie erreichen bei einem Wanderparkplatz die kleine Straße. Sie führt zum **Bruckhäusl** bzw. zur Waldgaststätte Otterbachtal, aka **„Koreawirt"** ❷.

Die Fahrt verläuft weiter ohne nennenswerte Steigung entlang des Otterbaches. Ein kurzes Stück wird auf der linken Seite des Baches gefah-

Vom Aussterben bedroht: das Trekkingrad

Eiserner Krieger im Himmelmühlbachtal

ren, ehe wieder auf die rechte Seite gewechselt wird. Die Felslandschaft vom Feinsten begleitet Sie bis zur Überquerung des von rechts kommenden Karlswiesbaches. Ab hier steigt es enorm stark an. Ist der Weg nach längeren Regenfällen ausgeschwemmt, kommt man ums Schieben nicht herum. Oben angekommen, biegt man links ab und gibt bei der Abfahrt zur **Forstmühle** 3 wieder Höhenmeter ab. Eine Alternative stellt die Weiterfahrt auf dem Wanderweg dar. Dabei biegt man nach links zum Otterbach ab, überquert ihn und folgt dem Wanderweg nach rechts teils auf Pfad und verwurzeltem Weg. Nach dem Wald folgt ein Feldweg, der aufwärts zur Staatsstraße führt. Hier biegen Sie rechts ein und erreichen Forstmühle nach schöner Abfahrt.

Nach **Forstmühle** biegen Sie von der St 2153 rechts (nicht sofort bei der Abzweigung St 2145) auf einen Waldweg ab. Der Weg bringt Sie in diesem schönen Tal entlang des Himmelmühlbachs nach **Grabenhof**. Hier biegen Sie rechts ein und radeln kurz auf Asphalt. Den kräftigen folgenden Anstieg sparen Sie sich, indem Sie rechts auf einen Feldweg abbiegen und dabei bis zur Kleinhimmelmühle auch noch abkürzen. Wieder auf Asphalt kommen Sie zur Himmelmühle. Sie biegen rechts in die R24 ein, verlassen diese in Himmelthal nach rechts. Der Weg gabelt sich, Sie nehmen den nach links abzweigenden und treten nun richtig in die Pedale. Nach **Ochsenweide** biegen Sie kurz rechts ein, um im Anschluss links nach **Frauenzell** 4 abzubiegen. Der ehemalige Klosterort mit seiner sehenswerten Kirche ist nach 26 Kilometern erreicht. Biegen Sie nicht gleich bei der Beschilderung rechts zum Kloster ab, ein paar Meter weiter kommen Sie auch rechts zur Wallfahrtskirche **Mariä Himmelfahrt** beim ehemaligen Benediktinerkloster.

Sie setzen Ihre Tour hinauf nach Brennberg fort, indem Sie nördlich des ehemaligen Klosters auf eine Weggabelung kommen. Sie nehmen den Weg links nach Norden (Wanderweg grünes Rechteck ▬ O 53) und passieren dabei den kleinen Skilift. Nach Überqueren der R42 biegen Sie von der R24 bei Hechtfeld rechts ab und nehmen am besten den kleinsten Gang für den Anstieg. Nach Zwinger und Zieglhäusl geben Sie kurz vor Schmidlehen leider einige Höhenmeter ab, ehe Sie nach rechts den (fast) letzten Anstieg dieser Tour in Angriff nehmen. Auf dem Bräufeldweg erreichen Sie beim Sportplatz den schönen Ruinenort **Brennberg** 5. Nach fast 30 Kilometern ist die Hälfte der Strecke geschafft, und Brennberg bietet schöne Einkehrmöglichkeiten. Wer Zeit, Fitness und Muße hat und nach der Einkehr die Be-

Blick nach Altenthann

Kapelle Neumühle

sichtigung der Burgruine unternimmt, wird durch einen herrlichen Rundumblick entschädigt.
Sie verlassen Brennberg auf der Johannisstraße, biegen aber dabei beim **Spital** links nach Buchberg ab. Zunächst folgt eine rasante Abfahrt auf Asphalt. Nach dem Weiher biegen Sie auf einen Forstweg links ab (Markierung blaues Rechteck (blaues Rechteck) 0 70). Der Weg gabelt sich, Sie fahren links. Im Anschluss folgen Sie weiter dem blauen Rechteck, die steile Abfahrt fordert Ihre volle Aufmerksamkeit. Zum blauen Rechteck gesellt sich von rechts das grüne Rechteck ((grünes Rechteck) 0 52). Kurz nach dem Forsthaus Heilsberg erreichen Sie den Höllbach und damit das rote Dreieck (Wanderweg (rotes Dreieck) 0 50).
Nach der Abzweigung zur **Burgruine Heilsberg** **6** (ein Hinweis zur Ruine ist vorhanden) gibt der Höllbach seinen Namen ab, er heißt jetzt Wiesent. Ab der nächsten Abzweigung nach Dietersweg können Sie wieder auf Asphalt radeln. Sie passieren Neumühle und erreichen nach der Waffenschmiede den schönen Ort **Wiesent** **7**. Höllbach-, Neue Höllbach- und Frauenzeller Straße bringen Sie nach 38 Kilometern zum Schlossplatz. Vom Schlossplatz fahren Sie am Rathaus vorbei, auf der Bahnhofstraße kommen Sie kurz darauf zur Feuerwehr. Hier biegen Sie rechts ein und radeln quasi auf der ehemaligen Bahnlinie des Walhallabockerls am Sportplatz vorbei Richtung **Kruckenberg**. Nach Überquerung der St 2146 bleiben Sie geradeaus. Wer einkehren will in dem Weinbauort, biegt in Kruckenberg beim Feuerwehrhaus rechts ein, anschließend links in die Wörther Straße. Kurz nach Kruckenberg besteht die Möglichkeit, auf die Bahntrasse links abzubiegen. Nach Passieren von Frengkofen wird **Bach** **8** erreicht.
Der Genussort der Jahres 2018 kann auf der Hauptstraße durchradelt werden. Am Ortsende, vor dem **Baierweinmuseum**, bietet die Bahntrasse noch mal eine Alternative zur Staatsstraße an. Es folgt eine Abzweigung nach links zur Kläranlage. Es ist empfehlenswert, diese Abzweigung zu nehmen, um im Anschluss auf dem Donauradweg an **Demling, Donaustauf** und **Tegernheim** vorbei zum Regensburger Stadtteil **Schwabelweis** zu kommen. Kurz darauf ist nach Unterquerung des Odessa-Rings und der Eisenbahnlinie der Ausgangspunkt Donauarena erreicht. Abwechslungsreiche 59 Kilometer liegen hinter uns.

Wissenswertes:

4 Frauenzell:

Mehrfach zerstört durch die Schweden im Dreißigjährigen Krieg 1632–34. Das konnte dem aus

Markanter Gipfel: Burg Brennberg samt Aussichtsturm

einer Einsiedelei gewachsenen Kloster keinen Abbruch tun. Im Jahr 1325 war die erste Kirche geweiht worden, und man hatte die Gottesmutter Maria zur Patronin gewählt. Aus „Unserer Lieben Frauen Zell" wurde „Frauenzell". 1424 war die Anlage bereits zur Abtei aufgestiegen. 1721 begann der Neubau der alten, baufällig gewordenen Kirche. Das Leben der Abtei endete 1803 im Rahmen der Säkularisation. Das Kloster wurde geschlossen, die Gebäude verkauft oder der Gemeinde zur Nutzung übergeben. Seitdem dient die Kirche als Pfarrkirche.

5 Brennberg:

Burg Brennberg war eine Ganerbenburg, d. h. sie wurde – nach Teilung in Ober- und Unterbrennberg – von mehreren Familien bewohnt. Gegründet von dem Adelsgeschlecht de Prenberg Anfang des 11. Jahrhunderts. Nach zahlreichen erratischen Besitzerwechseln erlangte das Geschlecht der Auer aus Regensburg die Regentschaft. Man nannte sich dann *Auer de Prenberg*. 1686 brannten beide Teile des Schlosses zur Ruine ab. 1832 ging Brennberg an den Fürsten Maximilian von Thurn und Taxis über, dessen Nachfahren 1935 die Ruine der Gemeinde schenkten.

Berühmt wurde Reimar II. von Brennberg, ein berühmter Minnesänger, dessen Lieder in der Manessischen Liederhandschrift zu finden sind.

6 Heilsberg:

Erbaut Mitte des 12. Jahrhunderts mit dem Ziel der Erschließung der Waldgebiete nördlich der Donau. Erste Erwähnung 1213 als *Heylsperch*. Viele wechselnde Besitzer, als das Gebiet zugunsten von Wiesent an Bedeutung verlor. Verfall seit dem 16. Jahrhundert.

7 Wiesent:

Zerstört 1630 im Dreißigjährigen Krieg. Das hatten wir fast schon erwartet. Deswegen ist von der einstigen Burg auch nichts mehr zu sehen. Aber kein Schaden ohne Nutzen. 1695 ließ Graf Rudolf von Lintelo das Gebäude als langgestrecktes, eingeschossiges Barockschloss erbauen. Die Durchfahrt ist „rustifiziert", also auf alt getrimmt. Sie trägt Wappen und Jahreszahl. Im 1762 erbauten Turm ist heute ein Museum zu Maler und Grafiker Karl Anton Hudetz untergebracht. Dieser starb 1977 in Wiesent. Der Turm wurde logischerweise erst später nach ihm benannt.

Viel ist nicht mehr übrig von Heilsberg.

Altlandkreis BUL-Tour – Kreuz und quer durchs Städtedreieck

„Geschichte, Industrie, Flusslandschaft und Dogger"

TOUR 19

93142 Maxhütte-Haidhof, Bahnhofstraße 53
Alternativer Startpunkt:
93133 Burglengenfeld, Friedhofstraße 42

Maxhütte-Haidhof – Roding – Burglengenfeld – Hub – Pottenstetten – Premberg – Teublitz – Meßnerskreith – Kappl – Leonberg

Asphalt: 36,8 km
Schotter/Naturweg: 11,2 km

Hügelige Tour in und um die schöne Wittelsbacher Stadt mit zweimaliger Überquerung der Naab, Waldpassagen und Ausblicken auf die schöne Landschaft.

Burglengenfeld:
Am Marktplatz, Höhe Haus-Nr. 17
Am Parkplatz beim Volkskundemuseum
Maxhütte: Stadthalle
Teublitz: Platz der Freiheit

Burglengenfeld:
zahlreiche Gaststätten, auch Imbissbuden (Asia, Döner etc.)
www.gasthofdreikronen.de
www.sowieso-bul.de
www.wip-burglengenfeld.de (Slow Food)

Leonberg:
www.osteria-ettore.com
www.sankt-clemenshaus.de

Maxhütte:
www.pizzadagiovanni.de

Kürzbar auf 34,5 km, wenn der Ostteil (Meßnerskreith) ausgelassen wird. Dann fahren Sie von Teublitz entlang der Hauptstraße zurück nach Maxhütte-Haidhof. Als GPS-Track hinterlegt, im Text kurz skizziert.

Foto: Premberg und Burglengenfeld

mittel | 48 km | 370 Hm | 3:25 h

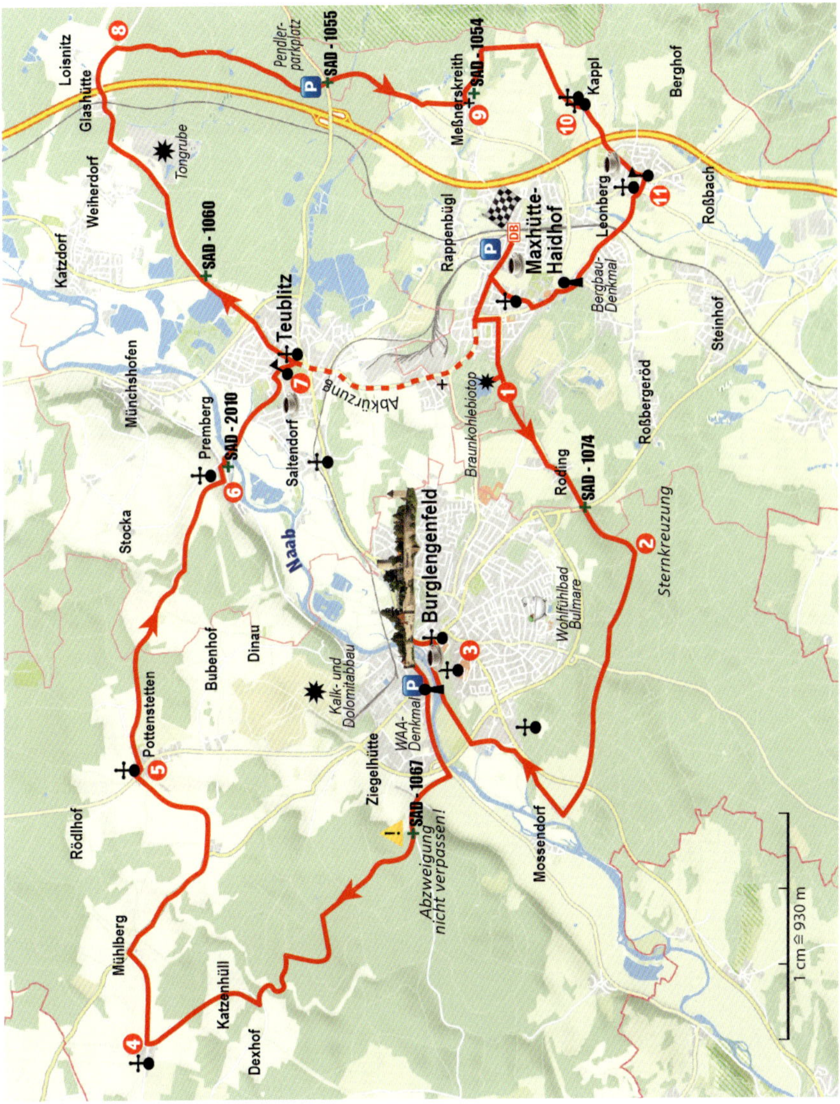

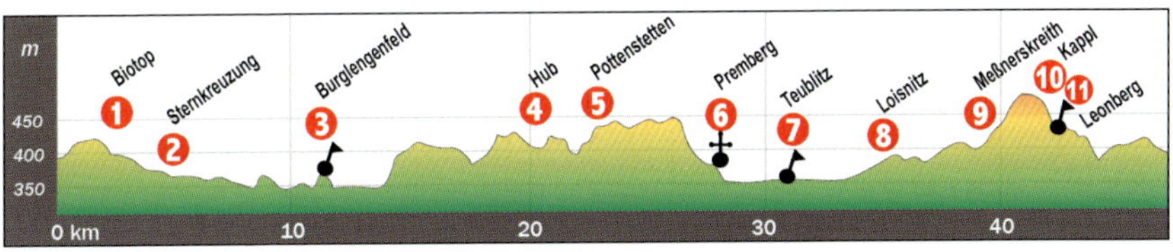

oben: Braunkohlebiotop

links: Greinhof

Diese genussreiche „U-50-Tour" spannt den geschichtlichen Bogen extrem weit. Mit dem Ort Premberg erradeln Sie den ältesten urkundlich erwähnten Ort (805 n. Chr.) im Landkreis Schwandorf. Beim WAA-Denkmal in Burglengenfeld hört man die Proteste der hiesigen Bevölkerung noch widerhallen. Dazwischen liegen Burgen, Kirchen und Ruinen. Das alles ist eingebettet in die Kontaktzone von zwei Großlandschaften, der Böhmischen Masse im Osten und der Albhochfläche im Westen. Was so dramatisch klingt, ist letztendlich eine abwechslungsreiche, optisch ansprechende Tour.

Wegbeschreibung:

Sie starten vom Bahnhof Maxhütte-Haidhof und radeln zunächst auf der Bahnhofstraße aufwärts. An der Regensburger Straße angekommen, biegen Sie links ein, anschließend rechts in die Rathausstraße ab. Gleich nach den letzten Häusern liegt rechter Hand das Biotop des alten Braunkohleabbaus ❶. Sie können sich den Abstecher für eine spätere Erkundung zu Fuß merken! Ab Ende der Stadt nehmen Sie den Rad-/Gehweg in Richtung Roding. Es fährt sich flott abwärts. Auf der Raffastraße kommen Sie durch Roding zur St 2397 (ehem. B15). Diese überqueren und geradeaus weiter auf einer Forststraße (Wanderweg 6 – Panoramasteig im Städtedreieck). Auch wenn es auf Karten langweilig aussieht, die Fahrt auf den Forstwegen durch den Raffawald ist es keineswegs. Bei der Sternkreuzung ❷ biegen Sie rechts ab, Sie dürfen nun der Beschilderung 4 – „Fitness- und Sportlerrunde" – folgen. Der Forstweg bringt Sie nach eineinhalb Kilometern zur SAD6. Ohne Markierung radeln Sie geradeaus noch mal 1,5 Kilometer Forstweg weiter und sind schon an der St 2235. Diese überqueren Sie und fahren auf **Greinhof** (8,5 km) zu.

Fährt man geradeaus, erreicht man nach ca. 150 Metern die Naab. Hier, bei Greinhof und gegenüber bei Mossendorf, befindet sind eine der schönsten Stellen der Naab, wobei zu erwähnen ist, dass sich zwischen Burglengenfeld und Kallmünz einer der reizvollsten Flussabschnitte befindet. Wenn Sie also einmal statt Radeln eine Paddeltour unternehmen wollen … Nach der 90-Grad-Rechtskurve im Ort radeln Sie geradeaus weiter aus dem Weiler, „erklimmen" eine Anhöhe, ehe es leicht bergab an einem Gewerbegebiet einschließlich Kläranlage vorbei auf Burglengenfeld zugeht. Nach Unterquerung der Umgehungsstraße fahren Sie auf der Kellergasse stadteinwärts. Ein Denkmal erinnert an die Zeit des Widerstandes gegen die WAA in den achtziger Jahren des vergangenen Jahrhunderts **3**. Ein paar Meter weiter lohnt ein nächster kurzer Stopp: Die mehrere hundert Jahre alte, aber immer noch fotogene Linde hat im Laufe ihres Lebens viel durchgemacht. Wünschen wir ihr noch viele Jahre Standfestigkeit. Gegenüber liegen die alten Felsenkeller. Betreten verboten, aber kaum jemand wird das freiwillig tun.

Für die Fahrt ins Zentrum biegen Sie rechts in den Stadtgraben ein. Die kurze Steigung entlang des Stadtgrabens ist zwar heftig, aber schnell vergessen, wenn man oben ist. Sie biegen links in die Rathausstraße ein, rechts in die Sparkassenstraße, und in einem Linksbogen erreichen Sie nach 12 Kilometern den Marktplatz. (Die überlebensgroße Skulptur des Heiligen Georgs wird im Volksmund übrigens liebevoll „Nackerter Schorsch" genannt.)

(Auffahrt und Aufstieg zur Burg sind empfehlenswert. Folgen Sie der Beschilderung im Ort.)

Vom Marktplatz fahren Sie auf der Hauptstraße abwärts. Bei der Ampel biegen Sie links ab und überqueren die Naab. Nach der Flussüberquerung fahren Sie links auf der Friedhofstraße weiter. Wer noch eine Stelle für ein eventuelles Fotomotiv braucht, biegt nach der Hausnummer 17 links zur Naab ab. Die Einstiegsstelle für Bootswanderer bietet einen guten Standort. Über den Großparkplatz (alternativer **Startpunkt**) kommt man wieder zur Friedhofstraße. Von ihr biegen Sie in die Mossendorfer Straße links ab. Nach Unterqueren der Umgehungsstraße biegen Sie rechts zum Stadtteil Wasenhütte ab. Ein Verkehrsschild mit der Angabe einer Steigung im zweistelligen Bereich empfängt Sie. Bis zur Kreuzung im Wald, wo Sie die Autostraße nach rechts verlassen, haben Sie 59 Höhenmeter geschafft (15 km). Sie biegen hier also rechts ab und folgen der Markierung für die **Burglengenfeld-Schlaufe** des Jurasteig-Wegesystems.

Zunächst leicht kurvig mit kurzer Steigung und sanfter Abfahrt fahren Sie geradeaus, bis Sie zu einer T-Kreuzung kommen. Hier biegen Sie links ab, in einem Rechtsbogen kommen Sie zu einer weiteren T-Kreuzung. Sie biegen wieder links ab. Unten am Waldrand radeln Sie zunächst in einem Rechtsbogen, anschließend nach links über die offene Fläche. Aufwärts fahren Sie Richtung Dexhof, biegen aber rechts nach Katzenhüll/Hub ab. Die Straße steigt an, bei Katzenhüll ist es geschafft, und bald darauf ist **Hub** erreicht **4**. (Wenn Sie in Hub kurz nach links fahren, kommen Sie zur architektonisch interessanten Dorfkapelle

WAA-Denkmal

Burglengenfeld – Alte Felsenkeller

von 1977 oder 1978.) In Hub biegen Sie rechts ein, zunächst leicht sanft abwärts folgt eine leichte Steigung, und dann erreichen Sie **Mühlberg**. Hier biegen Sie rechts in die St 2235 ein. Die Straße bringt Sie abwärts ins Forsttal und anschließend aufwärts nach Untersdorf. Am Ortsrand biegen Sie links ab, nach 25 km erreichen Sie **Pottenstetten** 5.

In Pottenstetten biegen Sie rechts ein. Bei der St.-Vitus-Kirche, Patron der Geisteskranken, folgen Sie der Beschilderung **Richthof** und biegen links ab. Nach einem kurzen Waldstück passieren Sie Richthof und dann haben Sie eine wunderbare Abfahrt in den Premberger Graben. Lassen Sie es nicht zu schnell werden, genießen Sie bei der Abfahrt den Hang links. Sie erreichen den Teublitzer Stadtteil **Premberg** direkt bei der Sankt-Martin-Kirche. Sie biegen rechts ab. Auf der Salzstraße überqueren Sie die Naab und radeln anschließend auf einem Rad-/Gehweg Teublitz entgegen. Nach dem Kreisel dürfen Sie auf der Erlenstraße entgegen der Einbahnstraße bis zur Parkstraße radeln, hier biegen Sie links und gleich darauf rechts in die Münchshofener Straße ein. Beim Park biegen Sie rechts ab, drehen eine Runde um die Ruine und verlassen den Park mit seinen schönen Bäumen Richtung Rathaus zum Platz der Freiheit (31 km). Bei der Einfahrt zum Schloss kann man eine schöne gebogene Mauer bewundern.

Sollten Sie an dieser Stelle genug vom Radfahren – oder der Oberpfalz – haben, dann können Sie den Rückweg zum Auto (oder Zug) antreten. Sie fahren die Hauptstraße nach Süden und folgen dann der Maxhütter Straße bis Maxhütte-Haidhof und durch den Ort geradeaus bis zum Bahnhof.

Wollen Sie alles fahren, nehmen Sie vom Platz der Freiheit aus die Hauptstraße (Regensburger Straße) nach Norden (Richtung Schwandorf). Beim Kreisverkehr haben Sie den Ort verlassen. Am Kreisverkehr vorbei, geradeaus weiter. 700 Meter später biegt eine wenig befahrene Straße nach **Loisnitz** ab, der Sie folgen. Leichter Anstieg durch den Wald. Am Ende des Waldes passieren Sie die Multitasking-Tongrube, die immer noch in Betrieb ist. Am Ende der Straße biegen Sie nach rechts ab, erreichen dann kurz darauf Glashütte und überqueren Gleise und Autobahn. Loisnitz 8 zur Linken missachten Sie geflissentlich. Nach einer großzügigen Rechtskurve endet am Waldrand der Traum von glattem Asphalt, und es geht nach rechts auf den Forstweg. Sie überqueren etwas später eine Wald- und Wanderwegkreuzung

(Kontrolle: linker Hand weißes Kreuz), hier aber geradewegs Abfahrt in den Grünwinkelgraben mit dem Weiher zur Linken. Nach einem weiteren leichten Anstieg erreichen Sie die lebenswichtige SAD-1-Straße, die Sie möglichst unbeschadet überqueren. Auf der breiten SAD8 geht es Richtung Maxhütte-Haidhof. Kurz nach der Abzweigung Katzheim verlassen Sie die Straße nach links, der nicht asphaltierte Weg bringt Sie nach **Meßnerskreith** 9 (40 km).

Im Zentrum des kleinen Ortes biegen Sie beim Weiher vom Bruckweg links in die Schwarzenbergstraße ein. Die kleine Straße steigt weiter an, der Asphalt bleibt im Ort zurück. Am Waldrand (schöner Platz zum Ausrasten) biegt der Weg nach rechts ab und führt auf Binkenhof zu. Hier bekommen Sie wieder eine glatte Fläche unter die Räder, aber nur, wenn Sie nach rechts Richtung **Kappl** 10 abbiegen. Nach kurzer Abfahrt ist der Weiler erreicht. Der Ort besitzt gleich zwei schöne Wallfahrtskirchen: Die Untere „Mutter der sieben Schmerzen" auf Privatgrund und die Obere Kapplkirche „St. Michael". Bei der Weiterfahrt wird die A93 wieder überquert, dann folgt **Leonberg** 11. Via Kappl- und Friedhofstraße erreichen Sie die Ortsmitte. Um die Burg aus der Nähe zu betrachten, biegen Sie links in die Pfarrhofstraße ein, von dieser rechts in den Burgweg. Vom Burgweg führt ein kleiner Weg zum Kuchlweg, von dem Sie nach rechts zum Schlossplatz kommen. Sie biegen links in die Bergstraße ab, unten im Tal

Förderturm-Denkmal

unterqueren Sie die Bahnlinie und dann fahren Sie leicht aufwärts nach Deglhof.

Vor der SAD5 kommen Sie zum sehr schön gestalteten Förderturm-Denkmal. *„Dieser Förderturm wurde für künftige Generationen als bleibende Erinnerung an die stolze Bergbautradition unserer Stadt errichtet."* Zum Abschluss dieser Tour sollte ein Halt an dieser Stelle nicht fehlen. Die Weiterfahrt erfolgt auch nach dem Kreisel auf der Regensburger Straße. Wer zum Ausgangsort in Burglengenfeld muss, kann bereits links in die August-Henkel-Straße abbiegen. Sie führt zur Rathausstraße, in die man links nach Roding ein-

Panorama Städtedreieck

Burglengenfelder Burg

biegt. Zum Bahnhof Maxhütte-Haidhof biegen Sie rechts in die Friedrich-Ebert-Straße ab, von dieser wiederum rechts in die Bahnhofstraße. Nach 47 Kilometern erreichen Sie den Bahnhof.

Geologische Besonderheiten:

Bei dieser Tour erfahren Sie zwei geologische Großeinheiten: Im Osten die Tiefengesteine (Plutonite) des ehemaligen Variszischen Gebirges, besser bekannt als „Böhmische Masse" (Alter 550 bis 310 Mio. Jahre vor heute). Im Westen radeln Sie vor allem durch Muschelkalk aus der Jurazeit (161 bis 150 Mio. Jahre vor heute). Dazwischen liegt eine unruhige Nahtstelle, in der u. a. Tone des Variszischen Gebirges, aber in geologischer Neuzeit auch Sedimente der Naab abgelagert wurden.

➊ Braunkohlebiotop: Knapp 100 Hektar Gelände sicherte sich 1876 die Eisenwerk-Gesellschaft Maximilianshütte (Maxhütte) und schuf das Braunkohlen-Grubenfeld Austria. Im Tertiär wurde eine 60 Kilometer lange und über 300 Meter tiefe Rinne mit Abtragungsprodukten des östlichen Grundgebirges aufgefüllt. Dort entstanden in subtropischem Milieu die Braunkohlesümpfe. Die anschließende Inkohlung verwandelte diese Sedimente in Braunkohle.

Der Abbau der Kohle hatte bei Verau bereits 1846 begonnen. Der „nasse" Abbau war aufwändig, die Kohle hatte einen schlechten Brennwert und zunehmend konnte Kohle aus anderen Regionen billiger importiert werden. Erst die Rohstoffknappheit nach dem 2. Weltkrieg führte zum Abbau der Kohle im Revier Austria. 1971 wurde die Grube stillgelegt.

Hans Georg Baumgart: Das ehemalige Bergbaugebiet der Grube Austria in Maxhütte-Haidhof und seine Wiedernetzbarmachung. www.oberpfaelzer-kulturbund.de

➏ Premberg: Bei Premberg tritt der ältere, unter dem „Weißen Jura" liegende „Braune Jura" zu Tage. Diese Schicht ist als „Dogger" bekannt, wobei dieser Begriff eigentlich dem norddeutschen Jura vorbehalten sein sollte. In einem kleinen Verbindungsweg westlich der St.-Martin-Kirche kann man in einen alten Hohlweg eintauchen („Teufelsschlucht"), der diesen rostfarbenen Eisensandstein durchschneidet.

Baudenkmäler:

➌ Burg Lengenfeld: Die Ortschaft Burglengenfeld ist historisch wertvoll (die Altstadt steht komplett unter Denkmalschutz: Ackerbürgerhäuser, historisches Rathaus, Stadtmauer mit Wehrgang, Bierkelleranlage, Burg etc.), aber wegen ihrer Menschen modern und äußerst quirlig. Es gibt viel zu sehen an Häusern und auch Denkmälern. Die Gastronomie kommt nicht zu kurz.

Die Burg ist mit 2,4 Hektar die größte Burganlage der Oberpfalz. Heute befindet sich dort ein Heilpädagogisches Zentrum, trotzdem kann die Burg im Rahmen von geführten Touren in den Sommermonaten besichtigt werden. www.burglengenfeld.de

Kappl, Wallfahrtskirchen St. Maria Dolorosa (Maria der Schmerzen) und St. Michael: Gleich zwei Wallfahrtskirchen stehen in Kappl. Die sehenswertere ist die auf Privatgrund liegende, aber betretbare (falls offene) Kirche Maria der Schmerzen. Im Mittelpunkt dieser aus dem 18. Jh. stammenden Kirche steht Maria, deren Herz von sieben Schwertern durchbohrt ist. In der Kirche gibt es sogar einen eigenen Brunnen mit Zugvorrichtung!

Leonberg, Burg: Angeblich immer noch im Besitz von sieben Familien. Von Weitem eine imposante Erscheinung, die schrumpft und schrumpelt, je näher man kommt. Ein bauliches Konglomerat aus den Jahrhunderten 14 bis 16. Bewohnt, deshalb nicht besuchbar.

„Neues Schloss": Neubarockes Palais aus den Jahren 1885–90, jedoch teilweise älter. Im Rahmen der Revolution 1919 wurde das Schloss gestürmt und geplündert. Berühmtester Bewohner war General Patton, der nach dem 23. April 1945 hier einzog. Jederzeit zugänglich, allerdings leider nur den privaten Nutzern.

Pottenstetten, Kirche St. Ägidius: Interessante Kombination aus Alt und Neu. Der alte Kern geht auf das 13. Jh. zurück, der im 18. Jh. verändert wurde. 1964 wurde eine Erweiterung mit achteckigem Grundriss gebaut und eingeweiht. Auf der Homepage heißt es: *„Die Kirche wurde als Oktogon geschaffen, das nicht nur dominiert und konzentriert, sondern auch der Verbindung von Altem und Neuem in einer diffusen Mischung von Licht und Dunkel einen überzeugenden Ausdruck verleiht. Die Dachkonstruktion besitzt einen einmaligen Zeltcharakter. Ungewöhnlich ist auch die Tatsache, dass sich in der gesamten Kirche keine Darstellung des ‚Gekreuzigten' findet." www.st-vitus.de/geschichte/geschichte.html*

Premberg, Pfarrkirche St. Martin: Premberg ist der älteste urkundlich erwähnte Ort im Landkreis Schwandorf (Erwähnung 805 im Diedenhofer Kapitular Karls des Großen). Angeblich wurde der Kirchturm der Pfarrkirche für Karl den Großen als Aussichtsturm erbaut, der angeblich auch selbst durch den Ort kam. Bei so vielen Angeblichkeiten verwundert es nicht, dass sich etliche Sagen der Gegend um Karl den Großen ranken.

Teublitz, „Altes Schloss": Die Schlossruine steht im Schlosspark. Sie stammt aus dem 13. Jahrhundert und wurde im Dreißigjährigen Krieg zerstört. Danach Verwendung als „Steinbruch" und erst in den Jahren 2000 bis 2002 Notsicherung und Sanierung.

„Neues Schloss": Die Bedeutung des Ortes als adeliger Herrschaftssitz fand im Neuen Schloss seine Fortsetzung. Das heutige Schloss wurde in der 2. Hälfte des 18. Jhdts., also im Barock, gebaut. 1919 (Revolution!) endete die Bewohnung des Schlosses durch adelige Familien im Rahmen einer Versteigerung. Danach 1947 Wohnheim für Überlebende des Holocausts, die auf ihre Auswanderung nach Israel vorbereitet wurden, dann Unterkunft für Waisenkinder. Zwischen 1959 und 1977 Produktionsstätte einer Textilfirma. Seitdem Pflege- und Seniorenheim. www.teublitz.de/teublitz-erleben/freizeitangebote/sehenswuerdigkeiten/schloss

Burg Teublitz

Schwandorfer Runde – Opf-Mittelpunkt, Industriegeschichte und Seen

„Zwei Flüsse- und viele Seen-Tour"

TOUR 20

Parkplatz Schwandorf „Angerring" (auf der nördlichen Seite der Naab) 92421 Schwandorf, Angerring 1; 92442 Wackersdorf/Rauberweiherhaus (mehrere öffentliche Parkplätze) entlang der Holzhauser Straße
Bei Anreise mit der Bahn: Bahnhof Schwandorf oder Bahnhof Schwarzenfeld

Schwandorf – Lindenlohe – Schwarzenfeld – Grafenricht – Stulln – Wölsendorf – Altfalter – Weiding – Hohenirlaching – Murner See – Kronstetten – Schwandorf

Asphalt: 33,6 km
Schotter: 13,5 km
Naturweg: 0,2 km

Eine leicht hügelige Runde, bei der ein Abstecher zum Mittelpunkt der Oberpfalz möglich ist (wenn Sie schwimmen wollen). Abwechslungsreich führt die Runde durch ein historisches Bergbaugebiet (Stulln und Wölsendorf) und passiert einen Teil des Schwandorfer Seengebiets.

Schwandorf:
Marktplatz, bike energy Ladestation
Biergarten auf dem Wöhrl im Stadtpark

Schwarzenfeld: Am Rathaus

Fronberg:
Café Lawendls, Maximilianstraße 8, 92421 Schwandorf

Schwarzenfeld:
Restaurant Miesberg, Klosterstraße 4, 92521 Schwarzenfeld

Stulln:
Gasthof Bodensteiner, Hauptstraße 25, 92551 Stulln

Hohenirlach:
Gasthof-Landhotel-Holzwurm, Hohenirlach 10, 92521 Schwarzenfeld

Schwandorf:
www.schmidtbraeu-schwandorf.de
www.gasthof-baier.de
www.patisseriebrunner.com

 Foto: Schwandorf

leicht | 47,3 km | 146 Hm | 3:20 h

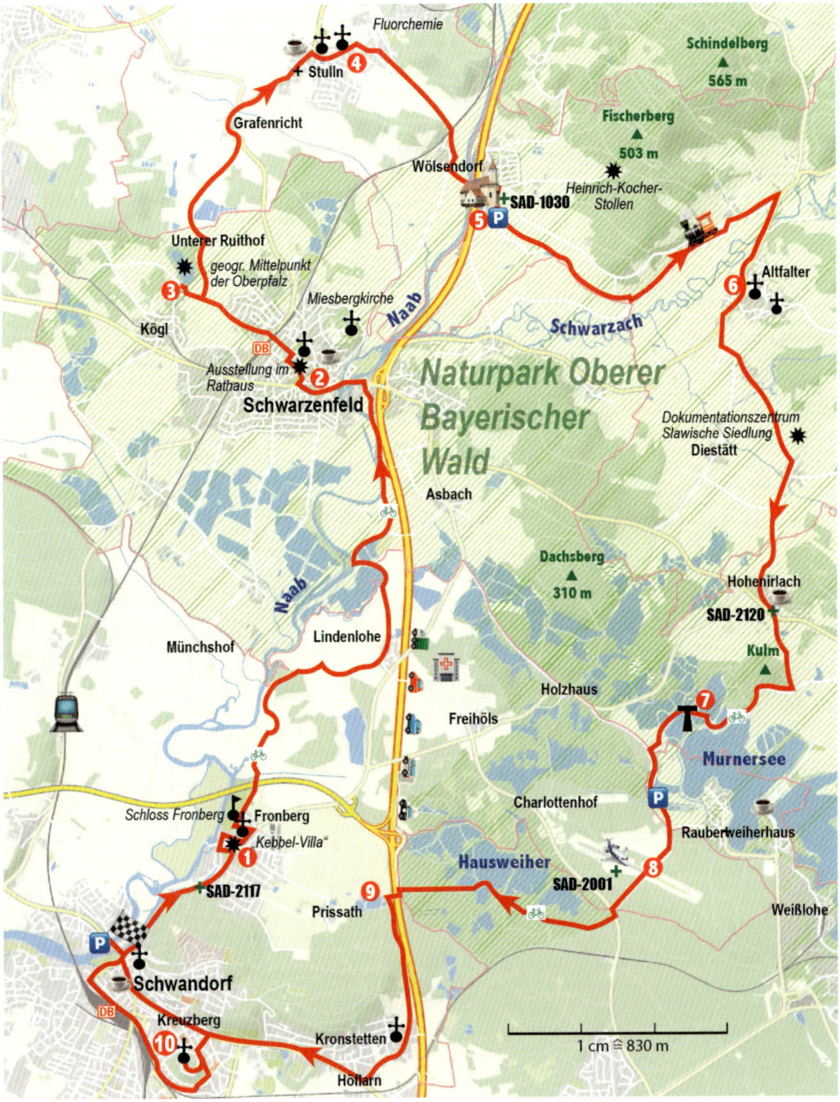

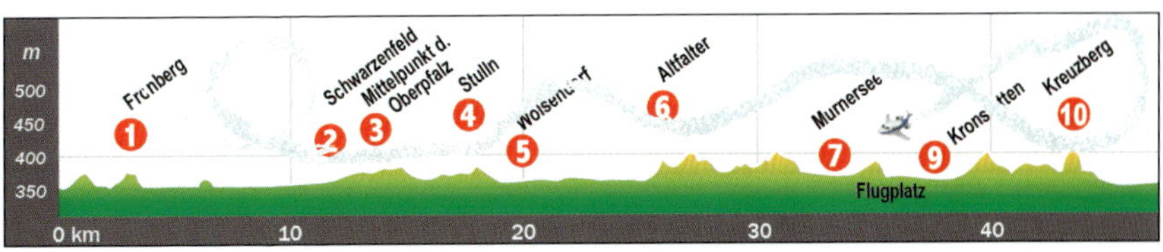

Schwandorf, Eingang zum Schloss Fronberg

Heute radeln Sie im Mündungsgebiet von Schwarzach in die Naab. Beide Flüsse schufen eine wunderbare, optisch gefällige Landschaft mit wenig Gefälle (oder Steigung). Das gefällt uns Radfahrern, weil es uns erlaubt, den Flüssen unsere gesteigerte Aufmerksamkeit zu schenken. Genießen können wir auch die herrliche Seelandschaft. Allerdings sind diese Grundwasserteiche nicht das Ergebnis von Naab und Schwarzach, sondern die Überbleibsel menschlicher Bergbautätigkeit. Zahlreiche Zeugen dieser und anderer menschlicher Aktivitäten säumen unsere heutige Tour.

Wegbeschreibung:

Sie starten in Schwandorf am **Parkplatz Angerring** und biegen rechts in die Nürnberger Straße ein, die Sie über die Naab bringt. Bei der Ampel biegen Sie links in die Fronberger Straße ab, die Sie bergauf-bergab in den gleichnamigen, geschichtsträchtigen Ortsteil bringt. Sollten Sie mit der Bahn angereist sein, starten Sie in der Bahnhofstraße, biegen links in die Friedrich-Ebert-Straße ein, fahren über den Marktplatz und erreichen so auch die Fronberger Straße, in die Sie – aus der Stadt kommend – nach rechts einbiegen. Bei der Kebbel-Villa („Oberpfälzer Künstlerhaus") unternehmen Sie einen Schlenker nach links in die Gärtnerstraße. Vor dem Naab-Seitenarm biegen Sie rechts in die Maximilianstraße ab, bei der Einfahrt zum **Schloss Fronberg** 1 rechts in die Andreasstraße und fahren an der **Kirche St. Andreas** vorbei wieder zur Fronberger Straße. Sie biegen links ein und nach kurzem Anstieg verlassen Sie sie wieder nach links. Sie passieren dabei die **St.-Petrus-Kapelle** und radeln auf der Randolph-von-Breidbach-Straße wieder auf das Schloss zu. Sie biegen rechts in den Johannisweg ein und lassen sich von der Schlossmauer stadtauswärts begleiten.

Ohne Asphalt fahren Sie leicht abwärts und unterqueren die B85. Der Johannisweg führt nun von der Naab weg. Bevor Sie durch ein Waldstück radeln, werden Sie darauf aufmerksam gemacht, dass der Privatweg auf eigene Gefahr benutzt werden kann. Nach der Ausfahrt aus dem Wald treffen Sie auf einen Asphaltweg, biegen rechts ein, und kurz darauf radeln Sie auf der Asbacher Straße durch **Lindenlohe**. Sie radeln nun mit Autobahnbegleitlärm von rechts wieder in Richtung Fluss. Dabei passieren Sie einen größeren Weiher links, zwei kleinere rechts, an denen Sie in einem Bogen vorbeifahren. Nach dem Asphaltmischwerk fahren Sie wieder in Autobahnnähe auf die Naab zu.

Der Blick wird frei auf die Dreifaltigkeitskirche auf dem **Miesberg**. Auch wenn es nicht so aussieht,

Fronberg

aber die Wallfahrtskirche befindet sich tatsächlich auf der anderen Seite der Naab, gegenüber der Stelle, wo die Schwarzach in die Naab mündet. Am Ortseingang erreichen Sie den Markt Schwarzenfeld, wo Sie nach links in die viel befahrene Hauptstraße einbiegen – bevorzugt dann, wenn kein Auto daherkommt. Mit Blick auf Schloss (aber auch auf Straße!) überqueren Sie die Naab. Bei der Ampel biegen Sie rechts in die Hauptstraße ab, dann gleich am Pizza-Haus wieder links und bei Erblicken des Friedhofs wieder rechts. Vor der **Marienkirche** von 1954 befindet sich das Schwarzenfelder Rathaus ②, das in seinem Foyer Interessantes zum Thema „Bergbau in der Region" bietet! Sie bleiben auf der Viktor-Koch-Straße, bis Sie nach rechts in die Bahnhofstraße abbiegen können. Beim Bahnhof überqueren Sie die Gleise der Bahnlinie Hof-Regensburg. Anschließend fahren Sie geradeaus weiter (Buchtalweg).

Die Straße führt nach **Frotzersricht**. Beim Ortsschild können Sie auf einem Weg zu einem Weiher oder See abbiegen. Es ist eine geflutete Tongrube, in welcher laut der Bayerischen Vermessungsverwaltung der **geographische Mittelpunkt der Oberpfalz** ③ liegt. Wenn Sie also genau zu ihm hinwollen, werden Sie um eine Runde

ographischer Mittelpunkt der Oberpfalz

oben: Panorama Dietstätt
links: In Grafenricht

Schwimmen nicht umhinkommen. Sobald Sie wieder trocken sind, nehmen Sie den kurzen Stichweg zurück und biegen jetzt nach links in den Ruitweg ein.

Beim Feldmarterl von 1648/1959 biegen Sie nach links ab. An den nächsten zwei Gabelungen halten Sie sich rechts. Vor der Abfahrt nach **Grafenricht** sehen Sie am Horizont halblinks den Johannisberg und rechts die zwei Kirchen von Stulln entgegenleuchten. Nach kurzer Abfahrt erreichen Sie vor Grafenricht die St 2156, in die Sie links einbiegen.

Zur Ortschaft **Stulln** ④ folgen Sie den Ortsschildern. Im Ort – vor der alten **St.-Stephanus-Kirche** – biegen Sie rechts in die Kirchstraße ab. Auf ihr und dem folgenden Brensdorfer Weg (rechts abbiegen) radeln Sie durch den Ort. Wer sich für den ehemaligen Flussspat-Bergbau in dieser Gegend interessiert, kann sich auf der Webseite der Gemeinde Stulln gut informieren. Hinter dem Ortsausgang radeln Sie bequem leicht abwärts nach Brensdorf. Sie unterqueren die Bahnlinie, passieren Brensdorf und biegen links zur Naab und nach Wölsendorf ab. Nach der Naabüber- und der Autobahnunterquerung erreichen Sie einen weiteren ehemaligen Bergbauort (20 km).

Wölsendorf ⑤, ein ehemals bedeutender Ort für Flussspatabbau, der Mineralienexperten immer noch ein Begriff ist. Wölsendorfit, ein stark radioaktives, wasserhaltiges Uranyl-Hydroxid mit zusätzlichen Bleiionen, ist nach dem Ort benannt! (Im Schwarzenfelder Rathaus hätten Sie ein Exemplar davon ansehen können!) Bei der Weiterfahrt erleben Sie ein kurzes Stück Bahntrasse auf der ehemaligen Strecke von Nabburg nach Schönsee. Hinter Oberwarnbach, nach einer massiven Wand aus Grundgebirge, verlassen Sie die Bahntrasse und biegen rechts in die St 2159 ein. Auf ihr überqueren Sie die **Schwarzach**, einen wunderbar mäandrierenden Fluss.

Leicht aufwärts radeln Sie nun nach **Altfalter** ⑥. Der Ausblick auf die sich im Talgrund dahinschlän-

Panorama Altfalter

Kirche Wölsendorf

gelnde Schwarzach bietet wieder Gelegenheit, den Fotoapparat zu bedienen. Am Ortsende von Altfalter machen Sie eine Linksbiege Richtung Richt. Die Straße steigt weiter leicht an. Kurz vor dem Ort Weiding steht links erhöht das **Dokumentationszentrum Slawische Siedlung / Johannihütte Weiding**. Wellig fahrend kommen Sie danach nach Hohenirlach. Nach dem Ort überqueren Sie beim Landhotel Holzwurm die St 2151 und fahren weiter in leichtem Anstieg am Ostrand des Kulms. Nach kurzer Abfahrt biegen Sie rechts ab (Radwegsymbole) und blicken schon hinunter auf ein größeres Gewässer – den Murner See.

Geschickterweise bleiben Sie nach Ankunft am **Murner See** 7 auf Asphalt und folgen den Radwegsymbolen zur Hauptstraße und biegen bei den Häusern von Rauberweiherhaus links ab. Hinter **Bössellohe** führt die Straße in leichtem Rechtsbogen zum Flughafen 8 ab. Nach Überquerung des Fluggeländes fahren Sie im Kiefernwald vorsichtig abwärts zur SAD9.

Schräg links gegenüber erreichen Sie einen Forstweg und folgen nun nach rechts der Radwegbeschilderung Fronberg-Schwandorf. Nach Passage einiger Weiher erreichen Sie die Autobahn A93, die Sie auch überqueren. (Günstigerweise auf der dort befindlichen Brücke! 9) Sie verlassen danach die Radwegbeschilderung nach links und folgen nun den Geräuschen unseres Mobilitätsfortschritts. Zunächst noch auf Asphalt, dann im Wald auf einer wassergebundenen Forststraße, begleitet Sie die A93 bis **Kronstetten**. Von der Kronstettener Straße biegen Sie rechts in die Tannenstraße und können nun in Ruhe schwandorfeinwärts radeln. Sie erreichen die Wackersdorfer Straße und biegen rechts auf den Rad-/Gehweg ein. Kurz nach dem Friedhof (Sie können dort das Grab des Komponisten der Bayernhymne – Konrad Max Kunz – besuchen) biegen Sie links in die Winterbergstraße ab.

Konrad Max Kunz

Zwischen Altfalter und Hohenirlach

Diese führt zu einer Kreuzung, bei der Sie entscheiden können, ob Sie auf den Kreuzberg noch hinaufwollen. Wenn nicht, umrunden Sie den Kreuzberg. (Sind Sie zu stark im Unterzucker, können Sie auch geradeaus ins Stadtzentrum radeln.) Sie wollen sich etwas Gutes gönnen und haben sich für ein kurzes, finales Intensivworkout entschieden: In einem Rechtsbogen strampeln Sie die Straße „Kreuzberg" hinauf. Oben angekommen, besichtigen Sie die moderne **Wallfahrtskirche „Unsere Liebe Frau vom Kreuzberg"**. Nach dem Aufenthalt im Gotteshaus fahren Sie die „Kreuzberg" (vorsichtig) hinunter und biegen nach scharf rechts in den Kreuzbergring ein, der zur Glätzlstraße führt, welche zur großen Steinberger Straße führt, die geradewegs zum Bahnhof führt. Am Bahnhof vorbei treffen Sie am Ende auf die Ettmannsdorfer Straße (rechts abbiegen), die in die Naabuferstraße übergeht. Sobald Sie dort sind, finden Sie den Rest auch ohne uns! Neben wunderbaren Einkehrmöglichkeiten im Stadtkern, befindet sich auf dem Wöhrd im Stadtpark ein kühler Biergarten. Zum Parkplatz am Angerring ist es nur noch ein kurzes Stück über die Naab. Sie haben 46 Kilometer geschafft.

Geologische Besonderheiten:

Oberpfälzer Seenland: Wo in der ersten Hälfte des 20. Jahrhunderts Braunkohle abgebaut wurde, erholen sich heute Menschen in verschiedenen Badeseen, wie dem Steinberger See oder dem Murner See. In manchen Seen gibt es auch Karpfen, die dort aber nicht Urlaub machen, sondern das Herzstück des Karpfenlandes bilden, vor allem beim Naturschutzgebiet Charlottenhof, durch das die Radstrecke zwischen Flugplatz und Autobahn A93 führt.

Stulln/Wölsendorf. Fluorit: In Stulln wie auch in Wölsendorf wurde Flussspat (Fluorit) gefördert. Noch heute steht am Nordrand des Ortes Stulln (von „Stollen") die Flussspataufbereitungsanlage (Flotationsanlage) der ehemaligen Grube Erna von 1942/44. Dafür braucht's einen Abstecher von der Radroute nach Norden. Frei zugänglich und am Weg befindet sich am Ortseingang eine alte Siemens-Schuckert-Akku-Lok.
Der Fluorit-Abbau ist Geschichte (siehe „Luft, Erlebnis-Wandern Schwandorf und Umgebung", Tour 14.)

Baudenkmäler:

Fronberg, Schloss: Der Ortsteil Fronberg war einst bedeutender als das südlich gelegene Schwandorf. „Schuld" daran war sicher die bereits 1326 urkundlich erwähnte Eisenhütte, zu der auch das Schloss gehörte. Das kunsthistorisch bedeutende Schloss wird heute von den Freiherren von Breidbach-Bürresheim bewohnt und in Schuss gehalten.

Kreuzbergkirche

Kronstetten, Pfarrkirche Johann Baptist: Mittelalterliche Chorturmanlage aus vermutlich dem 13. Jh. Im 17. Jahrhundert umgebaut und dem Zeitgeist entsprechend umgestaltet, sprich barockisiert.

Schwandorf: Wer denkt, *Schwandorf* leite sich von dem edlen, weißen, langhalsigen, gelbschnabeligen Wassergetier ab, irrt. Auch das Schwein gilt inzwischen nicht mehr als Namensgeber. Der Ort *Suainicondorf* ist slawischen Ursprungs und bedeutet *Bursche* und *Dorf*, also Burschendorf.

Erste Erwähnung 1006 n. Chr., aber vorgeschichtliche Funde lassen auf frühe Besiedlung dieses Schnittpunkts von vier geologischen Senken schließen. Die Lage ließ Schwandorf wichtig werden und bis 1446 zur vollständigen Stadt aufsteigen. Später trug auch der Verkehrsknotenpunkt der Bahnlinien zur Bedeutung der Stadt bei.

Schwarzenfeld, Miesbergkirche: In Wikipedia heißt es: „Nach der Reformation und dem Dreißigjährigen Krieg bildete sich in der Bevölkerung Schwarzenfelds der Wunsch heraus, auf dem Miesberg, einer etwa 40 Meter hohen Anhöhe im Nordosten des Ortes, eine Wallfahrtskapelle zu errichten und der heiligen Dreifaltigkeit zu weihen." Das lässt den Schluss zu, dass die Bevölkerung von der Reformation und dem Dreißigjährigen Krieg gleichermaßen die Nase voll hatte. 1694 fertiggestellt, beherbergt die Anlage heute ein Passionistenkloster. Davor hatte es eine überregionale Wallfahrt gegeben (Mitte des 18. Jhdts.), die bis zum Einzug der Mönche vernachlässigt wurde. Auf dem Gelände steht eine aus Fluoritstein erbaute Mariengrotte. (www.schwarzenfeld.de/freizeit-kultur-tourismus/kultur-tourismus/sehenswuerdigkeiten-museen/miesbergkirche)

Stulln, Nebenkirche St. Stephanus: Spätromanischer Bau, der Ende des 15. Jhdts. durch Lang-

haus und Turm erweitert wurde, was seltsam klingt, weil die Kirche immer noch klein und gedrungen wirkt. Heute ist die Kirche tagsüber offen, wird aber nur noch für besondere Anlässe, wie Hochzeiten oder Klassentreffen, genutzt. Das sympathische Gasthaus (Bodensteiner) gegenüber macht kurze Wege möglich.

Weiding, Dokumentationszentrum: Auf der Homepage heißt es: *„Das Dokumentationszentrum begleitet Sie auf einer Zeitreise von der Steinzeit bis zum späten Mittelalter.*

Besuchen Sie eine Ausstellung über die Spuren menschlicher Besiedelung im Schwarzachtal von der Altsteinzeit bis zur Neuzeit mit dem Schwerpunkt der slawischen Siedlungstätigkeit im 7. bis 9. Jahrhundert mit Darstellung der Forschungsgrabungen in der ehemaligen slawischen Siedlung bei Dietstätt." www.oberpfaelzerwald.de/dokumentationszentrum-slawische-besiedlung

Wölsendorf, Alte Bahntrasse: Zwischen Wölsendorf und Altfalter fahren Sie auf der alten Bahntrasse. Die Linie Nabburg-Wölsendorf-Schönsee wurde 1903 in Betrieb genommen und 1976 für den Personenverkehr, 1994 auch für den Güterverkehr stillgelegt. Nur ins Werk der Fluorchemie Stulln GmbH führt noch eine Stichbahn.

Grenzsteinrunde – Auf den Spuren von Pfarrer Christoph Vogel

„Kurztrip ins Ende des 16. Jahrhunderts"

TOUR 21

Start/Ziel: Beim Alten Rathaus
Rathausplatz 1, 93047 Regensburg
Parken: Dultplatz der Stadt Regensburg

Reichsstadt Regensburg Altes Rathaus – Steinerne Brücke – Baiern – Ambt am Hof – Fürstentum Pfalz Neuburg – Lepersdorff – Tremelhausen – Hinderberg – Baiern – Kneitting – Kager – Oberwinzer – Unterwinzer – Pfeffelstein – Ambt am Hof – Steinerne Brücke – Regensburg

Asphalt: 22,6 km
Schotter: 1,8 km
Naturweg: 4,6 km

Bei dieser kurzen Tour in die Vergangenheit ist Fantasie gefragt. Immerhin verlässt man die Reichsstadt Regensburg, durchquert kurz das Herzogtum Baiern, um anschließend den Ausflug ins Kurfürstentum Pfalz-Neuburg zu unternehmen.

Lappersdorf:
Marktplatz (gegenüber Gasthaus Altmann)

Gasthaus Huf, Tremmelhausen
gasthaus-huf.eatbu.com/?lang=de

Prösslbräu Adlersberg
www.brauerei-adlersberg.com

Hotel & Gasthof Krieger
www.gasthof-krieger.de

Foto: Im ehemaligen Grenzgebiet zwischen Baiern und Neuburg-Donau

mittel | 29 km | 350 Hm | 2:20 h

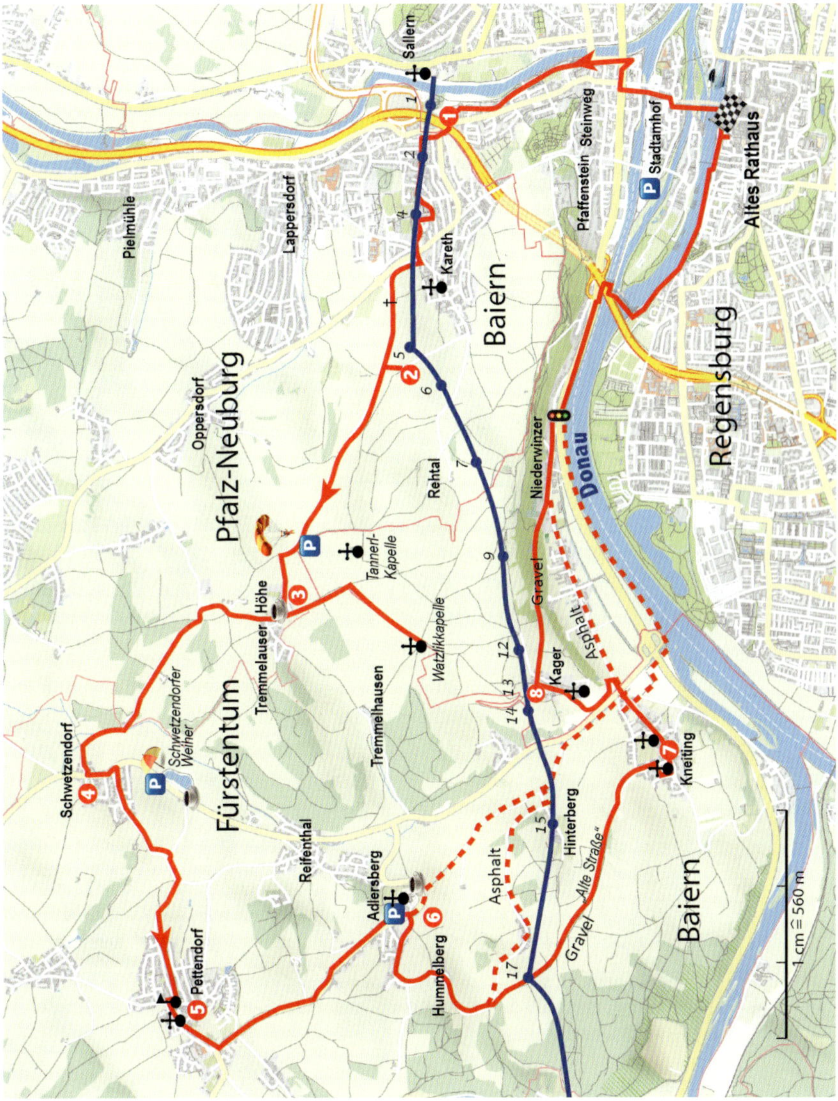

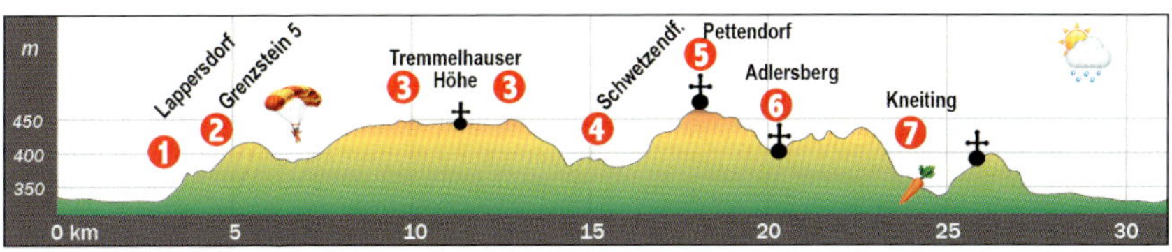

Noch schläft die große Stadt ...

Zeitreise in die Vergangenheit. Heute legen wir mal einen Stopp im Jahr 1598 ein. Sie landen beim Rathaus der Stadt Regensburg (das „Neue" gibt es noch nicht) und treffen auf Pfarrer Christoph Vogel und seinen Zeichner Matthäus Stang. Beide sind für das Kurfürstentum Pfalz-Neuburg mit einer Bestandsaufnahme für das „Gricht Hainsackher" beauftragt. „Ich soll bis Neuburg radeln?", werden Sie sich fragen. Aber so weit müssen Sie nicht. Es reicht der Sprung über die Donau.

Wie's der Zufall will, haben Sie noch zwei freie Draisinen im Gepäck und laden die vermessenden Herren ein, die Erkundung auf einem futuristischen Rad durchzuführen. Also frisch ans Werk. Wie viele der Grenzsteine an der Grenze „Baiern-Pfalz-Neuburg" werden Sie finden?

Wegbeschreibung:

Sie starten in der Stadt, die 65 Jahre später zum Sitz des **Immerwährenden Reichstages** werden sollte (von 1663 bis 1806), vor dem ehrwürdigen **Alten Rathaus**. Hier wurde im Reichssaal „Politik gemacht". Dinge, die man nicht auf die **Lange Bank** schoben, wurden hier am **Grünen Tisch** entschieden. Das soll anderswo heute noch so sein, ob dann auf dem *grünen Tisch* auch eine farblich entsprechende Decke liegt, ist fraglich. Wie auch immer, Sie biegen erst mal links ab zum **Roten Herzfleck**. Früher war hier wohl ein Institut für Angewandte Hormonregulierung untergebracht, heute ist es das Amt für Organisation und Personalentwicklung. Nach kurzer Abfahrt biegen Sie unten rechts ab in die Kepler Straße. Über Fischmarkt und Goldene Bärenstraße erreichen Sie die Brückstraße. Hier biegen Sie links ab und überqueren via Steinerne Brücke die Donau. Was glauben Sie, welches „Gschau" Sie gehabt hätten, wenn Sie 1598 mit einem Magenta-Telekom-Radfahrklamotten-Outfit und mit Rad über die Kopfstein-gepflasterte Brücke geschoben wären? Heute tun Sie sich leicht mit dem Pflaster, Sie müssen nur aufpassen, dass Sie beim Slalom über die Brücke keine zuagroasten Touristen touchie-

Grenzstein 4 in Kareth

Grenzstein 5

ren. Apropos Ausland, es ist jetzt nicht mehr fern. Zuerst müssen Sie aber in **Baiern** einreisen, was kein Problem ist, denn Sie haben ja einen Ausweis dabei. Sie fahren im „Ambt am Hof" (Stadtamhof) weiter.

Nach der Steinernen Brücke geht's nach rechts über Protzenweiherbrücke (Straße und Brücke) und dann nach rechts auf die Frankenstraße. Direkt vor Überquerung des Regen-Flusses (welcher der Stadt den Namen gab – allemal besser als „Donauburg") rampen Sie kurz nach rechts hinunter und schlagen einen scharfen Linkshaken, um auf den am Regen nach Norden laufenden Radweg R1 zu kommen.

So kurz vor 1600 hätten Sie wahrscheinlich mit Ihrem Radesel auch kein Problem gehabt, entlang eines Pfades flussaufwärts zu „biken", irgendwelche Pfade gab es bestimmt. Auf Höhe der Sallerner Kirche (am Ostufer des Regen) wird es spannend. Hier beginnt das **Fürstentum Pfalz-Neuburg**. Glaubt man der Karte von Pfarrer Vogel bzw. Mathäus Stang, stand etwa da, wo heute der Lappersdorfer Kreisel manche Autofahrer verwirrt, der erste von 21 Grenzsteinen. Sie verlassen den Regen noch vor dem Lappersdorfer Kreisel **1** und folgen dem Schild nach Kareth.

Sie passieren die Gärtnerei Hauner und unterqueren im Anschluss die A93. Hier bleiben Sie kurz geradeaus (oder auf die Straße nach rechts) auf der Lappersdorfer Straße, überqueren diese 130 Meter später vorsichtig und treten aufwärts auf der **Bergstraße** weiter. Jetzt sind Sie im Ausland und damit ein Fremder. So schnell ging es vor ein paar Hundert Jahren. Sie wollen nun endlich einen Grenzstein entdecken. Nachdem Sie einige Höhenmeter geschafft haben und es schon wieder leicht bergab geht, biegt nach der Grundschule ein Weg nach rechts ab. Auf Höhe des Bolzplatzes, der eher zur Grundschule und weniger zum Seniorenheim links gehören dürfte, steht im Grün beim westlichen Fußballtor der vierte von 21 Grenzsteinen zwischen Regen und Naab.

Nach Inspektion des Steins wollen Sie auch weitere, noch immer sichtbare Grenzmarkierungen finden. Oberhalb des Bolzplatzes passieren Sie einen Parkplatz und biegen links in „Am Silbergar-

Frostiger Morgen auf den Winzerer Höhen

Pause an der Watzlikkapelle

ten" ein. Die Straße mündet in „Am Sportzentrum", in die Sie ebenfalls links einbiegen. Dann sind Sie – O Wunder! – am Pfälzer Weg. Sie überqueren diese Straße und strampeln auf der Tremmelhauser Straße am Friedhof entlang aufwärts. Weiter oben biegt die Straße nach links. Oben angekommen (nach Wasserbehälter und Flurkreuz) erreichen Sie eine nach links abbiegende Flurbereinigungsstraße. Mitten im soeben links passierten Feld sehen Sie einen nach oben etwas zugespitzten Stein herausragen ❷ (es sei denn, das Feld wurde noch nicht abgeerntet; es hilft, einen kleinen Abstecher nach Süden zu fahren). Dies ist **Stein Nummer 5** von Vogels und Stangs Karte.

Nach zwei Grenzsteinen wollen Sie bestimmt noch einen weiteren sehen. Weil es hier oben so schön ist und Sie einen wunderbaren Ausblick nach links hinunter ins Rhethal (Rehtal) und rechts Richtung Opersdorf (Oppersdorf) und Hainsackher (Hainsacker) genießen können, radeln Sie weiter zur Tremmelhauser Höhe ❸. Sind Sie zu einer späteren Tageszeit unterwegs, können Sie beim Höhwirt (wenn kein Ruhetag ist) eine aussichts- und kalorienreiche Pause einlegen und vielleicht ein bisschen in sich hören, wie Sie weiterfahren wollen. Ganz in „Grenznähe" zu radeln, funktioniert nicht. Laut Zeichnung soll die Grenze ab **Stein Nummer 5** in südwestliche Richtung weitergezogen sein. Südlich von Aichahof verlief die Grenzlinie weiter, um dann aufwärts an Hinderberg (Hinterberg) und Günzenried vorbei hinunter ins Naabtal bei Edertzhausen (Etterzhausen) zu laufen.

Um zu den nächsten Orten zu kommen, müssen Sie hinunter in den Brückelgraben. Mountainbiker tun sich leicht, zum Beispiel über Tremelhausen (Tremmelhausen) auf einem zum Teil geschotterten Weg hinunterzufahren. Zwei weitere Möglichkeiten bieten sich über die **Watzlikkapelle** an. Sie ist ab einer gewissen Entfernung ein Hingucker und auch ein schöner Rastplatz und für einen (Foto-)Abstecher zu empfehlen. Von der Kapelle führt ein schlechter Feldweg hinunter nach Tremmelhausen. Auf einem anderen Feld-/Wiesen- und Schotterweg kann man über Kager hinunterradeln (und die Tour abkürzen). Der ge-

Blick nach Pettendorf hinauf

Grenzstein Nr. 17 an der „Alten Straße"

schotterte Teil ist dabei mit Vorsicht zu genießen. Wir empfehlen, auf Asphalt weiterzufahren, d. h. von der Tremmelhauser Höhe über **Schinderwies** und **Altenried** nach **Schwetzendorf** ④. Auch diese Abfahrt bietet schöne Blicke ins Tal. In Schwetzendorf biegen Sie links ein, wenig später im Ort biegen Sie rechts ab auf die Aubergstraße. Die kleine Straße bringt Sie mit einem kräftigen Anstieg aus dem Ort. Beim Radeln ist es wie im richtigen Leben: Es geht mal aufwärts und mal abwärts. Kaum haben Sie die Anhöhe geschafft, dürfen Sie hinunterfahren zur Straße, die vom Schwetzendorfer Weiher hinauf nach Pettendorf ⑤ führt. In Pettendorf biegen Sie von der Weinbergstraße zunächst rechts in die Hauptstraße ein, anschließend links ab auf die Schlossstraße (wo – Überraschung! – das Pettendorfer Schloss steht). Nach Kirche, Grundschule und Nahversorgungsmarkt wählen Sie den Rad-/Gehweg nach Adlersberg ⑥ hinunter. Dort haben Sie die nächste Mega-Gelegenheit, eine Pause einzulegen. Durch das Tor des Brauereianwesens hindurch können Sie auf direktem Weg hinunterbrettern, um bei Hinderberg **Grenzstein 15** zu suchen. Dies ist nicht einfach, da dieser sehr versteckt auf Privatgrund steht. Aber vielleicht lassen Sie Ihrem Detektivsinn freien Lauf …

Einfacher ist **Grenzstein 17** aus der Karte von Vogel/Stang zu finden. (Allerdings dürfen Sie für diese Variante keine Schotterphobie besitzen!) Dazu fahren Sie von Adlersberg rechts nach **Hummelberg** und weiter Richtung **Günzenried**. Bei der Abzweigung nach rechts Richtung Goldberg biegt die Asphaltstraße nach Günzenried ab. Sie fahren auf einem unbefestigten Weg geradeaus weiter – leicht bergauf. Dass Sie hier radeln können, beweisen Spuren von Fahrradreifen. Nach Mini-Anstieg und Mini-Abfahrt erreichen Sie die sogenannte „Alte Straße", die von **Kneitting** (Kneiting) nach Goldberg führt(e) (oder umgekehrt). Auf dieser Straße kommen Sie zu **Grenzstein 17**. Mit Passage des Steins sind Sie wieder in Baiern eingereist und können erleichtert durchatmen. Von hier ab radeln Sie zwischen dem Kneitinger Berg und Wahlenäcker nach Kneitting. Unten, im Ort Kneiting ⑦, verlassen Sie die Alte Straße nach rechts in die Heidegasse. Von dieser biegen Sie links in die Postgasse ab und im Anschluss links in die Keltenstraße. (Via kurzen Umweg über Jägerstraße und Weingasse kommen Sie zum schön hergerichteten Platz vor der Liebfrauenkapelle mit ihrem kunsthistorisch wertvollen Altar von 1506. Dann weiter auf der Keltenstraße bergab.)

Letzte Abfahrt von Kager

Im Ort folgt die **Kirche St. Peter und Paul**. Immer leicht abwärts radelnd, erreichen Sie die Pettendorfer Straße, die Sie überqueren. Da diese Tour eine kurze ist, jagen wir Sie noch nach **Kager** ⑧ hinauf. (Alternativ blieben Sie entlang der Nürnberger Straße oder sind schon am Ortsende von Kneiting zur Donau hinunter gewechselt.) Die Wallfahrtskirche **St. Michael** ist bald erreicht. Sie radeln durch Kager weiter aufwärts, bis Sie vor den letzten Häusern geradeaus auf den Kagerer Weg aus dem kleinen Ort fahren (der asphaltierte Weg biegt nach links hinauf auf die Winzerer Höhen). Asphaltfrei radeln Sie oberhalb Oberwinzer auf Unterwinzer, heute Niederwinzer, zu. Ihre nach Kager kumulierte potenzielle Energie geben Sie dabei wieder als kinetische Energie ab. Nehmen Sie sich Zeit und genießen Sie diesen wunderbaren Weg zwischen Gemüsefeldern und Weinhängen.

Sie biegen links in die Nürnberger Straße ein, passieren **Kirche St. Nikolaus** und fahren anschließend hinaus auf die Frankenstraße, die Sie überqueren, was Ihnen eine Ampelanlage stark erleichtert. Auf dem folgenden Rad-/Gehweg fahren Sie entlang der Donau. Wie Sie ins Zentrum der einstigen Reichsstadt fahren möchten, bleibt Ihnen überlassen. Je nachdem, wie viele Schlenker Sie unternommen haben, kommen Sie am Ende auf ungefähr 28 bis 30 Kilometer. Dafür über 300 Höhenmeter.

Wissenswertes:

Fürstentum Pfalz-Neuburg:

Wie es in den besten Familien bei einem Erbfall zu einem Streit kommen kann, der dann gerichtlich ausgefochten wird, so kam es in der Vergangenheit auch vor, dass die Auseinandersetzung ums Erbe kriegerisch vonstattenging. So war es auch bei den Wittelsbachern zu Beginn des 16. Jahrhunderts. Die Wittelsbacher Familie war in eine Baierische (u. a. Baiern – München, Baiern – Landshut) und eine Pfälzische Linie aufgeteilt. Im Dezember 1503 starb Herzog Georg der Reiche (Sie erinnern sich bestimmt an die Landshuter Hochzeit, bei der er 20-jährig mit der polnischen Königstochter Jadwiga-Hedwig verheiratet wurde.). Mit seinem Testament vererbte Herzog Georg sein Herzogtum an seine Tochter Elisabeth (sie

war mit Ruprecht von der Pfalz verheiratet worden), da erbberechtigte Söhne nicht vorhanden waren. Dies war aber entgegen den Wittelsbacher Hausverträgen, die eine gegenseitige Erbfolge beim Fehlen von männlichen Nachkommen vorsahen. Dem Vetter, Herzog Albrecht IV. von Bayern-München, passte dies überhaupt nicht.
Es kam, wie es kommen musste, das Erbe wurde im Landshuter Erbfolgekrieg ausgetragen. Eine der letzten großen Ritterschlachten fand zwischen den Kriegsparteien Baiern-München (verbündet u. a. mit König Maximilian I. – Habsburger) und Baiern-Landshut (unterstützt durch Pfalzgraf Philipp und die Könige von Böhmen und Frankreich) zwischen Wenzenbach und Bernhardswald statt. Die von Herzog Georg eingesetzten Erben, Tochter Elisabeth und ihr Mann, überlebten den Krieg nicht, Baiern-Landshut und ihre Verbündeten (einschließlich Böhmischer Söldner) verloren diesen Krieg. Er endete mit dem Kölner Schiedsspruch 1505.
Ergebnis dieses Erbfolgekrieges war, dass es ein Herzogtum Baiern-Landshut nicht mehr gab, aber auch Baiern-München hat für die Unterstützung durch die Habsburger Gebiete verloren. Auch die Pfalz verlor etliche Gebiete. Des Weiteren wurde ein neues Herrschaftsgebiet kreiert: das Fürstentum Pfalz-Neuburg, auch Junge Pfalz genannt. Bei der Bildung dieses Fürstentums wurde ziemlich „geschachert", aus verständlichen Gründen wollten die Münchner (Herzog Albrecht IV.) nur Gebiete hergeben, die sie für nicht so wertvoll hielten, die Pfälzer wollten für die Enkel von Herzog Georg (Ott-Heinrich und Philipp) natürlich auch Gebiete mit entsprechendem Wert.
So entstand ein weiterer pfälzischer Herrschaftsbereich neben der bereits existierenden „Oberen Pfalz", also der Oberpfalz. Die Junge Pfalz/Pfalz-Neuburg war ein ziemlicher „Fleckerlteppich", was hätte auch anderes rauskommen können bei Familienstreitigkeiten. Und wie es bei den besten Familien so zugeht, so wurde bei der Wittelsbacher Familie auch genau geschaut, was wem gehört und wie der Grenzverlauf ist. Das hatte später auch entsprechende Folgen mit der Religionszugehörigkeit. Es kam vor, dass Kleinstgebiete in der Oberpfalz zu Baiern gehörten und vor der Rekatholisierung Bayerns z. B. ein Unterzell katholisch war und ein Oberzell evangelisch oder sogar kalvinistisch.

Die Grenzsteine an der historischen Grenze zwischen Pfalz-Neuburg und Altbayern im Landgericht Lengenfeld (Lkr. Regensburg) Teil 1 von Hermann Preu. www.heimatforschung-regensburg.de

Adlersberg und Tremmelhausener Höhe im Sommer-Sonnenlicht

Einmal um Regensburg herum – die Supertour für Statistiker

„Die 100-Kilometer-1000-Höhenmeter-Megatour"

TOUR 22

Start/Ziel: Parkplatz beim Prüfeninger Schloss
Navi: Prüfeninger Schloßstraße 75, 93051 Regensburg
ÖPNV: Bahnhof Prüfening (nicht barrierefrei)

Mit diesen drei Bahnhalten kann die Strecke in drei (ungleiche) Teile zerlegt werden:

1. Prüfening – Regenstauf	26 km
2. Regenstauf – Köfering	47 km
3. Köfering – Prüfening	28 km

Kneiting – Pettendorf – Baiern – Schwaighausen – Eitlbrunn – Regenstauf – Maad – Schneitweg – Schneckenreuth – Kürn – Pettenreuth – Hauzendorf – Wenzenbach – Probstberg – Donaustauf – Sarching – Wolfskofen – Gengkofen – Mintraching – Aukofen – Alteglofsheim – Neueglofsheim – Thalmassing – Weillohe – Poign – Niedergebraching – Graßlfing – Unterirading – Regensburg

Asphalt: 78,2 km
Schotter: 16,7 km
Naturweg: 5,1 km

Lange Tour, nördlich der Donau mit zahlreichen, schönen Steigungen und wunderbaren Ausblicken. Südlich der Donau sind die Anstiege moderat. Die abwechslungsreiche Landschaft bietet zahlreiche Orte zum Verweilen.

Regenstauf:
Regensburger Straße 10

Hauzendorf, Mintraching, Niedergebraching, Poign, Probstberg, Unterirading, Wenzenbach, Wolfskofen

 Foto: Blick auf Regensburg von der „Alten Straße" aus

schwer 100 km 1000 Hm 8:00 h

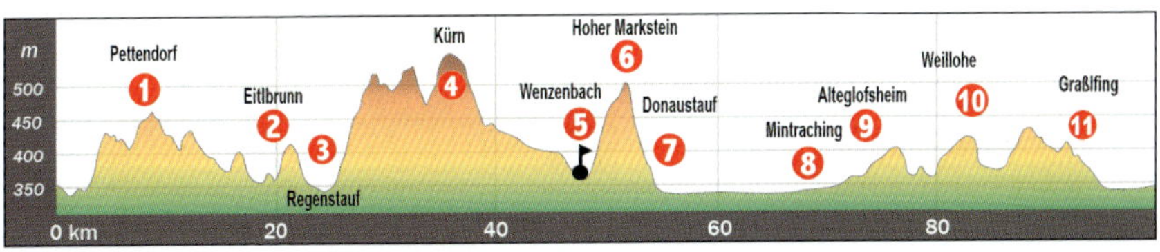

Am Ende der Ausbildung vom Knappen zum Ritter erfolgt der Ritterschlag. Dann muss der junge Mensch zeigen, was er gelernt hat, und erst nach erfolgreicher Prüfung wird ihm der König die Schwertklinge auf die Schultern legen. Wenn Sie diese Tour radeln, wird niemand dastehen, der Ihnen die scharfe Klinge auf die Schultern legt, ein Krönchen aufs verschwitzte Haupt pflanzt und Sie mit „Sir (or Lady) Bikeknight" anspricht. (Es ist Ihnen natürlich freigestellt, sich eine würdige Person zu organisieren, die diese Aufgabe mit großem Pathos übernimmt.) Aber es spielt keine Rolle, denn am Ende zählen die vielen wunderbaren, unvergesslichen Eindrücke, die Sie im Gepäck haben werden. Keine Urkunde dieser Welt kann diesen Schatz ersetzen.

Vorbemerkung:

Bei dieser Tour bedienen wir uns bewusst einiger Abschnitte auf den Radwegen des Landkreises. Sie sind in der Karte ansatzweise wiedergegeben. Das macht uns auch die Beschreibung etwas leichter. Auch offensichtliche Etappen, wie z. B. der Weg nach Regenstauf hinein, werden nicht zu detailliert beschrieben.

Für die Gravel- und MTB-Freaks hinterlegen wir eine etwas wildere Variante durch Wald und auf Schotter. Zumindest ein bisschen.

Wegbeschreibung:

Die Tour startet beim Prüfeninger Schloss und führt auf der Bahnbrücke Regensburg-Nürnberg nach Mariaort hinüber. Danach folgen Sie den Radwegschildern unter der B8 hindurch und dann rechts nach **Kneiting**. Von hier führen die Radwegschilder zum Adlersberg hinaus. Interessanter ist die „Alte Straße", die an der Pfarrkirche von Kneiting vorbei- und dann hinaufführt. Bei einem Grenzstein mit Sitzgruppe verlassen Sie die Alte Straße und radeln über Hummelberg und **Adlersberg** nach **Pettendorf** ①.

Oben im Ort passieren Sie die massive Pfarrkirche und halten sich nach dem Schloss links. Der nächste Ort heißt **Neudorf**. Nach leichter Abfahrt überqueren Sie die R39 und steuern **Baiern** an, wo in der Ortsmitte nach links eine Abkürzung

Bei Kürn: Blick in den Naturpark Oberer Bayerischer Wald

Wenzenbach

Da braut sich was zusammen über der Walhalla.

abführt. **Kaulhausen** bleibt anschließend links liegen. In **Schwaighausens** Ortsmitte führt das Radwegsymbol nach rechts weg (dann am KZ-Todesmarsch-Denkmal vorbei) und erneut nach links und dann weiter an **Knieschlag** vorbei. Nach der Waldpassage steuern Sie **Eitlbrunn** ❷ an. Der Naab-Regen-Radweg bringt Sie zum Etappenziel **Regenstauf** ❸.

Jetzt wird's gach. Egal, wie Sie durch Regenstauf navigieren (und dabei einkehren): Am südlichen Fuß des Schlossbergs treffen Sie auf die Schneitweger Straße, die Sie über **Maad** und **Schneitweg** und an **Gfangen** vorbei bis **Schneckenreuth** bringt. **Kürn** ❹ erreichen Sie erst nach einer wilden Abfahrt und einem noch wilderen Anstieg. Fahren Sie gerne bis zum Schloss vor. Um nach **Pettenreuth** (auf dem Radweg R2) hinunterzukommen, müssen Sie an der Kürner Kirche eine scharfe Linkskehre (nach Norden) einlegen. In **Pettenreuth** treffen Sie auf die Hauptstraße, die nach rechts nach Hauzendorf und dort nach rechts auf dem Bockerlradweg zum Radler-Bahnhof führt. Hier haben Sie sich eine Substitution verlorener Elektrolyte verdient!

Nun geht's gemütlich auf dem Bockerl-Radweg dahin. In **Wenzenbach** ❺ sehen Sie majestätisch Schloss Schönberg über dem Wenzenbach thronen. Kurz danach sind Sie im Ort. Den Radweg verlassen Sie nach den Fußballplätzen Richtung Rathaus. Hier biegen Sie rechts in die Hauptstraße ein und setzen die Fahrt nach einem kurzem Hauptstraßen-Intermezzo links auf der Pestalozzistraße fort. Nach Überquerung der B16 kurz links. Danach, vorm **Zeitlhof**, können Sie zwischen links und rechts wählen. Die linke Variante durch den Ort Probstberg ist stärker besiedelt. Dafür lockt sie mit einem Wirtshaus. Sobald Sie die Kapelle erreicht haben („Am Ölberg"), folgen Sie der Straße „Am Hochbehälter". Sie gipfelt letztendlich am „Hohen Markstein" ❻.

Herbstliches Schloss Alteglofsheim

Vor der Hauptstraße biegen Sie nach links ab (Radweg R7), am Wäldchen vorbei und dann nach rechts und über die Autobahn. (Anm.: Am „Wäldchen" wurde zur Zeit der Drucklegung noch eine Straße gebaut; ggf. biegen Sie eine Abzweigung eher nach links ab.) In **Wolfskofen** unterqueren Sie gefahrlos die B8. Gegenüber der Kirche im südlichen Ortsteil winkt eine nette Biergartenwirtschaft.

Einen Kilometer nach Wolfskofen nehmen Sie die rechte Gabelung Richtung **Gengkofen**, nach dessen kurviger Durchfahrt Sie die breite R5 erreichen. Hier links auf einem Rad-/Gehweg nach **Mintraching** 8. Nach dessen ausladender Pfarrkirche und dem Biergartenlokal geht's nach rechts via Schmiedgasse zur Aukofener Straße. Vor dem Weiler **Aukofen** unterqueren Sie die Bahn und nehmen in der Rechtskurve der Straße den Schotterweg nach halblinks. Nun folgen Sie dem Schotterweg, das Gut Aukofen links liegen lassend. Der Weg führt durch ein kleines Biber-Feuchtbiotop samt Wald. Danach Rechts-, dann Linkshaken.

1,3 Kilometer später erreichen Sie eine holprige Betonstraße und folgen ihr nach rechts (Westen).

Die Abfahrt nach Donaustauf wurde 2023 neu aufgeschottert. Leider investiert man offensichtlich kein Geld mehr ins Verfestigen des Schotters. Aber 2023 waren es nur kurze Abschnitte. 250 Meter nach der Waldkapelle stehen Sie an einer Gabelung: hier rechts halten. Dann erreichen Sie **Donaustauf** bei der Klinik Donaustauf. Den Weg zur Burg finden Sie ohne uns, auch die anschließende Abfahrt um den Burgberg herum nach unten. Auf der Ostseite der großen Donaubrücke geht's nun über die Donau 7. Verpassen Sie nicht den Blick zur Walhalla!

Bei der ersten Abfahrt verlassen Sie die St 2145 und nehmen die Radwegoption nach Osten Richtung **Sarching**. Hier empfiehlt sich ein kurzer Abstecher im Ort zum „Rinsen", dem geschichtsträchtigen Altwasser (siehe Tour 12). Danach geht's auf der Rosenhofer Straße nach Süden, über den Kreisverkehr hinweg bis zum Kieswerk.

Der Sommer liegt in der Donauebene zwischen Donaustauf und Regensburg.

Der Abstecher zur **Wieskapelle** ist Ihnen freigestellt. (Gravel-Freaks feiern diese Feldwege bis Alteglofsheim.) Am Ende des Wegs erreichen Sie nach Unterquerung der Bahn den Ort **Alteglofsheim** 9 auf dem Mooshamer Weg. Auch der Abstecher zum Alteglofsheimer Schloss (jetzt Musikakademie) ist optional. Möchten Sie auf Asphalt bleiben, folgen Sie dem R9-Radweg aus Alteglofsheim hinaus bis zur **Wolfgangseiche**. Naturbelassener geht's zu, wenn Sie vom Schloss der Landshuter Straße folgen, die parallel zur B15 in den Wald führt und dann im Rechtsbogen durch den Wald zur Eiche. (Diese Variante ist im GPS-Track enthalten.)

Ab **Schloss Neueglofsheim** wird's einfach(er): Sie folgen den Schildern des Radwegs R9 (Thalmassing, St. Bäumel, Weillohe 10, Untermassing). Offensichtlich wurde der R9 irgendwann verlegt. Jetzt führt er durch **Poign** (Einkehrmöglichkeit) und östlich der Autobahnauffahrt (für Sie hier weniger relevant!) zur Unterquerung der A93. Nördlich von **Seedorf** kurz rechts weiter, anschließend links abbiegen. Vorbei am Kirchholz hinunter nach **Niedergebraching**. Die angenehmere Variante folgt dem Radweg über die B16. Der etwas wildere Weg durchquert Niedergebraching auf der Geberichstraße (Einkehrmöglichkeit) und führt über den Weinberg nach **Graßlfing** 11 hinüber. Holperige Abfahrt.

Wer bequem Großberg nach der B-16-Überquerung erreicht hat, wählt die Regensburger Straße nach links und stößt in Graßlfing zur MTB-Fraktion. Gemeinsam geht's auf der Iradinger Straße zur „Walba" hinunter. Einkehrmöglichkeit. Danach entspannt zurück auf dem R8 bis **Großprüfening** und Schloss Prüfening.

Wer bis Großprüfening noch keinen Einkehrschwung vollführt hatte, findet dort die letzte Gelegenheit in einem schönen Biergarten.

Wolfgangseiche

Bibliografische Information der Deutschen Nationalbibliothek

Die Deutsche Nationalbibliothek verzeichnet diese Publikation in der Deutschen Nationalbibliografie; detaillierte bibliografische Daten sind im Internet über http://dnb.dnb.de abrufbar.
ISBN 978-3-95587-435-3

MIX
Papier aus verantwortungsvollen Quellen
FSC® C014138
FSC
www.fsc.org

Für uns, die Battenberg Gietl Verlag GmbH mit all ihren Imprint-Verlagen, ist Nachhaltigkeit ein wichtiger Teil unserer Unternehmensphilosophie. Daher achten wir bei allen unseren Produkten auf den Einsatz umweltschonender Ressourcen und Materialien.
Dieses Buch wurde auf FSC®-zertifiziertem Papier gedruckt. FSC (Forest Stewardship Council®) ist eine nicht staatliche, gemeinnützige Organisation, die sich für die verantwortungsvolle und ökologische Nutzung der Wälder unserer Erde einsetzt.

Unsere Partnerdruckerei kann zudem für den gesamten Herstellungsprozess nachfolgende Zertifikate vorweisen:

- Zertifizierung für FOGRA PSO
- Zertifizierungssystem FSC®
- Leitlinien zur klimaneutralen Produktion (Carbon Footprint)
- Zertifizierung EcoVadis (die Methodik besteht aus 21 Kriterien in den Bereichen Umwelt, Einhaltung menschlicher Rechte und Ethik)
- Zertifikat zum Energieverbrauch aus 100 % erneuerbaren Quellen
- Teilnahme am Projekt „Grünes Unternehmen" zum Schutz von Naturressourcen und der menschlichen Gesundheit

Abbildungen:
Helmut Baumgartner & Georg Luft

Kartografie:
Georg Luft

Haftungsausschluss:
Alle Inhalte wurden von den Autoren sorgfältig recherchiert und nach bestem Wissen und Gewissen aufbereitet. Die Befahrung der in diesem Buch beschriebenen Touren erfolgt auf eigene Gefahr. Der Verlag und die Autoren übernehmen für etwaige Schäden sowie auch für Richtigkeit und Aktualität der Angaben keine Haftung. Der Verlag und die Autoren weisen darauf hin, dass Privatgrund sowie auch privates Eigentum unbedingt zu respektieren sowie aktuelle Info-Tafeln hinsichtlich zu schützender Bereiche o. Ä. zu beachten sind.

Aus Gründen der besseren Lesbarkeit wird auf die gleichzeitige Verwendung der Sprachformen männlich, weiblich, divers (m/w/d) verzichtet. Entsprechende Begriffe gelten im Sinne der Gleichbehandlung grundsätzlich für alle Geschlechter.

1. Auflage 2024
ISBN 978-3-95587-435-3

www.battenberg-gietl.de